供应链管理

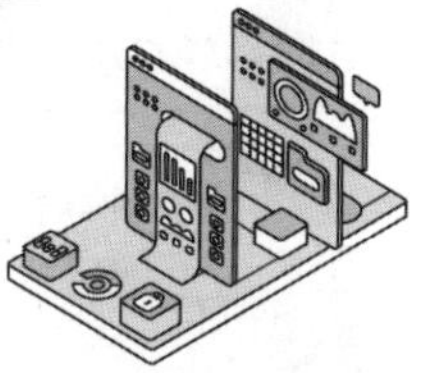

采购数据处理与分析从入门到精通

杨 群◎编著

中国铁道出版社有限公司
CHINA RAILWAY PUBLISHING HOUSE CO., LTD.

图书在版编目（CIP）数据
供应链管理 ：采购数据处理与分析从入门到精通 / 杨群编著. -- 北京 ：中国铁道出版社有限公司，2025. 9. -- ISBN 978-7-113-32412-4
Ⅰ. F252. 1
中国国家版本馆CIP数据核字第2025HD7456号

书　　名：供应链管理——采购数据处理与分析从入门到精通
GONGYINGLIAN GUANLI:CAIGOU SHUJU CHULI YU FENXI CONG RUMEN DAO JINGTONG
作　　者：杨　群

责任编辑：张　丹　　编辑部电话：（010）51873064　　电子邮箱：232262382@qq.com
封面设计：宿　萌
责任校对：刘　畅
责任印制：赵星辰

出版发行：中国铁道出版社有限公司（100054，北京市西城区右安门西街8号）
网　　址：https://www.tdpress.com
印　　刷：河北燕山印务有限公司
版　　次：2025年9月第1版　2025年9月第1次印刷
开　　本：710 mm×1 000 mm 1/16　印张：16　字数：235千
书　　号：ISBN 978-7-113-32412-4
定　　价：69.80元

前言

在市场竞争日益激烈的时代，企业对各类从业人员的任职资格及工作能力的要求越来越高，采购人员也不例外。他们不仅要会处理采购工作中的各项事宜，还要会管理和分析采购数据。

然而，采购人员需要掌握的数据管理与分析技能应达到什么标准呢？是只需要会简单的统计汇总操作，还是要掌握采购数据的筛选与分析操作？相信很多采购人员都比较迷茫。

为了帮助采购人员提升工作技能，我们编写了本书。通过对书中内容的认真学习，采购人员可以切实掌握实用的工作处理方法和数据分析技巧，同时学会利用AI工具快速处理和分析采购数据，更好地胜任工作。

本书主要通过理论知识讲解以及Excel、AI数据分析介绍，让采购人员真正学会处理工作中的常见问题，同时掌握采购数据的分析操作。全书共七章，可分为三个部分，具体介绍如下：

项目	具体介绍
认识供应链与采购（第 1 章）	这部分内容是基础知识，主要让读者了解什么是供应链管理，以及采购管理的内容、目标、组织机构设置与管理制度的建立
采购与供应链实务（第 2~5 章）	这部分内容为本书主体内容，重点介绍采购与供应链管理中的成本控制、采购预算、供应商管理、采购谈判、采购合同管理与订单跟踪及采购绩效评估与风险防范
采购与供应链 Excel+AI 数据分析（第 6~7 章）	这部分内容主要借助 Excel 和 AI 工具，讲解采购与供应链管理中相关数据的处理、分析与运用，帮助采购人员掌握扎实的数据管理技能

本书特点主要包括：

◎结构合理，由浅入深，易上手

从整本书的内容结构看，注重理论与操作相结合，前面章节以实务知识讲解为主，后面章节以Excel和AI数据处理与分析操作技巧介绍为主。在讲解过程中采取由浅入深、层层递进的方式，对采购和供应链的知识点进行细致讲解，重要的知识点还配以具体的案例进行分析说明，让读者上手更快。

◎图文结合，简化理解，易掌握

书中内容还特别注重图文结合，不仅自制了各种关系图、表格，以降低知识讲解的枯燥感，同时简化读者的理解；对于采购与供应链相关数据的处理和分析还配备了大量的软件操作步骤图，让读者更容易掌握相关操作技能。

本书适用于正在从事采购或供应链相关工作的一线工作人员和管理者。此外，本书还可以作为参考书供采购与供应链相关专业的师生、采购与供应链领域的爱好者阅读使用。

扫一扫，看视频

由于编者水平有限，在编写过程中难免出现纰漏或不足之处，恳请读者不吝赐教。

编　者

2025年6月

目录

第1章　认识供应链管理中的采购业务

1.1　你一定要了解的采购知识 2

1.1.1　什么是供应链管理 2

1.1.2　明确采购管理的内容与目标 5

1.1.3　了解采购的分类情况 6

1.2　采购管理的组织机构设置 9

1.2.1　合理设置采购部门的组织结构 9

1.2.2　规范采购人员的工作职责 11

1.2.3　建立采购管理信息系统 13

1.2.4　主流采购软件的简单了解 16

1.2.5　通过电子采购平台实施采购的要点 20

1.3　采购管理的制度建设 21

1.3.1　明确采购作业制度 21

实务案例 采购作业管理制度 22
1.3.2 规范请示汇报制度 24
实务案例 请示汇报制度 24
1.3.3 严格制定资金使用制度 25
实务案例 资金使用管理制度 26
1.3.4 建立采购跟单制度 27
实务案例 采购跟单制度 27
1.3.5 完善采购评估制度 29
实务案例 采购绩效评估制度 29
1.3.6 制定采购内部审查制度 31
实务案例 采购内审制度 31

第2章 以成本控制为导向编制采购预算

2.1 如何才能做好采购成本控制 34
2.1.1 明确采购成本包括的内容 34
2.1.2 制定合适的采购策略 35
2.1.3 运用科学的采购模式 37
2.1.4 编写严谨的采购计划 39
实务案例 20××年采购工作计划 40
2.1.5 借助经济订货批量实施采购 43
实务案例 根据经济订货批量控制成本 45
2.1.6 其他有效的采购成本控制方法 45
实务案例 确定再订货点以控制成本 46
实务案例 采购压价为公司节约成本 48

2.2 做好采购质量控制 49
2.2.1 建立采购认证体系 49
2.2.2 与供应商签订质量保证协议 51
实务案例 质量保证协议 52
2.2.3 做好采购货物的验收审查工作 54

实务案例 进货采购查验记录管理制度 55
2.2.4 建立健全采购质量管理制度 57
实务案例 采购质量管理制度 58

2.3 编制采购预算让成本控制更合理 60
2.3.1 严格遵循采购预算的编制原则 60
2.3.2 了解采购预算的具体内容 61
2.3.3 按照规范流程编制采购预算 62

第3章 精准选择供应商并做好采购谈判

3.1 供应商的开发与选择 64
3.1.1 遵循选择供应商的原则 64
3.1.2 避开供应商开发误区 65
3.1.3 开发并选择供应商的具体流程 67
3.1.4 影响供应商选择的因素有哪些 69
3.1.5 采用怎样的方法选出合适的供应商 71
实务案例 比较采购成本选择合适的供应商 73

3.2 供应商的管理与维护 74
3.2.1 对供应商进行分类管理 74
3.2.2 对不同类型的供应商采取不同的管理策略 76
3.2.3 对供应商进行绩效考核与风险评估 78
实务案例 对供应商进行风险评估 82
3.2.4 如何维护与供应商之间的关系 85
3.2.5 应对供应商关系危机的策略 86
实务案例 终止合作降低关系危机带来的不利影响 87

3.3 采购谈判的高效操作 88
3.3.1 不得不知的采购谈判商务礼仪 89

3.3.2 熟悉采购谈判的五种策略 91
3.3.3 熟知采购谈判各流程应做的事情 93
3.3.4 掌握供应商销售人员惯用的谈判方法 94
3.3.5 避开采购谈判的误区 98
3.3.6 采购谈判心理博弈技巧 98

第4章 进行采购合同管理和订单跟踪

4.1 签订采购合同要谨慎 102
4.1.1 熟知采购合同应包含的必要条款 102
实务案例 采购合同 103
4.1.2 怎样才能正确编制采购合同 105
4.1.3 严格遵守采购合同的签订步骤 106
4.1.4 签订采购合同的注意事项要牢记 108
4.1.5 采购合同风险条款的识别及应对 109

4.2 采购合同的变更、终止及违约处理 113
4.2.1 合同需要修改怎么办 113
4.2.2 发生什么情况可以解除合同 115
4.2.3 哪些情况会导致采购合同终止 117
4.2.4 采购合同解除与合同终止有何不同 117
4.2.5 做好采购合同存档管理 118
实务案例 合同档案管理制度 119
4.2.6 采购活动中有哪些违约情形 121
4.2.7 供应商拒绝交货与不适当交货的处理 124
实务案例 咨询律师事务所处理供应商拒绝交货 124
4.2.8 常见的采购违约补救措施 127

4.2.9 关于违约损失的赔偿事宜 127

4.3 做好采购订单跟踪管理 129

4.3.1 采购订单的制作与审批 129

4.3.2 签订单并安排跟单人员 132

4.3.3 不同性质订单的处理策略 132

4.3.4 如何有效实施订单跟催管理 134

第5章 采购绩效评估与风险防范

5.1 采购人员绩效评估 138

5.1.1 确定采购人员的绩效考核指标及权重 138

实务案例 设计采购人员绩效考核指标与权重 139

实务案例 采购人员绩效考核方案 140

5.1.2 确定参与绩效评估的人员 142

5.1.3 按照规范的流程开展绩效评估 143

实务案例 采购绩效考核结果的运用 145

5.2 供应商供货质量与服务评估 146

5.2.1 对供应商的供货质量进行综合评估 146

实务案例 综合评估供应商的供货质量 148

5.2.2 对供应商的供货服务进行评估 149

5.2.3 对供应商进行综合能力评估 150

5.2.4 将采购绩效考核制度化 153

实务案例 采购部绩效考核制度 154

5.3 采取措施防范采购风险 155

5.3.1 如何才能做好采购风险管理 155

实务案例 识别并评估采购风险 157

5.3.2 认识企业采购可能面临的风险......158
5.3.3 掌握常见的采购风险防范措施......159
5.3.4 合理运用保险转移采购风险......162
实务案例 投保货物运输保险获得损失赔偿......164
5.3.5 建立采购风险预警机制......165
5.3.6 对采购风险管理实效进行评估......167

第6章 采购环节的数据管理与分析

6.1 在Excel中管理采购相关数据......170
6.1.1 快速录入供应商序号......174
实务案例 通过函数实现供应商序号自动录入......174
6.1.2 物资库存量查阅......176
实务案例 编制公式快速查找库存量......176
6.1.3 统计在途物资情况......179
实务案例 统计运输状态为“在途”的采购记录......180
6.1.4 标识出待签订合同......181
实务案例 在采购合同台账中标识待签订合同......182
6.1.5 分类汇总合同金额......183
实务案例 分类汇总已结算和待结算合同金额......184
6.1.6 筛选获取的物资行情数据......186
实务案例 对主要材料市场调查情况进行数据筛选......187

6.2 用Excel+AI工具分析采购信息数据......189
6.2.1 分析供应商的报价......190
实务案例 插入柱形图分析某一商品报价......190
实务案例 借助折线图分析商品的报价走势......193
6.2.2 对供应商进行等级评定......195
实务案例 根据供货产品不合格率和发货速度给供应商评级......195

6.2.3 业务总金额与未付款总金额统计比较......198
实务案例 统计分析业务总金额与未付款总金额......198
6.2.4 分析近期采购需求......200
实务案例 利用数据计算功能设置物资库存预警......200
6.2.5 科学灵活地控制商品采购数量......202
实务案例 分析销售淡旺季确定采购数量......202
6.2.6 对竞争对手进行优势分析......206
实务案例 制作百分比堆积柱形图分析竞争对手的优势......206
6.2.7 Tableau与PowerBI进行采购数据分析......208
6.2.8 主要的AI+Excel数据处理与分析工具......214
实务案例 酷表 ChatExcel 分析采购数据......216

第7章 供应链其他数据处理与分析

7.1 供应链其他环节的数据管理......218
7.1.1 快速查看指定时间段的订单情况......218
实务案例 从订单表中快速查看 5 月中旬的订单......218
7.1.2 设置物料不足预警......220
实务案例 设置物料不足预警......220
7.1.3 统计近两个月的订单数据......221
实务案例 统计公司近两个月的采购订单数据......222
7.1.4 物联网技术在供应链中的应用......224

7.2 借助Excel+AI工具分析供应链管理的其他数据......225
7.2.1 根据物料的库存周期优化库存管理......225
实务案例 突出显示库存可用周数不同的情形......226
7.2.2 计算分析供应商的发货及时率......228
实务案例 借助 Excel 计算分析供应商的发货及时率......229
7.2.3 分析供应商到货合格率......230

实务案例 计算供应商的不合格率并分析......231
7.2.4 客户订单的同比增量分析......232
实务案例 计算分析客户订单的增量和增长率......232
7.2.5 畅销与滞销产品原因分析......234
实务案例 分析产品是否畅销......234
7.2.6 成品销售额占比分析......236
实务案例 计算分析成品销售额的占比情况......236
7.2.7 预测下一期的产品销量走势......240
实务案例 Excel 数据预测功能预测企业下一期的销量......240
7.2.8 用AI工具进行供应链需求预测的基本原理......242
实务案例 YonBIP 采购云智能生成采购需求......242
实务案例 需求预测 AI+BI 成功案例......243

第1章

认识供应链管理中的采购业务

供应链管理是随着我国经济结构调整和对企业节能减排等要求不断严格而产生的概念。在整个管理链中，采购业务可谓一切的开端，需要相关工作者详细了解。

1.1 你一定要了解的采购知识

采购指个人或企业为了满足自身需要或保证企业生产及经营活动正常开展，在一定条件下从供应市场获取产品或服务作为个人或企业所需资源的一系列行为和活动。它是供应链管理中的一环，如图1-1所示。

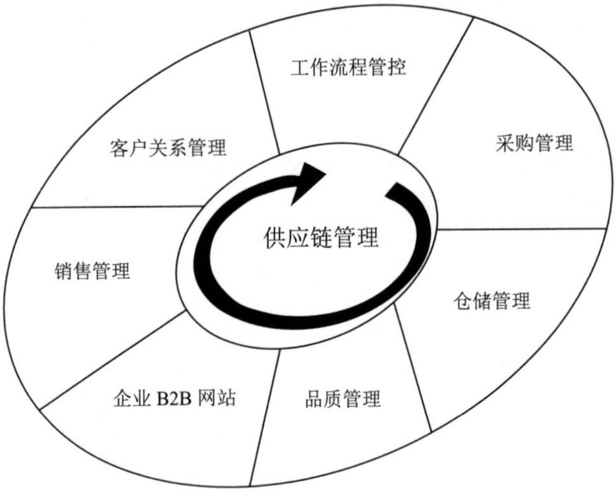

图1-1 采购与供应链管理的关系

因此，学习采购管理，必然需要了解供应链管理。

1.1.1 什么是供应链管理

供应链管理是使供应链运作达到最优化，以最小的成本让供应链从采购开始到满足最终客户需求的所有过程。下面从供应链管理包含的内容、涉及的领域、可以帮助实现的目标及需遵循的原则等方面，初步了解供应链管理。

1. 供应链管理的五大基本内容

供应链管理的五大基本内容包括计划、采购、制造、配送和退货。

计划：这是供应链管理的策略性部分，用来管理所有资源，以满足客户对企业的产品需求。怎么做好计划呢？要采取一系列方法来监控供应链，使之能够有效且低成本地为客户递送高质量和高价值的产品或服务。

采购：选择能为企业的产品或服务提供货品或服务的供应商，并与供应商建立一套定价、配送和付款流程，按照计划中的方法监控和改善管理，把提货、核实货单、转送货物到生产制造部门及批准对供应商付款等管理流程结合起来。

制造：安排生产、测试、包装和准备送货等活动都是制造的内容，其涉及了较多的测量内容，包括质量水平、产品质量和工人生产效率等的测量。

配送：在供应链管理中也常被称为“物流”，包括货物分拣与包装、建立仓库网络、派送人员提货并送货到顾客手中、建立货品计价系统及接收货款等事宜。

退货：这是供应链管理中的问题处理部分，主要接收客户退回的次品和多余产品，并在客户使用产品出现问题时提供支持。

2. 供应链管理涉及的领域

供应链管理主要涉及四个领域，即供应管理、生产计划、物流管理和需求管理。可以将供应链管理涉及的领域划分成两大类，然后细分成具体的领域。这两大类领域分别是职能领域和辅助领域，具体如图1-2所示。

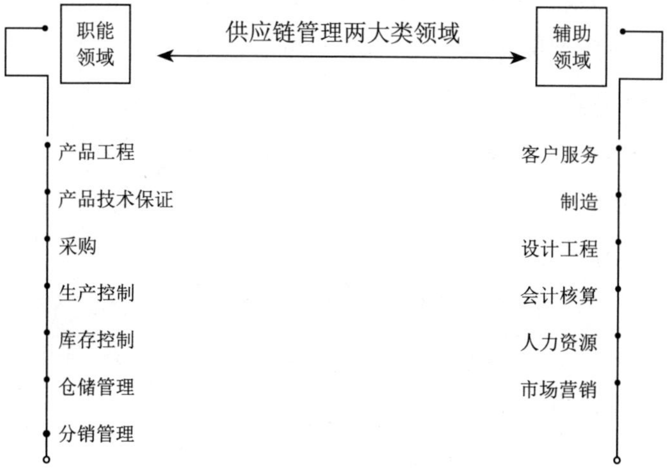

图1-2　供应链管理涉及的领域

由此可见，供应链管理涉及生产经营的方方面面，是一项综合性工作。

3. 供应链管理可以帮助企业实现的目标

有效的供应链管理，可以帮助企业实现四大目标，具体内容见表1-1。

表 1-1 供应链管理可以帮助企业实现的四大目标

实现的目标	简述
缩短现金周转时间	通过供应链管理，对供应链上下游进行整合，尽可能使信息与信息系统实现一体化，提高信息的准确性，从而缩短周转时间
实现盈利增长	实践证明，实施供应链管理可降低 5% ～ 15% 的运输成本，将整个供应链的运作费用降低 10% ～ 15%，不仅能缩短订单周期，还能降低整体库存，使企业总体绩效得到提高，帮助企业实现盈利增长
提供可预测收入	供应链管理的工作中包括生产计划管理、物流管理和需求管理等，通过精准地控制成本和生产销售，就可以在一定程度上提前预估收入
降低企业面临的风险	供应链管理涉及企业生产经营的各个方面，可以达到事前预测、事中控制和事后检查的效果，全流程监管企业的经济活动和主要业务，保证实际经营数据不会偏离预测数据太远，从而达到降低企业面临的风险的目的

4. 实施供应链管理需要遵循的原则

企业在实施供应链管理时需要遵循以下七项原则：

①根据客户所需的服务特性划分客户群。

②根据客户需求和企业可获利情况，设计企业的后勤网络。

③倾听市场的需求信息，设计让客户更满意的产品。

④优化时间延迟，提高供应链的响应速度和效率。

⑤策略性地确定货源和采购，与供应商建立双赢的合作策略。

⑥在整个供应链领域建立信息系统。

⑦建立整个供应链的绩效考核准则。

基于供应链管理的实用性和科学性，越来越多的企业开始运用并重视供应链管理，因为它不仅比传统的物流管理更具优势，还可以促进企业实现信息化和数字化管理，提高经营效率。

1.1.2　明确采购管理的内容与目标

采购管理主要是对企业涉及的采购业务过程进行组织、实施与控制的管理活动，具体流程如图1-3所示。

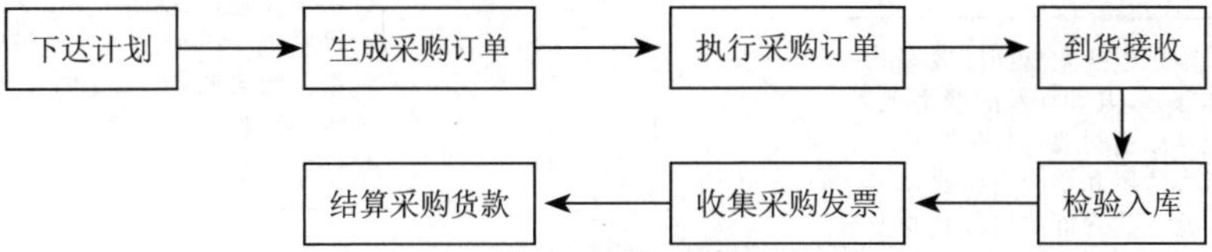

图1-3　采购管理的流程

下面主要从采购管理的内容和目标来进行细致介绍。

1. 采购管理的内容

采购管理的内容主要包括四项，即采购计划管理、采购订单管理、采购财务管理和采购档案管理，相关内容见表1-2。

表1-2　采购管理的主要内容

主要内容	具体说明
采购计划管理	对企业的采购计划进行制订和管理，目的是为企业提供及时、准确的采购计划和执行路线。通过对多对象、多元素的采购计划进行编制和分解，将企业的采购需求变为直接的采购任务
采购订单管理	以采购订单为源头，从供应商确认订单、发货、到货、检验和入库等订单流转环节入手，对这些环节进行准确的跟踪，实现对采购存货的计划状态、订单在途状态以及到货待检验状态等的监控和管理
采购财务管理	采购财务管理也可称为采购结算管理，其中比较重要的工作内容是发票管理。具体的管理内容包括采购货物是否需要暂估入库，劳务采购的处理，非库存的消耗性采购处理，直运采购业务，以及受托代销业务等
采购档案管理	实施采购管理的过程中，或多或少会产生一些重要的单据，如订货单、发货单、入库单、检验单和产品质量保证单等，这些资料都是会计做账的依据。为了防止以后交易双方产生经济纠纷，企业需要妥善保管这些单据，即进行采购档案管理

2. 采购管理的目标

知道了采购管理的内容后，就需要明确采购管理的目标，以更好地指导企业做好采购管理工作。采购管理目标是比供应链管理目标更细致的目标，主要有四项，如图1-4所示。

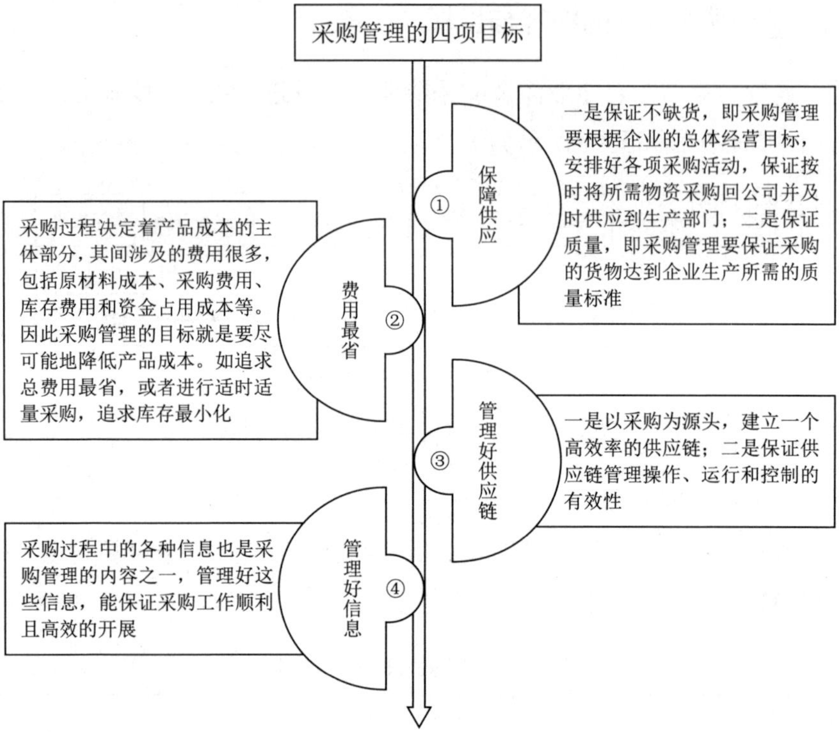

图1-4 采购管理的目标

由此可见，采购管理主要围绕采购工作进行，但其管理目标也离不开对供应链的管理。

1.1.3 了解采购的分类情况

根据不同的分类标准，可以将采购分为不同的类型。

（1）根据地区不同进行划分

按照采购地区不同可以将采购划分为境内采购和境外采购。

境内采购指企业向境内的供应商采购商品，通常无须动用外汇。境外采购与境内采购对应，是指企业向境外供应商采购商品，可以直接与境外供应商联系或通过本地的代理商进行采购，采购活动中一般会涉及外汇，很多时候还需要企业切实考虑汇兑损益。

（2）根据采购方式不同进行划分

按照采购方式不同，将采购分为直接采购、委托采购和调拨采购。表1-3是对这三种采购类型的具体说明。

表1-3　根据采购方式不同划分的采购类型

类型	具体说明	适用范围	特点
直接采购	直接采购也叫单一来源采购，指采购方向唯一供应商进行采购的方式	适用于达到了限购标准和公开招标数额标准，但所购货物的来源渠道单一，或属于专利、首次制造、合同追加、原有采购项目的手续扩充以及发生了不可预见的紧急情况不能从其他供应商处采购等情况	没有竞争性
委托采购	委托采购即间接采购，是通过中间商实施采购行为的方式，也称中介采购	适用于核心业务规模大，盈利水平高的企业；规模太小，缺乏能力、资格和渠道的企业；没有适合采购需要的机构、人员以及仓储设施的企业	减少流动资金占用，增加资金周转率；分散采购风险，减少货物非正常损失；减少交易费用和时间，降低采购成本
调拨采购	调拨采购实际上也是一种间接采购，即企业内部的调拨采购，如集团企业为下属企业进行设备采购调拨	适用于存在母子关系的集团企业或总公司与分公司之间的调拨	企业内部的这种调拨采购已经不属于采购范畴，而只是企业内部的设备与物资的分配，但从企业的供应物流来看，调拨采购依然可作为一种独立的采购方式存在

（3）根据采购政策不同进行划分

按照采购政策不同，可以将采购分为集中采购和分散采购。图1-5是对这两种采购类型的说明。

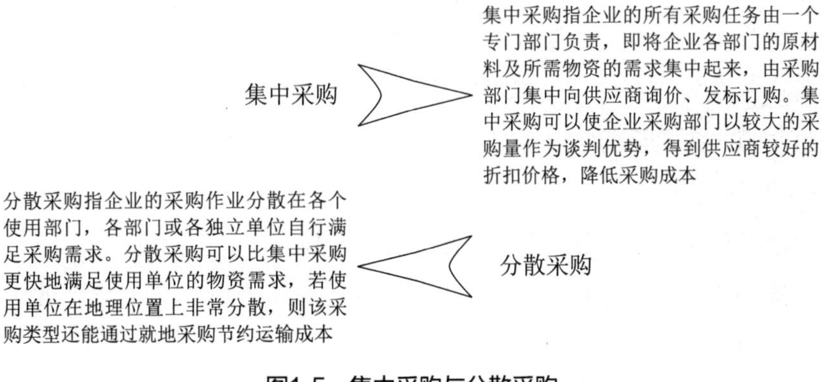

图1-5　集中采购与分散采购

（4）根据采购性质不同进行划分

按照采购性质不同，可以将采购分为一般采购、战略采购和项目采购。图1-6是对这三类采购的简单介绍。

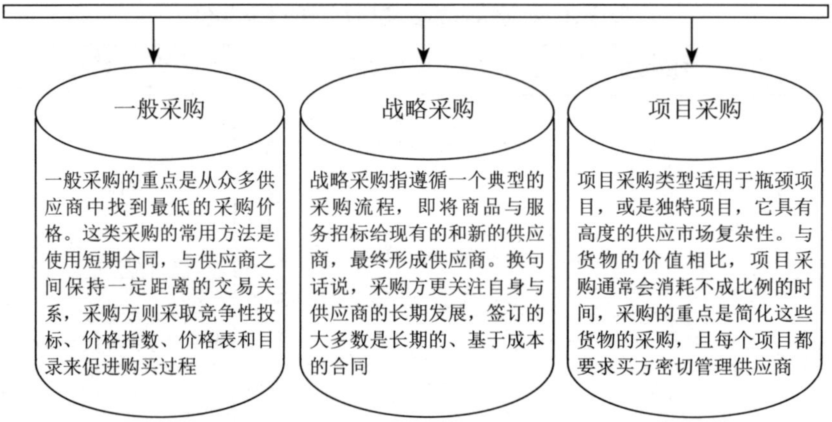

图1-6　一般采购、战略采购和项目采购

除了这些采购类型外，还有一种是政府采购。政府采购是一种政府行为，指各级政府为了开展日常政务活动或为公众提供服务，在财政的监督下，以法定的方式、方法和程序，通过公开招标、公平竞争，由财政部门直接向供应商付款的方式，从境内外市场上购买政府部门或所属团体所需的货物、工程和劳务。政府采购主要以招标采购、有限竞争性采购和竞争性谈判为主，这里不作详述。

境内政府采购通常有三种模式，分别是集中采购模式、分散采购模式和半集中半分散采购模式，各模式简单介绍如下：

集中采购模式：由一个专门的政府采购机构负责本级政府的全部采购任务。这种模式在实际工作中使用较多，列入集中采购目录和达到一定采购金额以上的项目必须进行集中采购。

分散采购模式：由各支出单位自行进行采购。

半集中半分散采购模式：由专门的政府采购机构负责部分项目的采购，而其他的项目由各单位自行采购。

TIPS 什么是准时采购

准时采购也叫JIT（just in time）采购法，是一种先进的采购模式，即在恰当的时间、恰当的地点，以恰当的数量和质量采购所需的物资。它与传统的采购方式有很多不同之处，主要表现在以下五个方面：

第一，较少的供应商，甚至是单源供应。

第二，供应商的选择标准不同。在准时采购模式中，供应商与采购方是长期的合作关系，因此对供应商的要求比较高。选择供应商时，需要对供应商进行综合评估，且评估时价格不是主要因素，质量才是最重要的标准，这种质量标准不单指产品质量，还包括工作质量、交货质量和技术质量等。

第三，对供应商交货时效性的要求不同。准时采购要求交货准时，而交货准时取决于供应商的生产与运输条件。所以，在准时采购模式下，供应商也应该采用准时化的生产管理模式，要不断改进自身的生产条件，提高生产的可靠性和稳定性，减少延迟交货或误点现象。

第四，对信息交流的需求不同。准时采购要求供需双方信息高度共享，保证供需信息的准确性和实时性，主要体现在生产计划、库存和质量等方面。

第五，制定采购批量的策略不同。准时采购模式的基本特征是小批量采购，同时需要对应准时化生产，即需要减少生产批量。由此使准时采购又具有"运输成本高"的特点，采购难度较大，而常用的解决办法可以是混合运输或代理运输，或者尽量选择离采购方较近的供应商。

1.2　采购管理的组织机构设置

对于企业来说，采购管理的组织机构就是常说的"采购部"。采购管理工作需要有"人"执行，而要对这些人进行管理，就需要组建采购部门。

1.2.1　合理设置采购部门的组织结构

由于企业自身发展需求和战略目标的不同，对于部门的组织结构设置也千差万别，采购部门的组织结构也不例外。但组织结构大致上包括经理级别、主管级别和专员级别，只是具体设置岗位时，会因为各企业业务发展需要的不同而设置不同的岗位。

图1-7所示为比较简单的采购部门组织结构。

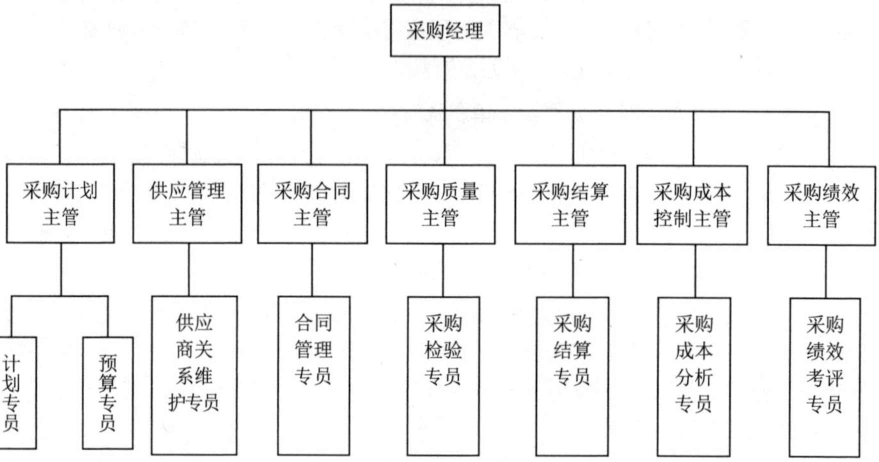

图1-7　采购部门组织结构

小规模企业的采购部门组织结构可能不会有这么多的主管人员，甚至有些企业只设置两个主管，即业务主管和日常工作主管。业务主管负责与采购业务相关的事宜，日常工作主管则负责辅助采购业务的其他工作。

企业在设置采购部门的组织结构时，可以借鉴以下三种思路：

（1）按职能划分岗位

按职能划分岗位这种组织结构的设计思路是将采购部门的组织结构设计为前后台模式，即一项采购业务按照纵向职能拆分成两段或多段，分别由不同的团队承担。

比如，将采购分为寻源板块和执行板块，由两组独立的人员负责。寻源板块主要负责采购渠道、价格以及合同等管理工作；执行板块主要负责采购需求、订单、付款以及不良品处理等管理工作。

相应地，在这种组织结构下，对采购部门的考核就分为：对寻源组考核供应商数、采购成本和合同签订率等；对执行组考核采购需求满足率、采购及时率、采购合格率和资金安全性等。

按这种思路设计的采购部门组织结构，优点是将采购权力合理分散，降低了信息单一来源的决策风险。但缺点也比较明显，由于采购业务分段进行，加大了协同成本，容易造成责任分散，甚至互相推诿。

（2）按采购品类划分岗位

按采购品类划分岗位的这种组织结构设计是将采购的标的物按照一定规则分为不同种类，分别由不同的人或小组承担，每个人（或小组）都肩负自己负责品类的从寻源到付款的全部采购流程工作。

按照这种思路设计出的采购部门组织结构，优点是有利于培养员工在某个品类上的采购专业性，也会相应提高与供应商之间的沟通效率。但缺点是采购权力过于集中，容易使采购员与供应商达成“默契”，进而出现各种舞弊行为。

企业规模达标一定标准，或者具备一定条件时，这种结构实际上可以与前面一种结构相结合使用，既可以做到品类上的专业采购，又能做到权力上的分散管理。

（3）竞争性组织结构

竞争性组织结构的设计是指在采购部门内部设立两个独立的采购业务团队，对于同一项采购标的，由这两个团队同时开展采购业务，再由独立的采购管理团队根据规则，评估由哪个团队承接该项采购业务，而最终确定的采购业务承接量（即采购量）就是两个采购业务团队的共同目标。

按照这种思路设计出的采购部门组织结构，优点是让部门内的员工之间通过竞争的方式优化采购工作，有效降低采购成本的同时，提高采购工作的质量，如提高采购及时率、合格率等。

综上所述，没有一个采购部门组织结构可以普遍适用于大多数企业，更没有永恒不变的组织结构，企业需要在管理实践中不断思考，不断优化采购部门组织结构，以适应不同时期的发展需求。

1.2.2　规范采购人员的工作职责

这里所说的采购人员，是指所有会参与采购工作的人，包括采购部经理、采购主管、采购专员和询价员等。不同企业的采购部门包括的岗位可能不同，下面就对其中比较常见的岗位进行工作职责介绍，见表1-4。

表 1-4　常见采购岗位的工作职责

岗位名称	工作职责
采购部经理	①全面主持采购部工作，确保采购任务顺利完成，直接对分管领导和公司负责。 ②负责制订工作计划，监督工作计划的执行及完成情况。 ③按照公司计划完成各类物资采购和安全保管任务，尽可能在预算范围内做到节支降耗。 ④全面主持大宗商品采购业务的洽谈，督促仓库负责人把好进货验收与质量关，保证物资供应和仓储安全。 ⑤对员工进行严格管理，根据员工表现向公司提出奖励或处罚建议。 ⑥审核年度采购计划和采购项目，审查各部门领用物资数量，合理控制，减少损耗。 ⑦严格管理内部，抓好各项规章制度的落实，对本部门办公设备的使用和管理负责。 ⑧对本部门员工制度的执行情况负责。 ⑨加强对下属员工素质培训和专业知识培训，不断提高员工的业务水平和工作能力等
采购主管	①主持采购部日常工作，协调本部门与其他各部门之间的工作关系，协调本公司与各供应商的工作关系。 ②团结同事，发挥团队精神，努力工作，发挥部门中每个人的特点和才能，把工作做好，激发下属的潜能，并不断改进工作方法，提高工作效率。 ③认真评审业务订单，确认交期的可行性，审核每个采购订单的价格合理性，努力降低成本，为公司争取更高的效益。 ④全面负责供应商资格评审和监督工作，为公司选择合适的供应商。 ⑤及时掌握生产、物料库存动态，以及生产第一线的各种信息，规范且合理地管理库存。 ⑥定期汇报采购落实情况，认真监督各采购员的采购进程和价格控制等
询价员	①熟悉各部门常用物品和原材料，全面了解市场供应价格和质量情况。 ②掌握常用物品的品牌、规格、质量和供货商，了解物品价格波动规律。 ③按照重要性和紧急程度安排采购，做好物料的动态管理，防止积压和过期，做好年度、季度和周期性的采购计划，保证生产需求。 ④负责材料设备的选厂、选型和物资选用等工作，保证所购物资质量好、价格实惠。 ⑤建立常用物资、材料的价格、供应商和服务质量信息库，以备日后使用。 ⑥配合部门经理完成相关采购合同的谈判，做好部门合同及相关资料的保存。 ⑦与采购员、仓管员一起做好供应商评价，并将结果反馈给上级领导等
采购员	①认真贯彻执行公司采购管理规定和实施细则，努力提高自身采购业务水平。 ②了解相关物料的专业知识，防止被供应商以假冒伪劣商品欺骗。 ③密切关注市场行情的变化，掌握市场信息。 ④经常做市场调查，掌握竞争对手的商品构成、价格策略和促销手段，并采取相应对策。 ⑤按照公司的采购程序进行采购。 ⑥按时、按质、按量完成采购任务，对公司绝对忠诚，不接受供应商的招待和赠品等。 ⑦严把物料关，防止购入劣质物料。 ⑧配合仓管员做好购进货物的验收工作。 ⑨与询价员和仓管员一起做好供应商评价等

除此以外，有些公司还会在采购部门设置“库管员”岗位，一般适用于规模较小、没有单独设置仓管部门的企业。那么，此时的库管员需要做哪些工

作呢？具体如下：

①根据公司相关验收制度对来料进行验收并做好出入库记录。

②负责库房日常管理事务，检查库存产品状况。

③按规定程序收发物料，做好物料进库储位的筹划与摆放。

④定期盘点物料，做到账物相符，并填写库房存储数据。

⑤做好物料的搬运和库房废次品的回收与保管。

⑥每天检查库房安全卫生状态，并及时整改。

⑦控制好常用物品的库存量，及时向采购部门申报补充材料清单。

⑧与采购员和询价员一起做好供应商评价。

⑨维护和管理搬运工具等。

如果公司规模较大，采购部门的岗位较多，则从上述工作职责中进行更细致的划分，归入相应的岗位职责中，比如将“采购主管”的相关职责按照具体的工作内容进行细分。总体来说，岗位工作职责要遵循“责任到人”的基本原则。

1.2.3　建立采购管理信息系统

采购管理信息系统，实际上就是信息化的采购管理系统。从采购管理系统来看，是指综合运用采购申请、采购订货、进料检验、仓库收料、采购退回、购货发票处理、供应商管理、价格和供货信息管理、订单管理及质量检验管理等功能的管理系统。

采购管理系统能对采购物流和资金流的全部过程进行有效的双向控制和跟踪，实现完善的企业物资供应信息管理。由此可见，采购管理系统本身就是一个信息管理系统。下面从采购管理系统的功能入手，深入了解采购管理信息系统。

1. 订单管理

采购订单是物资在采购业务中流动的起点，在采购管理信息系统中，订单管理功能通过采购申请获取来自生产和销售等系统的信息，将供应链整体的信息有机地联系起来。

该功能包括但不限于图1-8所示的这些作用。

1. 记录、跟踪和控制订单的执行情况，包括针对采购合同的执行，控制购货价格、折扣和数量
2. 随时跟踪订单完成情况，控制订单的执行
3. 根据实际补货情况追加执行订单，通过比较订单执行差异、订单业务和分析报表，反映订单执行情况。如果企业有集团内部的购销业务，还可以反映内部购货或调拨订单的执行情况

图1-8　订单管理功能的作用

比如，企业可线上完成合同审批、修改、确认和打印，规范化管理合同签订流程。企业还可以上传多个合同模板，应用于不同的合同管理场景中，方便快捷。

2. 供应商管理

供应商管理也可理解为供应商供货管理，它是以购货价格为中心，完善地记录、控制并管理供应商的供货业务资料，包括对不同供应商、不同物料、不同数量段、不同币别的价格和折扣信息的详细记录，以及业务传递、自动更新和数据分析，同时进行采购最高限价的控制和预警管理。

这是采购管理信息系统乃至整个供应链管理体系中重要的综合数据处理中心之一，通过该功能，可以使采购流程透明化，提高效率，降低周转时间，提高买卖双方的满意度。

比如，供应商可注册、提交、修改自己的基本信息和工商信息，上传资质档案、管理产品和样品信息。另外，企业还可以对供应商是否成为合格供应商或淘汰供应商进行准入流程的审批。

3. 发票管理

采购发票具有业务和财务双重性质，对采购发票处理和控制是采购业务中的一个重要环节。在采购管理信息系统中，系统提供增值税专用发票和增值税普通发票管理，并与应付款系统实现发票信息共享。

比如，采购人员可将发票信息录入系统，通过信息共享，使财会人员也

能快速准确地获取采购发票的信息。同时，还可对发票进行审核、查验。

4. 商品管理

采购管理信息系统中的商品管理功能，通常与供应商管理功能结合使用。商品管理功能主要包含商品信息管理、选品管理和流程设计等。

通过该功能，采购人员可实时跟踪商品信息，有据可查；也可以优化企业的选品流程；还可以达到高效分配设计任务的效果。

5. 购货质检管理

采购管理系统中的购货质检管理功能，提供比较全面的质量检验管理，包括购货检验、完工检验和库存抽检等，并根据检验结果确认入库货物，同时提供相关的业务查询报表。

另外，有些采购管理信息系统中的购货质检管理功能还可以为非免检货物提供检仓和送货流程。

比如，采购人员可实时跟踪购货质检结果，及时反馈处理意见；可以设置产品合格率、购货损耗率及不合格产品预警提示等。

6. 物资出入库管理

物资出入库管理功能可提供企业采购物资、库存商品等的出入库信息，包括出入库时间、出入库经办人及存放位置等。

在信息化的采购管理系统中，物资出入库管理功能可通过在线表单详细地记录商品信息和仓库信息，方便物资和商品出入库时直接调用相关信息数据，减少信息误差，且系统可自行计算当前库存数量，提高出入库登记的操作效率。甚至有些系统中的该功能还可以借助数据视图功能进行展示，可视化体现商品出入库的具体情况。

7. 库存管理

采购管理信息系统中，库存管理功能可以实现包括基础出入库、库存调拨和库存盘点等操作，提供库存明细报表，以便实时查看库存情况。

很显然，库存管理与出入库管理是相辅相成的。实务中，两者可能没有划分得这么清楚，而是直接设计成“库存管理”模块使用。

8. 多级审核管理

多级审核管理是对多级审核、审核人、审核权限和审核效果等授权的工作平台，是在处理业务单据时采用多角度、多级别和顺序审核管理方法。

多级审核管理可以帮助采购部门甚至整个企业做好层层审核工作，避免产生工作纰漏而遭受重大经济损失。

9. 业务资料联查

业务资料联查功能是在单据关联的基础上实现的，即查看业务流程中的单据关系。采购管理信息系统中提供了单据、凭证、账簿和报表的全面关联及动态连续查询功能。

该功能可帮助企业更系统、全面地掌握业务资料及其包含的经济信息，是实现采购管理系统信息化的主要功能。

10.代管业务管理

采购管理信息系统中的代管业务管理功能具体是指代管和发云业务管理（通过云计算技术实现采购管理信息的云端存储和处理），它可以作为代管物料的专门代管仓，提供代管物料收、发、存的业务处理，并提供相关报表供用户查询和监控。

11.多途径采购功能

采购管理信息系统提供的多途径采购功能，具体是指采购人员可以借助系统功能，根据计划、销售、仓库及采购自身需要等实现多途径采购。

总之，企业通过建立和运用采购管理信息系统，可以科学管理供应商的基本资料，规划各项料品和厂商交货的进度，提高采购管理工作的运作效益。

1.2.4 主流采购软件的简单了解

了解主流采购软件，为企业采购活动提供必要的工具支持，让企业采购管理更科学、高效。

（1）用友采购云

用友采购云是用友软件旗下的采购管理工具，支持从采购计划到执行的全流程管理。它与用友ERP系统无缝集成，适合需要高效协同和进行数据分析的企业。图1-9是用友采购云的服务架构。

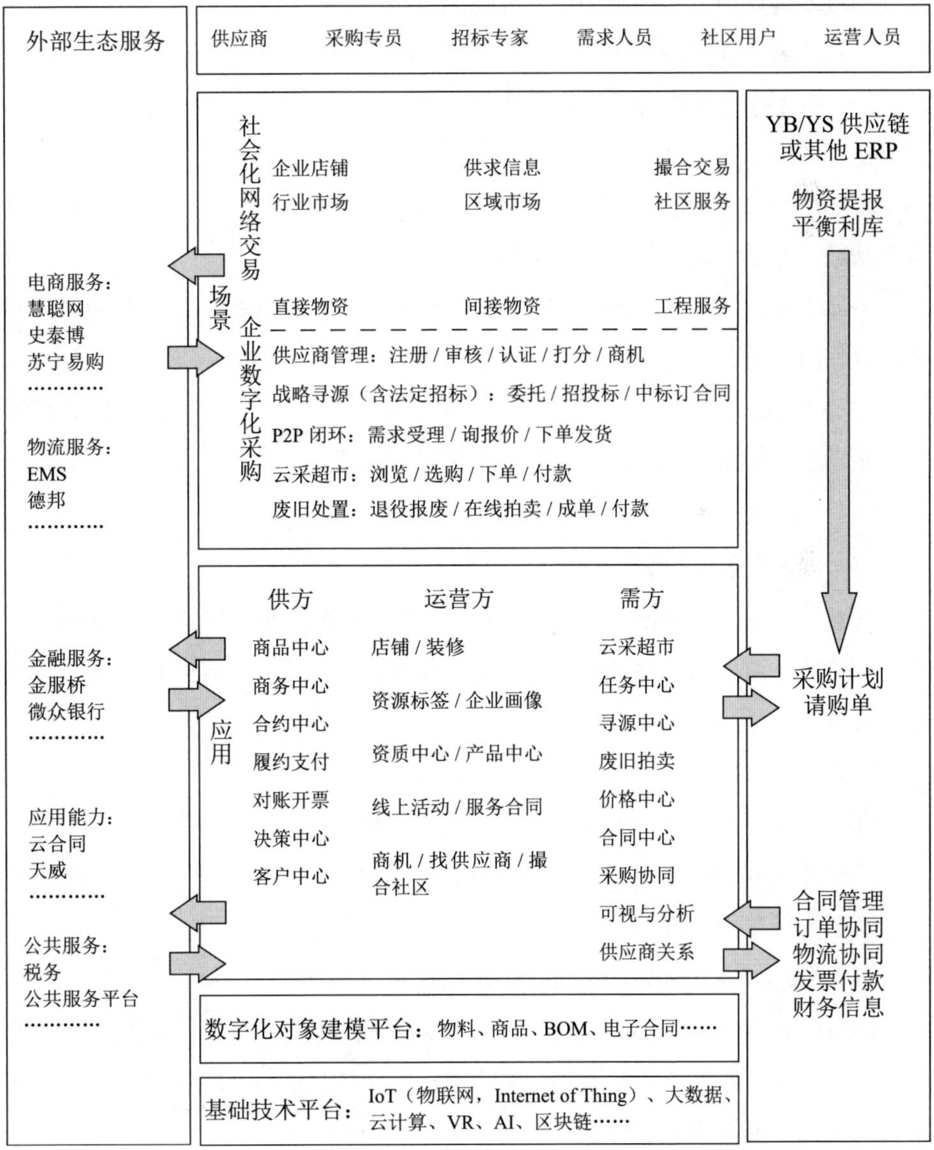

图1-9　用友采购云的服务架构

用友采购云的使用价值主要体现在以下方面：

自动评级：结合数智化信息管理，构建供应商引入、认证、分级、评价的统一管理平台，实现供应商高效互动和规范管理。

高效协同：全采购流程全线上化协同，App端可移动办公，优化传统线下采购作业流程环节，实现集约化、便捷化。

全局掌控：支持从立项、寻源采购到履约评价的全采购流程、全覆盖闭环管理、远程电子招投标系统，采购流程公开公正、过程受控、全程在线、永久可追溯。

精准寻源：通过寻源推荐、商机订阅、投标报价、名企准入等多项服务，帮助企业获得更优的产品和价格。

一站采购：支持专属超市+社会化公共超市，打通从在线信用支付到商品发货的物流实时跟踪、售后服务全流程服务。

生态互联：由某一个产业链核心企业构建，为多条供应链提供管理服务，帮助上下游企业建立自己的数字化供应链网络，实现“一张网、一平台”建设。

（2）金蝶云·星瀚采购云

金蝶云·星瀚采购云涵盖了供应商管理、采购管理、招投标管理和库存管理等功能，可以与金蝶其他财务及业务软件无缝对接。该采购软件可以实现如下目标：

①采购业务流程自动精准执行，防范采购风险。

②支持多种集团集中采购模式，大大减少制单量。

③强化企业与供应商的连接，提高业务准确度。

④供应商全生命周期管理，提供采购业务可视化。

（3）Oracle E-Business Suite 采购管理

Oracle E-Business Suite采购管理（Oracle EBS）是一款功能强大的企业级采购管理软件，帮助企业有效管理采购流程，包括从供应商的搜寻、报价、订单处理到发票的接收和支付等一系列环节。

Oracle EBS采购管理模块的主要功能有八项，简单介绍见表1-5。

表1-5　Oracle EBS采购管理模块的主要功能

功能	简述
采购申请	企业员工可以提交采购申请，列出所需购买的物品或服务。申请可以自动或手动审批
采购订单	根据采购申请或直接根据需求创建采购订单，支持电子签名和在线审批流程
供应商管理	管理供应商信息，如联系方式、价格列表、付款条件等。评估供应商的绩效，确保最佳的供应商关系
价格与合同管理	维护和管理物品与服务的价格，处理与服务供应商的长期合同，包括续订和变更
发票处理	接收和处理来自供应商的发票；自动匹配采购订单和发票，减少错误和延误；支持电子发票（如EDI和XML格式）
付款管理	跟踪采购订单的状态，准备付款；支持自动付款和手动付款流程；集成银行支付系统，确保资金安全
库存管理集成	与库存管理系统集成，确保物料的有效管理和追踪；更新库存水平，避免过剩或短缺
报告和分析	提供详细的报告和分析工具，帮助监控采购活动的成本、效率和质量，如成本分析报告、采购趋势报告等

（4）简道云采购管理系统

简道云采购管理系统是一款基于低代码开发平台的综合性采购管理工具，通过数字化和自动化手段实现采购全流程的闭环管理，支持与企业现有IT系统无缝融合，适用于各种规模的企业。

该系统的服务架构与用友采购云相似，其协同管理流程如图1-10所示。

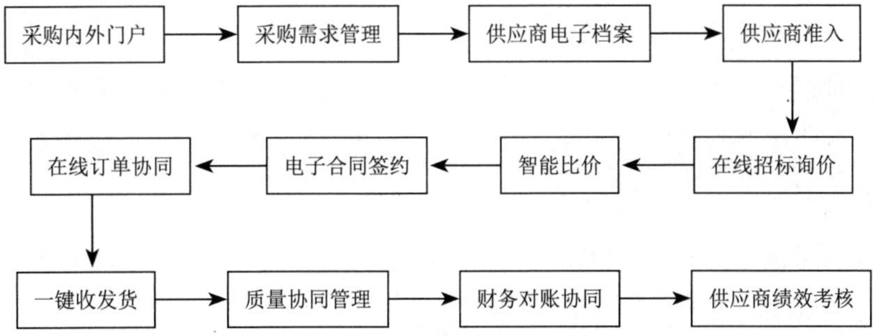

图1-10　简道云采购管理系统的协同管理流程

1.2.5 通过电子采购平台实施采购的要点

通过电子采购平台实施采购，由于全流程电子化，因此需要关注以下要点，避免操作失误或者做事不妥当：

明确采购需求：企业的采购需求应依据生产经营计划确定，可通过电子请购单等明确，避免通过电子采购平台实施采购时反复更改采购需求，给采供双方带来麻烦，降低采购效率。

选择合适的电子采购平台：专业且规范的电子采购平台应具备采购管理、供应商管理、合同管理、监督管理、数据分析等功能，选择合适的电子采购平台能为采购方保驾护航，避免发生采购纠纷和风险。

使用数字认证证书：通过电子采购平台实施采购时，采购方需使用数字认证证书（CA）对相关文件进行签章、加密和递交，有时还需进行远程解密和二次报价等操作，确保数字证书的有效性就可以保证采购操作的安全性。

进行供应商综合能力评估：包括财务状况、商务能力、技术与服务能力等，同时利用电子采购平台对供应商进行注册、认证、评估和分类分级管理。

制定采购策略：无论是通过电子采购平台实施采购，还是传统方式线下采购，都应根据企业发展战略，结合采购品类细分和供应市场分析结果，制定采购策略，防止采购不到位或者采购过多等情况发生。

仔细阅读采购文件：在进入电子采购平台实施采购之前，采购人员应仔细阅读采购文件中的所有条款和要求，确保对项目需求、投标要求及合同条款等有清晰的理解。

按时提交相关文件：采购人员应按照采购文件规定的时间和方式提交包括投标文件在内的相关文件，逾期提交可能被视为无效，进一步影响企业采购活动的进程。

采购文件管理：通过电子采购平台进行采购文件管理，确保采购文件的质量与合规性。

采购过程管理：准确发布采购信息，包括采购人的名称和地址、采购项目的性质、数量、实施地点和时间等；选择合适的采购方式，如公开招标、邀请招标、竞争性谈判等，通过电子采购平台组织实施；按照企业制度规定确定成交供应商，处理需要报备、批准的采购项目；及时与供应商签订电子合同，确保合同的合法性与有效性，应注意采购平台的合同管理模块是否支持合同的签订、执行、变更和终止等全流程管理。

在线跟踪合同履约情况：采购方验收货物，在确认符合合同要求后付款，通过电子采购平台实时跟踪合同履约情况，形成采购闭环。

分析采购关键指标：利用电子采购平台的数据分析功能，分析采购趋势、成本结构等关键指标，为企业管理层提供决策依据。

系统与信息安全：应确保电子采购平台具备数据安全、系统应用安全和网络安全等功能，确保采购信息的安全性与保密性。同时，妥善保管数字认证证书（CA）和电子签章，避免信息被盗而遭受经济损失。

遵守平台规则：在电子采购平台上操作时，需严格遵守平台的操作规则和流程，确保所有操作符合平台要求。

关注平台公告和通知：采购人员要及时关注电子采购平台发布的公告和通知，了解最新的项目信息和变更情况，确保采购过程顺利进行。

1.3　采购管理的制度建设

为了提高采购管理工作效率，企业有必要规范采购人员行为，比较常用的方法是建立健全相应的采购管理制度，如采购作业制度、采购请示汇报制度、资金使用制度、跟单制度、采购评价制度和内部审查制度等。

1.3.1　明确采购作业制度

采购作业制度是对采购业务的整个实施过程进行规范，明确操作规则以及不能出现的舞弊行为等。

下面通过某公司制定的采购作业管理制度，来学习如何建立该制度。

实务案例 采购作业管理制度

一、总则

1. 依照公司基本管理制度的规定，为加强公司各项物品采购作业流程的规范管理，提高工作效率，保障经营所需物品的供给，降低经营成本，特制定本制度。

2. 本制度是指公司固定资产、办公用品、员工宿舍用品、低值易耗品、员工工服、广告宣传及促销品、礼品等采购工作。

3. 集团公共事务部负责集团的采购工作和指导各子公司行政部的采购工作。

4. 各子公司行政部负责各子公司的采购工作。

二、固定资产的采购流程

1. 根据公司经营需要采购固定资产的，应由需要使用的部门负责人申请并填写“固定资产采购申请单”提交公共事务部 / 子公司行政部核实。

2. 经公共事务部 / 子公司行政部核实确需要购买的，按单次金额在 × 元以下的经需要使用的所属部门上一级负责人审核，报事业部总经理 / 副董事长批准后方可采购；但总体的固定资产购置必须控制在董事会制定的年度标准范围内。在 × 元以上 × 元以下的，报经董事长批准；在 × 元以上的，报经董事会讨论及批准。

3. 公共事务部 / 子公司行政部凭批准的“固定资产采购申请单”负责采购。采购前应当寻找多家供应商，对价格、质量、品牌及服务等方面进行市场比较，选择两家以上合适的供应商，把供应商信息详细记录在“固定资产采购申请单”上，将“固定资产采购申请单”提交财务部门进行核价。

4. 财务部门接到提交的“固定资产采购申请单”，必须认真对所需采购的固定资产进行市场比较和分析，核实供应商的价格、质量、品牌及服务等是否具有物美价廉的优势，将有优势的供应商反馈给公共事务部 / 子公司行政部，公共事务部 / 子公司行政部应当接受财务部门核价的合理建议，两者经共同合议后选择适合的供应商。若遇两者之间意见分歧较大，应当报公司经副董事长最终审定。

5. 公共事务部 / 子公司行政部应与供应商签订购买合同或协议，保证其质量和售后服务。若涉及技术性强的维修设备或工具的采购，售后部门相关技术人员应提供技术支持。

6. 对价值较高或数量较大的固定资产采购，可采取公开性的竞价招标的方式进行采购。

7. 凡异地采购或涉及运输的，应考虑运输费用、途中损耗、安全性、方便性等，多方面比较后选定方案。

8. 公共事务部/子公司行政部将采购到位的固定资产交付给请购的使用部门负责人和使用人共同验收，经验收确认并开具“固定资产验收单”。公共事务部/子公司行政部凭“固定资产验收单”和采购发票及批准的“固定资产采购申请单”，按公司财务审批权限规定办理采购报账。

9. 若需要对使用人进行技术或专业培训的，使用人应参加培训并遵守使用操作规程。公共事务部/子公司行政部应做好固定资产的登记和管理。

三、办公用品、低值易耗品的采购

…………

四、广宣促销品的采购

…………

五、礼品的采购

…………

六、责任与处罚

1. 采购员、核价人、审核人、审批人及监督人对采购工作必须高度负责，严格自律，不谋私利，抵制不正之风，不得私收回扣或礼品，确实难以拒绝的应交给公司处理。

2. 凡上述采购中任一环节的相关人员因自身原因而导致经济损失的，应当承担损失的责任。

3. 如经公司核价后发现采购价格高于市场价×%的，超出部分金额由采购人员自行承担。

4. 对于不降低采购成本、私收钱物、索拿他人贿赂、虚开采购发票报账的，经查实后，除赔偿公司全部损失之外，并处以不当所得金额×倍以上的经济处罚；情节严重的，报送司法机关追究法律责任。

七、附则

本制度由公共事务部解释执行，于××年×月×日颁布生效。

从展示的采购作业管理制度来看，大致结构为“总则+正文+附则”。总则部分通常说明制定该制度的目的、依据和背景等；正文部分则对具体的采购作业规范进行说明；附则部分是对该制度生效及解释权的说明。

在这里，正文部分主要规定了固定资产、办公用品、低值易耗品、广宣促销品和礼品等的采购工作规范，且分项说明，结构清晰，涵盖的采购标的比较全面，是一套适用于整个企业物资采购的作业管理制度。企业可根据自身发展需要及业务特点等对正文部分的内容进行设计、调整。

1.3.2 规范请示汇报制度

请示和汇报主要针对的都是下级对上级的工作关系，用图1-11所示的结构进行直观展示。

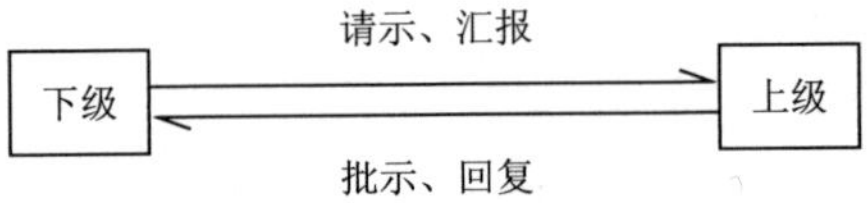

图1-11 请示与汇报在工作中涉及的上下级关系

也就是说，下级因为某业务需要向上级请示，或者向上级汇报时，也需要按照相应的请示汇报制度规定的流程和规范进行处理。注意，企业建立请示汇报制度时，可囊括企业所有业务的请示汇报规范，并不单单针对采购部门规定请示汇报制度。

下面来看某公司制定的请示汇报制度，学习如何制定该制度规范。

实务案例 **请示汇报制度**

一、目的

依照公司发展及长远策略规划，同时为了规范公司的请示、汇报工作，加强公司内部事务的管理，提高员工的工作效率和公司运营质量，特制定本制度。

二、适用范围

公司全体员工。

三、主要内容

1. 工作汇报坚持“逐级汇报”制。即各部门工作人员向部门负责人汇报，各部门负责人向总经理汇报，一般情况下不得越级汇报。

2. 各部门负责人对本部门的工作负全责，对本部门的工作有决定权。

3. 公司各部门成员在工作当中应以大局为重，听从领导，服从公司安排，不得各自为政、擅自开展工作。

4. 各部门工作人员在开展工作时应及时向部门负责人汇报工作情况，除特殊情况外，不得在没有与部门负责人商量或征求部门负责人同意的情况下开展工作，不得越级向总经理请示工作。

5. 对于偶发事件或重大问题，在部门负责人不在的情况下可向总经理汇报。

6. 部门负责人如遇到问题解决不了、拿不定主意或者其他重大问题，需向总经理请示时，应向总经理提出 × 个可行方案。其他日常工作由部门负责人自行定夺。

7. 但凡领导交办的工作，完成后必须逐级向领导汇报办理结果，使工作衔接紧密、善始善终。

8. 凡因开展工作不请示、汇报，给公司造成影响和损失的，将追究当事人的责任，并视情节轻重做出相应处理。

从展示的请示汇报制度来看，主要结构为“目的+适用范围+主要内容”。目的部分的写作思路与前面介绍的相似，这里不再赘述；适用范围部分主要说明该制度需要有哪些人遵照执行；主要内容部分就是对请示汇报制度内容的具体规定，各企业根据自身实际经营情况灵活编写。

1.3.3 严格制定资金使用制度

采购工作必然需要企业付出成本，而这个成本就体现为资金的流出。但是在实际工作中，可能存在一些人无法抵挡金钱的诱惑，在采购工作中徇私舞弊，不按规定的资金使用规则进行款项支付，从而损害企业利益。

为了有效管控采购人员的资金使用行为，企业有必要制定严格的资金使用制度。与请示汇报制度一样，企业的资金使用制度适用范围可以很广泛，没有必要针对采购部门单独制定该部门的资金使用制度。

下面就来看某公司的资金使用管理制度，了解如何编写其中的内容。

实务案例 资金使用管理制度

第一章 总则

第一条 为加强资金管理，规范操作行为，根据国家有关规定，结合本公司实际情况，特制定本制度。

第二条 本制度适用于 ×× 有限公司。

第二章 现金支出管理

第三条 财务部为公司现金的归口管理单位，对现金的支付业务按照以下规定办理：

1. 支付计划。有关部门或个人使用款项时，必须向总经理提交现金用款计划，注明款项的用途、金额及收款单位，并附相关经济合同或采购计划。

2. 支付审批。总经理根据支付计划对支付申请进行审批。对不合理的或有损公司利益的支付申请拒绝批准。

3. 付款审核。财务部接到审批有效的付款计划后，主管会计对具体付款单据与付款计划进行对照、审核。财务顾问复核付款申请的批准范围、权限和程序是否正确，有关单证是否妥当等，复核无误后，交由出纳办理付款。

4. 办理支付。出纳接到经初审无误的付款单据后，要再次对付款单证是否齐全、妥当、金额是否正确、收款单位是否妥当、是否符合审批程序等内容进行复核，无误后方可付款。

5. 若因特殊情况，有关部门或个人事先代垫款项的，必须在事后补办审批程序。财务部于每月 × 日至 × 日对补办手续齐全的款项进行付款。

第四条 日常零星开支所需现金库存限额为 × 元。

第三章 费用报销管理

第五条 费用报销的审批权限

1. 公司购置固定资产及日常费用支出须经总经理签字。

2. 各部门所有报销单据必须经部门经理签字审批后，由综合管理部汇总交总经理审批。

3. 非常规性固定资产购置项目，并且单笔购买金额超过 × 元，总经理审批签字后，还须报请集团财务总负责人审批。

4. 日常费用支出单笔支付金额超过 × 元，总经理审批签字后，还须报请集团财务总负责人审批。

第六条 报销审批手续

1. 报销人员因公需要报销时，应填写“支出凭单”经部门经理初审签字。

2. 报销人员执部门经理签字后的报销单据，交综合管理部。

3. 综合管理部汇总各部门报销单据，于每月 × 日至 × 日交总经理审批。如需集团财务总负责人审批的单据，在总经理审批签字后，还应转财务部报请集团财务总负责人审批。

…………

从展示的资金使用管理制度来看，内容包括该制度的制定目的、适用范围，以及现金支出管理、费用报销管理等。换句话说，企业在制定资金使用管理制度时，不仅要规定资金使用上限，要将货款金额分成不同的等级，并对各等级的金额支出规定具体的审批程序，还要明确各负责人是谁。

1.3.4　建立采购跟单制度

采购跟单是采购业务中不可缺少的一环，它保证了采购业务能正常且顺利进行。跟单实际上就是跟踪订单的简称。实务中，采购人员要如何开展跟单工作？怎么跟单催货才不会引起供应商的反感？怎么跟单才能保证采购订单顺利完成？这些问题都要通过采购跟单制度来明确。

下面来看某公司的采购跟单制度，学习如何编写具体的制度内容。

实务案例　采购跟单制度

第一章 总则

第一条 目的

为了规范订单跟踪工作，提高订单跟踪效果，特制定本制度。

第二条 审批权限

1. 采购总监及总经理负责审批 × 元以上的订单处理工作。

2. 采购经理负责审批 × 元以下订单处理工作。

第二章 采购跟单总体要求

第三条 跟踪过程

订单发出后，采购专员需要跟踪整个过程直至收货入库。

第四条 跟踪要求

1. 采购专员应完成企业规定的以及自购的订单跟踪任务。

2. 采购专员全面统筹安排所负责的各个订单的跟踪工作，不可遗漏。

第五条 处理审批

采购订单的取消、违反合同以及其他未规定处理的问题的处理方案应由相关权限审批人审批后方可执行。

第六条 行为规范

跟单员必须保持对供应商的尊重，在跟单过程中必须注意自己的言行举止，自觉维护企业的良好形象。

第三章 订单跟踪处理规范

第七条 订单分类汇总

1. 采购专员必须整理好所负责订单，将订单信息填入“订单信息汇总表”中，确保每一订单都可查询。“订单信息汇总表”如下所示：

订单信息汇总表（略）

2. 采购专员将负责的采购订单按照订单跟踪类别分类，便于进行供应商分级跟踪管理。

第八条 订单执行情况跟踪

1. 采购专员应跟踪订单处理的整个过程。

2. 采购专员按照企业订单状态跟踪管理制度跟踪采购订单。

第九条 企业取消采购订单的处理

1. 原则上，采购部不能取消订单。如因企业内部某种原因，确实需要取消已发出的订单，采购专员应依据领导审批权限向领导申请取消订单。

2. 对于企业单方面取消订单或者供应商可能提出取消订单的问题，采购专员应按照以下程序处理：

（1）采购部预先提出有可能出现的问题及可行的解决方法，并由采购专员编制“××取消订单处理方案”。

（2）采购经理或者采购总监在权限内审批“××取消订单处理方案”。

（3）采购专员执行“××取消订单处理方案”。

3. 依照合同规定取消订单的，采购专员无须请领导审批。采购专员应将合法取消订单的证明和依据汇总整理并存档。

…………

第四章 附则

第十六条 本制度由采购部制定，解释权归采购部所有。

第十七条 本制度经总经理审批后生效，修改、废止时亦同。

从展示的采购跟单制度来看，以“章”的形式划分具体内容，先从总则说明制定该制度的目的和具体的审批权限；再写明采购跟单的总体要求；接着规定具体的订单跟踪处理规范；最后的附则说明该制度的制定部门和解释权归属等内容。

企业可以在此采购跟单制度的基础上，根据自身情况设计采购跟单总体要求和订单跟踪处理规范这两个部分的具体制度条款。

1.3.5　完善采购评估制度

某一项采购工作的完成情况是否达到了部门的预期？其间采购人员的工作表现如何？有无舞弊行为？员工的工作积极性怎么样？最终的采购业务完成效果达到了什么样的程度等，这些问题的答案，需要采购部门经过对采购业务的评估得出结论。

下面就来看看某公司的采购绩效评估制度，学习如何编写相关内容。

实务案例　采购绩效评估制度

第一章 总则

第一条 为达到以下目的，特制定本制度。

1. 保证公司所需的物资能够得到保质、保量、及时的供应。

2. 提高采购人员的工作积极性和绩效。

3. 提高企业的经济效益。

第二条 本制度适用于公司采购部的正式员工，以下人员除外。

1. 考核期开始后进入公司的员工。

2. 因私、因病、因伤连续缺勤30日以上者。

第三条 评估原则

1. 明确、公正原则。对于评估标准、评估程序和评估责任，都应当明确规定，评估人员必须严格遵守。

2. 客观评估原则。明确规定评估标准，评估者客观评价绩效资料，避免掺入主观因素和感情色彩。

3. 反馈原则，评估人员一定要把结果反馈给相关人员，并进行说明解释。

第二章 采购绩效评估的实施

第四条 采购绩效评估的指标

公司在进行采购绩效评估时，应以“5R”为核心，即以“适时、适质、适量、适价、适地”的方式进行，主要包括采购时间、采购品质、采购数量、采购价格以及采购效率五个方面。

采购绩效评估指标示意图（略）

第五条 采购绩效评估的时间

采购绩效评估分为月度绩效评估、季度绩效评估及年度绩效评估三种，其具体实施时间如下表所示。

绩效评估实施时间表（略）

第六条 采购绩效评估的方法

…………

从展示的采购绩效评估制度来看，首先对制定该制度的目的、适用范围和评估原则进行了说明；然后具体规定采购绩效评估的实施标准，如采购绩效评估的指标、评估时间和评估方法等。除此以外，还可以在采购绩效评估制度中加上评估结果合格与不合格的处理规定，以此督促采购人员在以后的工作中更好地完成采购任务。

1.3.6　制定采购内部审查制度

公司内部的管理需要有监督检查的配合，以约束和规范员工的行为，同时防止不利于企业发展的经济活动的发生。为了切实指导员工开展采购工作，督促采购人员为自己的行为负责，企业有必要制定与采购相关的审查制度，如采购内审制度。

下面来看某公司的采购内审制度，学习如何编写其中的内容。

实务案例　采购内审制度

第一章　总则

第一条　为了加强公司对采购行为的管理，强化和完善内部审计职能，提高资金使用效益，根据有关法律法规和公司实际情况，特制定本制度。

第二条　本规定所称采购行为，是指公司采购部门以购买、租赁、委托或雇佣等方式获取货物和服务的行为。

第三条　采购应当遵循公开、公平、公正的原则，按照货比三家或公开招标、邀请竞标、集体评标、定标，内审人员参与评标定标，并进行监督的方式进行。

第四条　采购人员要求品行端正，严格遵守国家法律法规，严格遵照企业制度办事，严格履行自己的职责。

第二章　采购审计细则

第五条　采购监督的范围

1. 日常用品采购（一次性采购在 × 元以上）。

2. 办公用品、固定资产采购。

3. 经常性服务及特殊项目（如后期维护、公用事业、宣传等）。

第六条　采购物品的部门必须事先制订购买计划和经费预算方案，经主管领导审批后报内审人员备案。

第七条　采购方式：× 万元以上必须采用招标式采购、竞争性谈判采购，其他可采用货比三家或多家的询价采购方式进行。

第八条　内审人员应当对采购人员进行监督检查，主要包括下列三项内容：

1. 有关采购规章制度的执行情况。

2. 采购的标准、方式和采购程序执行情况。

3. 领导交办的其他监督检查的内容。

第九条 内审人员发现正在进行的采购严重违反规定或导致采购无效的，应当责令采购人员停止采购并及时上报领导。

第十条 采购部门应当对采购合同的标准组织验收，根据验收结果形成书面材料签名报送内审人员。

第十一条 内审人员有权对所采购的物品进行实物与账表的对比及检查。

第十二条 内审人员根据采购合同对验收材料进行审计，认为符合规定方可办理采购资金的付款手续。

…………

从结构上看，该制度首先说明了制定的目的和原则，然后是具体的采购审计细则，包括采购监督的范围、采购方式、监督检查的主要内容以及规范的审计流程等。各企业可以根据自身对采购业务的检查需求，设计审计制度的具体内容。无论怎样，采购内审制度的作用都是要及时检查出企业在采购方面存在的问题，并明确具体的解决办法，使采购部门能不断完善和提升工作效益与效率。

第2章

以成本控制为导向编制采购预算

采购预算是对采购活动可能发生的支出进行的预估，它要以企业的成本控制为指导，实事求是地编制，争取每一分钱都能用在刀刃上，杜绝采购过程中可能出现的浪费。

2.1 如何才能做好采购成本控制

采购成本的构成并不只有物资本身价格这一项，还可能包括运输费、装卸费和保险费等，要做好采购成本控制，就需要从这些成本构成出发。因此需要采购人员明确采购成本包含的内容，同时还要制定合适的采购策略，运用科学的采购模式，依照严谨的采购计划，采用有效的采购成本控制方法。

2.1.1 明确采购成本包括的内容

采购成本是指与采购原材料或部件相关的费用，根据纳税人身份的不同，采购成本的构成有些微差别，如图2-1所示。

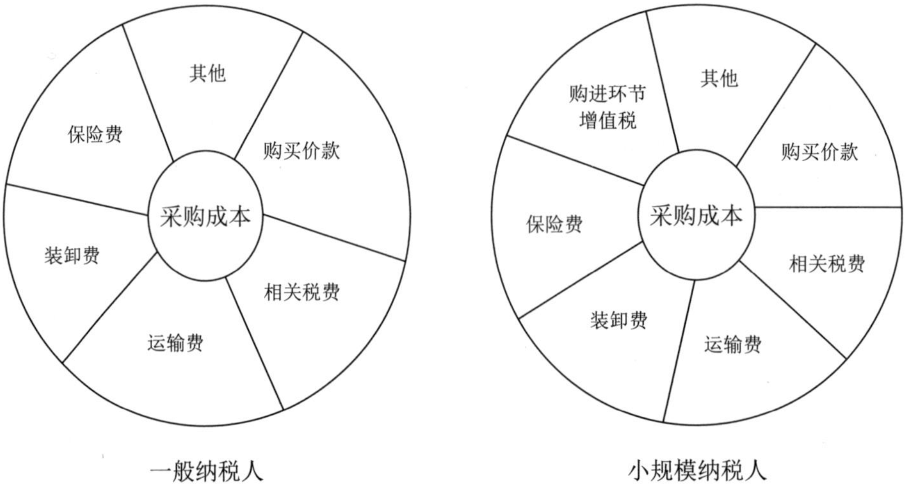

图2-1　一般纳税人与小规模纳税人的采购成本内容

注意，对于一般纳税人来说，购进环节增值税有其特定的称呼，即“增值税进项税额”，这种称呼不适用于小规模纳税人，因此图2-1中描述的是“购进环节增值税”。

那么，如何更准确地理解这些采购成本的组成部分呢？具体如下：

购买价款：指企业所采购物品或服务的总价值，通常指买卖合同或购销合同中注明的不含税（这里指增值税）价款。

相关税费：指除增值税以外在采购环节发生的有关税费，如签订合同需要缴纳的印花税，特殊应税消费品需要缴纳的消费税等。

运输费：指需要由采购方自行承担的采购环节运输费，由采购方代垫而实际由销售方承担的采购环节运输费不计入采购成本中。

装卸费：指采购方因所购货物发生的费用，通常指入库前的装卸费。

保险费：指采购企业为保障所购货物的安全与完整，自行投保花费的保险费，主要指运输开始到入库前这段时间的保险费支出。

购进环节增值税：这一采购成本构成要素主要针对小规模纳税人，具体是指采购环节由销售方开具的增值税发票上注明的增值税税款。

其他：指除前述相关价款、费用和相关税费外的可以归属于采购成本的开支，如运输过程中发生的合理损耗、评标费用、标书论证成本、租用场地费用（主要指必须经过中转仓储的物资发生的租用场地费用）等。

2.1.2　制定合适的采购策略

实际工作中，影响企业制定采购策略的因素主要有以下四项：

- 所采购产品或服务的形态，比如是一次性采购，还是持续性采购。
- 产品所处的生命周期阶段。
- 年需求量与年采购总金额。
- 与供应商之间的关系。

下面针对这些影响因素，看看采购人员可以从哪些方面来制定合适的采购策略，以帮助企业合理降低采购成本。

1. 从产品生命周期入手制定采购策略

处于不同生命周期的产品，采购时有其适用的方法，表2-1为产品不同生命周期的采购策略。

表 2-1　不同生命周期阶段的产品采购策略

阶段	采购策略
萌芽期	这是新技术的制样或产品的开发阶段。在这一阶段中，比较合适的采购策略有供应商早期参与、价值分析、目标成本法等
成长期	这是正式产品化量产上市且产品逐渐被市场接受的阶段。在这一阶段中，采购需求量会大幅度增长，比较常用的采购策略是杠杆采购，即长期持续性的随机采购，但不需要与供应商维持比较密切的合作关系，实施重点在于价格分析，尽可能选择物美价廉的货物或原材料
成熟期	这是生产或技术达到稳定状态、产品已经稳定地供应到市场上的阶段。在这一阶段中，采购策略的重点在于采购活动的标准化以及采购活动的价值分析，尽可能地找出不必要的采购成本，并达到节省成本的目的
衰退期	这是产品或技术即将过时或衰退，并且有替代产品出现的阶段。因为市场对这一阶段中的产品的需求量在逐步缩减，所以不能再一味地降低采购成本，常用的策略是保证所采购产品或物资的质量，在此基础上选择价格较低的供应商

2. 从供应商入手考虑采购策略

企业从供应商角度考虑采购策略时，也要考虑不同情形的采购业务。

（1）对经济利益影响较小的采购

对企业来说，对经济利益影响较小的采购，金额虽然不高，但也必须确认价格与一般市场售价相比是公平合理的。

这种类型的采购，使用的策略是：快速低成本的价格分析，不要让花费在价格分析上的成本高于采购的实际金额。那么如何快速低成本地进行价格分析呢？主要从四个方面入手：一是比较分析各供应商报价；二是比较目录或市场价格；三是比较过去的采购价格记录；四是比较类似产品的采购价格。

（2）长期持续性的随机采购

如果是长期持续性的随机采购，且不愿意与供应商维持密切的合作关系，则通常采用杠杆采购策略，即以价格分析为重点，辅以成本分析。

这种类型的采购，使用策略是：进行价值分析，分析供应商提供的成本结构，进行成本估算，计算物资的整体拥有成本。

（3）重要计划的采购

如果是重要计划的采购，如主要机器设备、资信系统或厂房设施等，由于采购金额一般较大，因此使用的策略是：成本分析为主，包括计算物资的整体拥有成本以及整个供应链的成本结构。

（4）非常重要的持续性采购

如果是非常重要的持续性采购，即通常所说的策略性采购，则企业通常希望与供应商建立长期的合作关系，因此，企业需要花较多的时间在成本与价格分析上，以期达到效益最大化。

这种类型的采购，使用的策略是：以成本分析为主要方法，分析供应商产品的成本资料，找出可能改善的部分；计算所购物资的整体拥有成本；分析整个供应链的成本结构；使用目标成本法等。

3. 从互联网运用角度制定采购策略

需要大批量订购货物时，可以通过互联网将采购信息进行整合与处理，统一从供应商订货，以获得最大批量的折扣。

发生紧急订购需求或者需要精准控制库存量时，可以利用互联网将生产信息、库存信息和采购系统连接起来，实现实时订购，最大限度降低库存，实现“零库存”管理。

企业存在明显的采购人员舞弊行为时，可利用互联网实现库存、订购管理的自动化和科学化，最大限度减少人为因素的干扰，以较高效率进行采购，节省大量人力，且避免人为因素造成的不必要损失。

总之，采购策略是站在全局的角度考虑如何采购更高效、更省事、更省钱、更安全，需要采购人员结合企业整体发展规划制定。

2.1.3　运用科学的采购模式

科学的采购模式不仅能提高采购工作的效率，也能为企业节省开支，为提高利润奠定基础。在本书的1.1.3节就已经介绍过采购的类型，其间也对部分采购模式做了简单介绍，这里再对常见的采购模式进行了解。

1. 传统采购模式

传统采购模式主要以人工为主，采用传统的商品经营模式，其特点是灵活但采购过程比较复杂。表2-2为传统采购模式的四个具体表现。

表 2-2　传统采购模式的四个表现

表现	具体阐述
人工操作	传统采购模式下，企业开展采购活动时需要大量的人工操作，从寻找商家到价格比较，再到签订采购合同等，整个过程都需要人工操作
费用高	传统的采购模式对于价格、人工费用和物流费用等的考虑非常重要，也因为传统采购模式对应传统供应链，所以物流环节也需要大量人工操作完成，这就使得采购费用明显偏高
流程复杂	传统采购模式下，企业需要考虑各种因素，如供应商资质、商品质量、价格竞争力、供货远近以及长期合作关系等，所以会使整个采购过程耗费时间较长，流程也比较复杂
缺乏透明度	传统采购模式下，采购方与供货方之间、供货方与供货方之间缺乏信息与数据的透明度，导致采购效率低，采购方难以及时得知市场价格波动情况

2. 电子采购模式

现在，越来越多的企业开始逐渐放弃传统采购模式，采用智能供应链管理，相应地普遍运用电子采购模式。该模式下，企业可以在互联网上发布采购需求，通过网上竞价方式从供应商处获取产品和服务信息，进一步签订采购合同。电子采购模式也有其自身的特点，如图2-2所示。

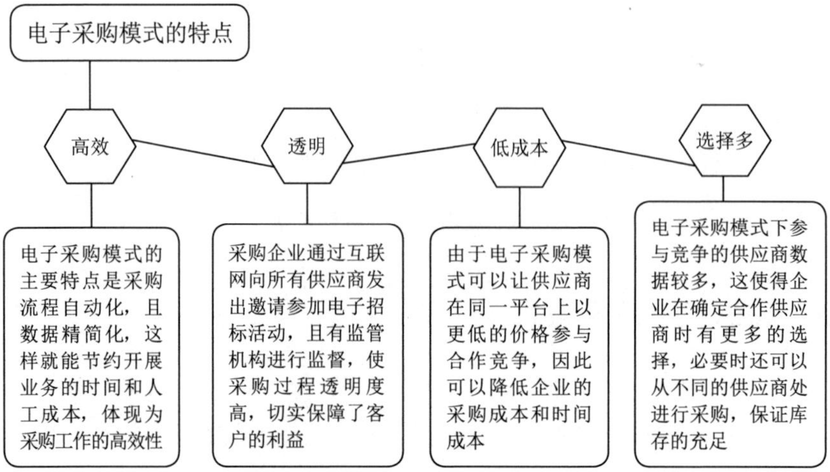

图2-2　电子采购模式的特点

3. 集中采购模式

集中采购模式是企业为了降低采购成本而采用的一种采购模式。这种采购模式下，企业将所有分支机构或业务单元的采购需求进行汇总，最终形成单个采购需求，进行集中采购。

这种采购模式也有非常显著的特点，具体说明如下：

采购量大：集中采购可以使企业按照尽可能低的成本采购数量大、质量高的物品。

数据共享：集中采购模式可以使整个企业的不同业务单元或部门之间共享采购信息和数据，有效提高工作效率和准确性。

效率高：集中采购模式能为企业节约人力和物力资源，简化采购流程和手续，提高采购活动的实施效率。

风险可控：集中采购模式下企业可以规避分散采购可能带来的风险，通过统一的管理和监督机制，控制并降低采购风险。

总体来说，不同的采购模式都有其适用的情形和优劣势，企业需要根据自身业务需求和市场情况，从采购成本、采购效率和采购风险等方面综合考量，选择合适的采购模式，以达到最优的采购效果。

2.1.4　编写严谨的采购计划

采购计划是企业管理人员在了解市场供求情况，认识自身生产经营活动过程中和掌握物料消耗规律的基础上对计划期内物料采购管理活动所做的安排，它具有预见性。

采购计划是企业年度计划与目标的一部分，通常以表格形式体现，有时也以文案形式体现，具体根据生产部门或其他使用部门的计划制订，包括采购物料、采购数量和需求日期等内容。

按照不同的划分依据，采购计划有多种类型。

按照计划期长短划分：可分为年度采购计划、季度采购计划和月度采购计划等。

按照物料使用方向划分：可分为生产物料采购计划、维修物料采购计划、基本建设物料采购计划和科研用物料采购计划等。

按照自然属性划分：可分为金属物料采购计划、机电产品物料采购计划和非金属物料采购计划等。

无论是哪种类型的采购计划，主要内容都应该包括六大项，见表2-3。

表 2-3 采购计划的主要内容

主要内容	说明
采购对象	采购对象就是采购活动实施时具体需要采购的物品或服务，比如原材料、工程物资、安装服务、机器设备以及厂房或办公楼等
采购规模	采购规模也可理解为采购数量，比如采购原材料或工程物资多少批或多少吨；采购安装服务的具体范围；采购机器设备的台数或者套数；采购厂房多少栋，或生产车间多少间，或办公楼多少栋或多少层等
采购预算	采购预算是指采购部门在一定计划期间编制的材料采购的用款计划。也就是说，采购计划中包含了关于采购价款的预算内容
采购方式	采购方式是企业在采购活动中运用的方法和形式的总称。通俗来说，采购方式就是企业采购物料的具体方法和途径，在采购计划中也需要明确说明
采购周期	采购周期是指企业决定订货并下订单→供应商确认→订单处理→生产计划→物料采购→质量检验→发运的整个周期时间，也可简单理解为规律性的两次采购间隔的天数或时间
采购文件	采购文件是指采购方（这里指企业）为了完成采购活动而制定的文件，包括商务性文件和技术性文件，大致包括：采购活动记录、采购预算、招标文件、投标文件、评标标准、评估报告、定标文件、合同文本、验收证明、质疑答复、投诉处理决定以及其他有关文件、资料。注意，其中有些文件资料只在特定的采购方式中才会出现

编制采购计划是进行采购预算的前提，因此，采购人员在制订采购计划时一定要严谨。下面通过学习某公司某一时间的采购计划，了解如何编写采购计划的内容。

实务案例 20×× 年采购工作计划

20×× 年的脚步已经迈向身后，20×× 年我们将继续树立“××××××”的观念，积极落实采购工作要点。坚持“××××××××××”的基本工作原则。

一、工作内容

1. 日常用品及办公耗材的采购。为确保各部门 20×× 年更加高效地工作，采购部力求在第一时间将所需物资采购到位。20×× 年公司需建立规范的物资请领程序，并强化各部门落实制度。建议每月可进行三次统一采购，各部门提前上报物资申请单，经领导审批后，由采购人员具体执行。如有急需物资，可机动处理。

2. 工程材料的询价、采购。此项工作将作为20×× 年采购工作中的重点。工程材料主要包括 ×× 材料和 ×× 材料两项，根据公司在建项目前期合同的签订，材料主要以 ×× 方式为主。根据工程进度的时间节点，提前与工程部沟通和确认各种材料的技术参数及材料到位的时间节点。开展各分项材料的具体询价、供应商的选择、邀标及招投标的各种准备工作。采购部按项目部和施工单位上报的采购计划公开招标，邀标单位须在 × 家以上，并且邀标谈质论价全过程采购部都参与，真正做到降低成本、保护公司利益。

3. 其他临时性工作。如各种会议的组织、安排；办公室花卉的采购等。

二、采购流程

20×× 年我们将进一步强调采购工作透明化，在采购工作中做到公开、公平、公正。无论是大宗材料、设备，还是小型材料的零星采购，都尽量咨询相关专业人员。即使在时间紧、任务重的时候，也要始终坚持这个原则，既要确保工作的透明，同时要保证工程进度。

1. 采购计划

需要由相关专业人员提供产品的技术参数、规格型号、品质要求、采购到位的时间和数量；采购过程中需要相关技术人员的技术支持。

2. 资格审查

对能提供符合我们要求的企业进行资格审查，筛选出 × 家以上企业，进行实地考察，综合分析。

3. 综合询价

按照相关部门的需求情况（数量、交货时间等），对产品进行询价，并在询价过程中，及时与相关专业人员交流，获得技术支持。

4. 合同签订

按照公司合同管理规定签订，签订的条款要争取主动，在执行中始终监督乙方执行合同，并在合同中明确验收标准及验收方法。

5. 交货验收

送货单与我们要求的封样、货物品牌、型号规格、数量、单价等对照，一定要符合合同规定。申购部门相关人员、施工方相关人员、监理、采购员共同验收，办理入库手续，不合格产品办理退货手续。

6. 违约责任

乙方不能按期交货的，每逾期一天，乙方向甲方支付本合同总价款 ×‰的违约赔偿金，逾期达 × 天的，甲方有权解除合同，乙方应返还甲方已付所有货款，并承担本合同总价款 ×% 的违约赔偿金，如赔偿金不足以弥补甲方所受损失的，乙方应按甲方的实际损失给与赔偿。

如乙方所交货物与合同规定的品牌、型号规格、封样不同，乙方应按甲方要求无偿更换，因此造成逾期的，乙方承担逾期交货违约金，如乙方拒绝更换或者更换后不符合合同规定，甲方有权解除合同，乙方承担总货款 ×% 的违约责任金。

三、针对公司实际情况的具体建议

1. 建立材料价格信息库和材料价格监管机制，提高采购人员的自身素质和业务水平，保证货比三家，购买质优价廉的材料，减少工程成本，提高采购效率，提高企业利润。

2. 20×× 年采购部将继续围绕“控制成本、采购最优性价比产品”的工作目标，要求采购人员在充分了解市场信息的基础上进行询价比价，注重沟通技巧和谈判策略。力求最大限度控制成本。采购人员也在每一项具体工作和每一个工作细节中得到锻炼。

从展示的采购计划来看，其内容概括性较强，第一部分概括说明本年度采购工作的内容，第二部分概括说明本年度采购工作的相关流程。

但是该采购计划有比较明显的缺点，即没有具体的采购物资明细数据。实务中，采购人员可在这份采购工作计划中附上采购计划表。表2-4为常见的结构比较简单的采购计划表。

表 2-4　采购计划表

序号	物品名称	型号规格	数量		计划到货日期	实际到货日期	备注
			计划	实购			

续上表

序号	物品名称	型号规格	数量		计划到货日期	实际到货日期	备注
			计划	实购			
编制：		日期：		批准：		日期：	

表2-5所示为稍微复杂且具体的采购数量计划表，采购人员可参考运用。

表 2-5　采购数量计划表

每日耗用数量：										
供应商	本日存货		本日存货耗用期限	订购日期	申请日期	开出日期	装车			车到入库后总存量
	日期	数量					吨	发车日期	抵达日期	

注意，采购计划的制订一定要根据生产计划或销售计划进行，单独制订采购计划不但缺乏实用价值，还会失去其他部门的配合。

2.1.5　借助经济订货批量实施采购

什么是经济订货批量？它是固定订货批量模型的一种，可以用来确定企业一次订货的数量。通俗来说，就是企业通过平衡采购进货成本和保管仓储成本，以实现总库存成本最低的最佳订货量。

当企业按照经济订货批量进行采购时，可实现订货成本与储存成本之和最小化。这里我们来初步认识采购工作中可能用到的存货模型，如图2-3所示。

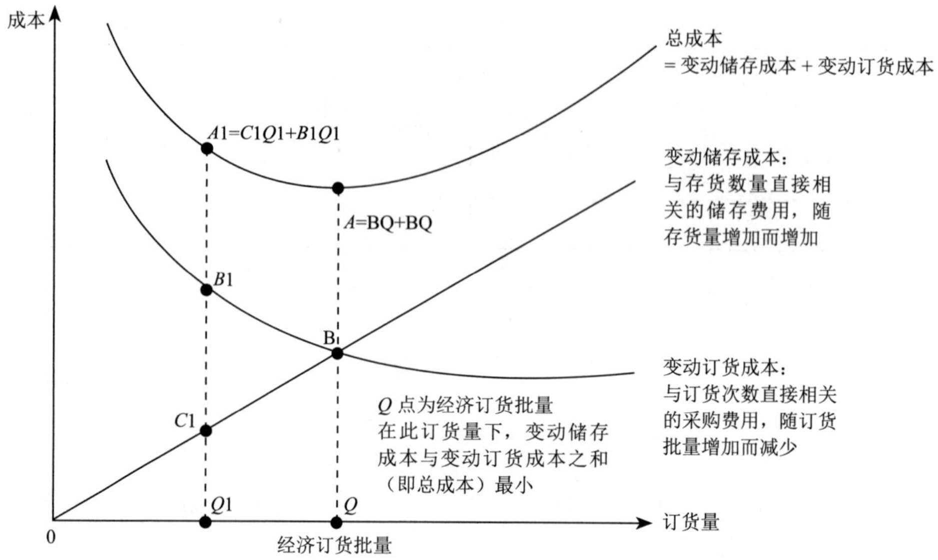

图2-3　存货模型

在运用经济订货批量实施采购时，需要用到的计算公式如下：

经济订货批量（EOQ）$=\sqrt{2\times K\times D\div Kc}$

总成本（TC）$=\sqrt{2\times K\times D\times K_c}$ 或 $K\times(D\div Q)+K_c\times(Q\div 2)$

在上述计算公式中，K表示每批订货成本；D表示企业全面的物资需求量；K_c表示每件物资的年储存成本，注意这里将原本经济订货批量汇总的年储存成本看成所购物资在入库前发生的仓储成本；Q表示确定出来的经济订货批量，即EOQ。

运用这种方法时，只是单纯考虑采购物资的订货成本和仓储成本，没有考虑所购物资本身的价格。实际上，只要确定了订货成本和仓储成本的最小值，再选择合适价格的物资，就能确定采购成本。

注意，上述计算公式适用于企业已经确定了年需求量的情况，通过该方法确定每一次的经济订货量，进一步就可以算出全年会订货多少次。但在实际工作中，有些供应商会采取陆续供货的方式，此时经济订货批量的计算公式就会发生变化，具体如下：

$$经济订货批量（EOQ）=\sqrt{2\times K\times D\div Kc\times[p\div(p-d)]}$$

$$总成本（TC）=\sqrt{2\times K\times D\times Kc\times[(p-d)\div p]}$$

上述公式中，p表示供货商每日送货量；d表示企业存货每日耗用量。

为了更好地理解经济订货批量的用法，下面来看一个案例。

实务案例　根据经济订货批量控制成本

已知某公司对生产物资的全年需求量为 18 000 件，每次订货成本为 900 元，每件物资的年储存成本为 90 元，确定公司一年的经济订货批量，同时算出相应的总成本。

$$经济订货批量=\sqrt{2\times 900\times 18\,000\div 90}=600（件）$$

$$总成本=\sqrt{2\times 900\times 18\,000\times 90}=54\,000（元）$$

也就是说，当公司每次订货量为 600 件时，总成本最小为 54 000 元。如果每件物资的单价为 60 元，则：

年采购成本 =60×18 000+54 000=1 134 000（元）

如果供应商采取陆续供货的方式，且每日送货量为 60 件，每日耗用量为 50 件，则：

$$经济订货批量=\sqrt{2\times 600\times 18\,000\div 90\times[60\div(60-50)]}=1\,200（件）$$

$$总成本=\sqrt{2\times 600\times 18\,000\times 90\times[(60-50)\div 60]}=18\,000（元）$$

年采购成本 =60×18 000+18 000=1 098 000（元）

运用经济订货批量的方法开展采购活动，最大的特点是可以使成本最小化。但是，该方法在物资库存量控制方面不够灵活，可能发生物资短缺的情况。因此，采购人员需要结合企业生产情况选择合适的采购方法，既要达到控制成本的目的，又要保证生产供料的及时性。

2.1.6　其他有效的采购成本控制方法

采购成本控制绝不是简单的削减成本，否则会给企业带来很多风险，如质量风险、及时供货风险和技术风险等。那么，采购人员在实际工作中还可以借鉴哪些采购成本控制方法呢？

1. 定量采购法

定量采购法也被叫作定量采购控制法，具体是指当库存量下降到预定的最低库存数量（即采购点）时，按照规定数量进行采购补充的一种采购成本控制方式。

实际工作中，当企业的库存量下降到再订货点（即最低库存数量）时立即按预先确定的订货量发出货物订单，经过交货周期，收到所购货物，库存水平上升。

这种采购成本控制方法需要与经济订货批量结合使用，这样既可以保证企业生产所需不易断货，也能掌握好采购频率，保证较低的采购成本。

使用该方法时会涉及如下计算公式。

$$再订货点（R）=L\times d$$

在上述公式中，L表示平均交货期，也叫平均交货时间；d表示每日平均需用量。

为了更清楚地了解该方法的运用，下面来看一个案例。

实务案例 **确定再订货点以控制成本**

某公司全年需用甲材料48 000件，计划开工300天，已知该材料订货日至到货日的平均交货期为5天，求该材料的再订货点。

再订货点 =5×（48 000÷300）=800（件）

也就是说，当该公司的甲材料只剩下800件时，就需要立即对外发出采购订单。

这种再订货点的确定，特点是企业预计所采购货物到货的当天，库存货物刚好用完。但实务中为了防止采购业务出现延迟交货而带来的生产物料断货的情况，通常会在此基础上加上一个保险储备量，即：

$$再订货点（R'）=L\times d+B$$

上述公式中的B表示保险储备。在前面的案例基础上，考虑保险储备时，假设该公司甲材料的保险储备为500件，则再订货点$R'=800+500=1\ 300$（件），就不是800件了。

需要明确的是，再订货点是指导企业发出采购订单的时间，不是具体的采购数量，即企业的物资库存数量减少到再订货点时就需要准备采购了。而具体采购多少，此时就需要借助经济订货批量，来控制采购成本。

由此可见，再订货点控制采购成本的思路，实际上是减少货物在本企业的储存成本和缺货成本，是变相地降低采购成本。

2. 掌握直接有效的压价技巧

采购人员需要掌握切实有效的压价技巧，既达到低价采购的目的，也能与供应商之间保持良好的长期合作关系。下面简单了解一些常用的压价技巧。

（1）创造竞争条件给供应商危机感

比如，向目标供应商透露己方（采购方）还了解到有其他同类产品低价出售的供应商；或者向供应商说明所采购物资有相应的充足的替代品。

这些都是在向供应商传达一种“并不是非你不可”的信息，向供应商制造一种紧迫感和危机感，促使供应商能够按照采购企业提出的采购价格提供货物。

（2）弹性压价

弹性压价主要体现为不漫天还价、不轻易还价、不在一开始就还出最低价。就好比弹簧，突然一下将其压到最低处，很可能造成弹簧变形，从而失去转圜的余地。

压价也是一样，要循序渐进，给双方议价留出适当的空间。

（3）开出的购买价格要低于预算

采购方向供应商首次开出的价格应低于采购预算，这样才能保证双方经过协商后的采购价格不会高于采购预算，或者不会明显高于采购预算。

（4）尽可能让供应商开口还价

在与供应商议价的过程中，比如供应商给出的价格是100.00元，我们还价80.00元，尽可能地以低于供应商预期的价格还价。这样可以迫使供应商再次还价，此时可能还价的空间比较大。然后采购方再以请示了领导后最高价格是×元或高于80.00元的其他价格为由进行还价，供应商为了抓住客户，同时也看到采购方开出的价格比最初还价的80.00元高，就很可能同意采购方提出的价格。

下面来看一个通过采购压价实现成本控制的案例。

实务案例 采购压价为公司节约成本

某公司是一家生产电子产品的企业，每年需要采购大量的原材料和零部件。采购过程中，公司发现一些供应商提供的报价较高，增加了采购成本，进而增加了生产成本。为了降低采购成本，采购部门与供应商进行谈判。

谈判过程中，采购人员要求供应商提供更详细的成本清单，这样一来，既可以防止供应商漫天要价，同时可以掌握供应商的利润空间，更有利于还价。

采购人员还将谈判供应商与其他多个供应商进行比较。

采购人员：我们不仅了解了贵公司的报价信息，也了解了其他一些供应商的报价情况，说实话，在质量等级差不多的情况下，贵公司的报价没有太明显的优势。

供应商：那么，您希望的价格是多少呢?

这属于创造竞争条件给供应商危机感的措施，让供应商明白公司不是非他不可。这样，供应商在谈判桌上就会处于劣势地位，促使公司占据主导地位，更容易压价。

同时，采购人员向供应商报出的价格一直低于公司的采购预算，这样可以给压价策略留出必要的弹性操作空间，避免一味压价劝退供应商的情况发生。

不仅如此，在供应商第一次开口报价后，己方采购人员就以远低于对方报价的价格还价。

供应商：我们公司的价格基本上都是60.00元，已经非常实惠了。

采购人员：但是，以我们了解到的产品成本来分析，我们觉得可以按照45.00元的价格成交。

供应商：贵公司还价也太低了，这样我们的利润空间几乎没有了。

采购人员：……

这样做一方面为了留足还价空间，另一方面也让供应商心急而自动还价，保持己方主动地位。

最终，采购人员以低于采购预算的价格成交，为公司节约了可观的采购成本。

从案例可以看出，公司采购人员在与供应商谈判压价的过程中，需要结合运用不同的压价技巧，不能单一地使用一种，否则压价技巧可能发挥不了作用，反而无法促成交易。具体谈判过程中，采购人员还需要注意沟通技巧，避免形成压抑的谈判氛围和僵持的谈判局面。

实务中还有很多控制采购成本的方法，采购人员要不断学习，提高采购工作能力，为企业获取优质且成本合理的生产物料。

2.2　做好采购质量控制

企业的采购质量直接关系着生产质量，从而影响产品质量。因此，采购人员要协助公司做好采购质量管控，保证所采购物资质量达到生产活动要求的标准。

2.2.1　建立采购认证体系

采购认证是指企业采购人员对采购环境进行考察并建立采购环境的过程。这里的采购环境包括供应商的基本情况、市场供需情况等。采购企业要想严格把控采购质量，就有必要建立采购认证体系或者采购认证机制。

一般来说，供应商生产产品出厂之前都要经过质量认证体系试验或检查，符合标准或技术规范后才会使用合格标志并出厂。所以，采购方自建的采购认证体系可简单一些，根据自身发展对产品质量要求进行设计即可。

采购认证体系的建立，需要明确采购认证的关键点、供应商认证指标以及认证工作小组的成立。下面就从这三个方面入手，看看如何做。

1. 明确采购认证的关键点

采购认证是一项技术要求较高、程序复杂的工作，在与供应商合作时，采购认证人员要从供应商的质量、价格、供应和服务这四个方面抓好认证工作的关键点。

（1）符合标准的质量要求

采购企业对于质量的选择应根据实际情况而定，并不是质量最好的就最合适的，因为企业经营过程中还需考虑成本控制问题。换句话说，在与供应商合作时，要定期对供应商的计量、质量、技术管理水平、产品合格率和设备技术状况等进行考察、评定，看其质量管理体系是否完善，设备和生产技术是否先进等，这些是保障产品质量的必要条件。

（2）较低的价格

企业经营过程中的盈利情况受到成本的制约，因此采购工作必然会考虑价格问题，任何企业都希望采购到物美价廉的物料，这样可以减少采购成本，给销售盈利创造条件。但是，供应商作为销售方，总是想尽办法抬高物料价格，这就要求采购人员在保证其他条件不变的情况下，考虑如何降低价格。

一旦降低价格，物料的质量就可能得不到保证。因此，采购认证人员要从质量稳定和供求关系这两方面来考察供应商。

①质量稳定、价格合理并进行长期合作的供应商，给予优先考虑。

②通过信息交流和分析，考察供求关系，了解物资价格的变动趋势，从而判断供应商是否符合企业要求。

（3）持续供应

持续供应能力是采购方对生产类物料供应商进行认证的一个重要条件。如果双方签订了认证合同，必须在合同中注明约束供应商持续供应的条款。这是建立采购认证体系的关键点之一。

（4）良好的服务

供应商提供的售前、售中和售后服务也是认证供应商的一个必要条件。供应商能否提供良好的服务，对采购企业的生产经营活动具有重大影响。

2. 明确认证供应商的指标

企业在建立采购认证体系时，除了要明确前述几项认证的关键点，还需要明确认证供应商的相关指标，如图2-4所示。

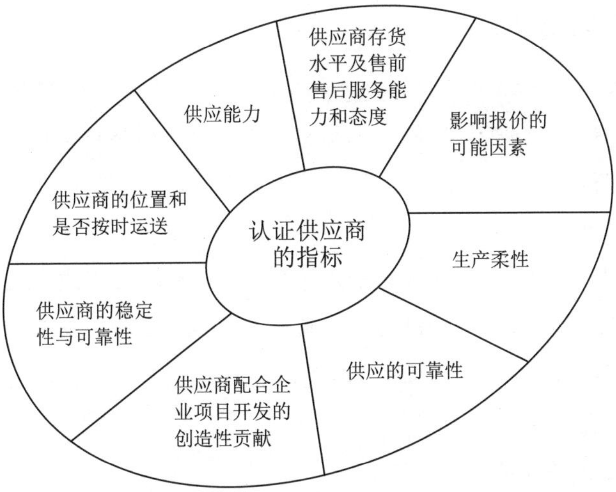

图2-4　认证供应商的主要指标

企业在采购认证体系中明确这些指标，对供应商进行比较，以确定最优价格，从而获取最大的采购利益。

3. 成立认证工作小组

为了保证采购认证工作的顺利进行，采购部门要与供应商建立一个认证工作小组，负责具体实施采购认证工作。这是企业建立采购认证系统必须要做的事情。

该工作小组中的成员，不仅包括采购人员，还包括质量管理、生产管理和技术研发等人员，且认证工作小组必须同时得到企业和供应商领导层的支持，便于日后开展相应的工作。

2.2.2　与供应商签订质量保证协议

质量保证协议是采购方与供应商签订的由供应商保证自己提供的产品质量符合采购方要求的协议或者合同，是一种常用的文书。也就是说，一方面供应商借助质量保证协议，对其提供的产品向采购方作出明确的质量保证；另一方面采购方通过质量保证协议，减少采购物资可能出现的问题和纠纷。

下面就来看看某公司制作的质量保证协议，方便参考借鉴。

实务案例 质量保证协议

_______（以下简称甲方）与_______（以下简称乙方）以“供货合同”为基础，就甲方从乙方采购的材料、零件、单元或商品（以下简称订货产品）有关乙方质量保证签订如下协议。

第一节 目的

第一条 乙方向甲方交纳的全部订货产品，必须符合甲方的制造、组装（以下称制造）的质量要求（包括但不限于结构、机能、性能、安全性等要求），乙方保证向甲方提供满足品质要求的订货产品。

第二节 质量要求

第二条 质量要求规定

1. 乙方产品基本质量要求按甲方最新颁布的企业技术标准，甲方未提供企业技术标准时按相关国家或乙方企业技术标准执行。甲方企业技术标准包括了产品主要性能指标及试验方法、检验规则、标志、包装、运输和储存等内容。甲方验收乙方产品时，以上述标准及甲方抽样标准为依据，对质量标准有争议的，以封样样板为准。

2. 有关订货产品的质量要求等，双方在乙方制造订货产品前或交货前，须对以下图纸、规格书等进行确认，质量要求等变更时必须确认。

（1）由甲方制作完成，正式交给乙方的图纸、规格书、样本等（含甲方委托乙方做成的图纸、规格书、样品等，以下称采购标准）。

（2）由乙方制作完成，甲方书面确认的图纸、规格书、样本等（以下称交货标准）。

3. 乙方向甲方交货的产品，必须符合甲方向乙方订货的最新采购标准或交货标准。

第三条 遵守法律和法规

1. 乙方应遵守与安全性能相关的已制定的法律、条例等规定。

2. 乙方从甲方正式接收的采购标准，如果判断不能遵守前项安全规定等时，要立即向甲方报告、协商。

第三节 质量保证

第四条 建立质量保证体系

1. 为了确保订货产品满足甲方质量要求，乙方应通过对订货产品的开发、设计、物资采购、制造、检查、保管、运输等全过程的质量监控，确立经济且有效的质量保证体系。

2. 乙方应指定负责质量保证体系的管理及经营的负责人，应甲方要求向甲方提交书面报告，负责人变更时等同处理。

第五条 生产质量保证文件的配备

乙方应制定与订货产品有关的、具体标明制造过程的管理项目、特性、标准等内容的管理工程图，以及明确标明操作顺序、方法、条件、注意事项及使用设备、工夹具、计量测量仪器等内容的操作指导书，并据此向操作人员贯彻指导操作内容。

第六条 质量保证体系的确认、检查

1. 为了明确乙方订货产品的质量保证体系，应甲方要求，乙方应在第十五条规定的初次产品检查之前向甲方提交与订货产品有关的必要书面资料。

2. 甲方认为有必要改善乙方质量保证体系及质量保证活动时，经与乙方协商后，可要求乙方进行相应改善。

第七条 采购物资的质量保证

1. 乙方保证制造订货产品所使用的部件、材料等物资完全符合该订货产品的质量要求，且具有良好的品质。

2. 应甲方要求，乙方应在向甲方交货时向甲方提交其供应商的质量证明。

3. 乙方用于制造订货产品使用的物资，如由甲方提供（包括有偿或无偿），或向由甲方指定的第三方采购，其制造订货产品的品质全部由乙方保证。

…………

第四节 质量确认及记录

第五节 检查的实施

第六节 变更、异常时的管理

第七节 环境管理

第八节 质量责任

第九节 有效期限和协商事宜

…………

甲、乙双方基于本协议书而进行的协商、确认等事宜，应将其内容等进行整理并作成书面备忘录形式，并由双方相互确认。

本协议书作成一式二份，甲、乙双方签字、盖章后各执一份。

甲方（签章）： 乙方（签章）：

授权代表： 授权代表：

日期： 日期：

年 月 日 年 月 日

从展示的质量保证协议来看，以“节”的形式概括该质量保证协议的主要内容，包括签订协议的目的、质量要求、质量保证、质量确认及记录、检查的实施、变更和异常时的管理、环境管理、质量责任以及有效期限和协商事宜。以“条”的形式将质量保证协议的具体条款进行清晰的说明和约定。

文后还有采购方与供应商的签章信息，达到“责任到人”的目的。实务中，公司可以借鉴该质量保证协议的结构，根据自身经营情况修改其中的具体内容条款。

2.2.3 做好采购货物的验收审查工作

采购货物的验收审查工作是保证入库物资或商品质量符合标准的重要工作，采购人员一定要重视。那么，如何开展采购货物的验收审查工作呢？主要涉及以下五个方面：

1. 审验供应商相关资质

采购人员需及时收集制作供应商档案，内容包括但不限于以下：

①供应商的名称、资质和资信等法人资料。

②供应商的产品产量情况。

③供应商的产品质量状况、质量保证能力。

④供应商的供货情况、价格、交货期以及是否及时交货。

⑤供应商的历史业绩如何等。

这些内容要在选择供应商时进行详细的考察。

2. 货物入库检测

供应商每次向企业供货时，企业要对采购的产品进行查验。原材料必须符合相应的国家标准、行业标准及相关法律法规和规章的规定。站在采购方的角度，必须采购有生产许可证和相关标志的产品，进行质量检验时须严格按照标准进行验收，不合格的拒收，合格的才办理入库手续。

那么，对于采购的货品，企业应如何进行入库前的查验呢？可以从以下方面着手：

①对于从合格供应商处采购的原辅材料，应检查供应商是否提供有关证明材料，如营业执照、生产许可证和出厂检验合格证明等。

②采购产品进厂后，质监部进行验收的同时要核对供应商名称、货证等是否相符，并做好相关检验、验证内容的记录。注意，验收记录应及时、准确、完整且有效，并按规定归档保存，保存期限一般不得少于两年。

③运输货物的车辆是否达到卫生标准。

④所购货物的外包装是否有破损或者油污。

⑤验证货证是否相符，货证不符的拒收，或单独存放并做好标识；标识是否清楚、正确，标识不清楚的也要单独存放。

有些企业对于进货查验工作及相关记录的管理十分严格，会单独制定相应的管理制度来规范操作。以下是某公司专门制定的进货采购查验记录管理制度，看看涉及哪些内容。

实务案例　进货采购查验记录管理制度

一、目的

为了加强食品质量安全管理，对公司进货查验记录进行规范，确保所采购原物料符合食品安全标准要求。

二、适用范围

适用于本公司内所有生产原物料的采购、进货管理。

三、职责

采购负责合格供应商的评估、供应商档案的建立、更新。仓库负责采购进货产品的数量、品种核对和记录填写；质量部负责供应档案、“合格供应商名录”的审核，进货产品票证的查验、原物料的验收。

四、作业内容

1. 公司采购的所有原物料均严格按照“采购及供应商控制程序”“采购索证管理制度”选择，建立供应档案和合格供应商名录，审验供应商的经营资格（如营业执照、相关许可证、产品官方检验报告等）。

2. 指定经培训合格的人员负责食品、食品添加剂及食品相关产品采购索证索票、进货查验和采购记录。

3. 大宗原物料、食品添加剂的采购应从“合格供应商名录”的供应商中采购，并与供应商签订包括保证食品安全内容的采购供应合同或采购订单；每批原物料来货时，应由供应商提供送货单（必须包括但不限于供货方名称、产品名称、数量、送货日期等信息）和出厂检验报告或合格证文件。

4. 零星物料的采购应到从事流通经营的单位（如超市、经销商、定点批发市场等）采购，应当查验并留存盖有公章的营业执照和相关许可证等复印件；留存盖有供方公章（或签字）的每笔送货单或每笔购物凭证。

5. 如含有畜禽肉类采购时，还应提供生产企业屠宰许可证明，经年审动物防疫合格证明，每批次来货时应提供该批次产品检验检疫合格证明原件。

6. 原物料、食品添加剂及食品相关产品采购入库前，应当查验所购产品外包装、包装标识（内容包括产品名称、生产厂家、厂址、许可证编号、生产日期或批号、产品标准号、净含量、保质期等信息）是否符合规定，与购物凭证是否相符，并记录于“原材料检验报告”和“入库单”中。“入库单”应当如实记录产品的名称、规格、数量、生产批号、保质期和进货日期等。

7. 按产品类别或供应商、进货时间顺序整理，妥善保管索取的相关证照、产品合格证明文件和进货记录，不得涂改、伪造，其记录保存期限不得少于两年。

五、相关文件

“采购及供应商控制程序”“采购索证管理制度”。

六、相关记录

“合格供应商名录”“原材料检验报告”“入库单”。

从展示的管理制度来看，该公司不仅对采购查验记录的管理进行了具体规定，还明确了采购查验具体怎么查，查哪些资料和证明文件。这样一来，企业负责采购查验工作的人员就可以按章办事，减少出错了。

3. 供应商或其提供的货物不符合要求的处理

企业在查验货物时，如果遇到供应商不合格或其提供的货物不符合标准要求的，可以按照如下操作处理：

①如果供应商未提供证明材料或证明材料与规定不符，应视情况拒收采购产品或对其进行单独存放，待证明材料重新提供后再进行核对，符合要求的即可办理入库手续。非合格供应商的货物应一律拒收。

②到期供应商未提供官方合格证明资料或与要求内容不符的，企业应停止其合格供应商资格，直到提供资料齐全为止。

③供应商连续三次发生偏差的，企业应停止其合格供应商资格。

4. 日常查验工作

企业采购部门要定期或不定期对供应商进行质量跟踪，并填写品质跟踪单。对于产品质量或服务质量下降的供应商，由采购部门及时反映给供应商，并限期整改；到期未改进的，报企业上级领导批准，取消其供货资格。

5. 订单录入

订单录入可以说是采购方查验货物的最后一环工作，主要将所购商品的信息、验收过程中存在的问题及反馈情况、验收合格的说明以及供应商提供了哪些证明资料等做详细记录，以保证采购行为与查验行为的清楚明了。

2.2.4 建立健全采购质量管理制度

对于采购企业来说，保证所采购物资的质量符合生产标准是非常重要的，它值得企业为其专门制定相应的管理制度来约束和规范采购人员的行为，以及明确具体的质量标准，保证有章可查、有据可依。

下面就来看看某公司制定的采购质量管理制度，学习如何安排和编写制度内容。

实务案例 采购质量管理制度

第一条 进货质检人员负责对订购物资送货前的质量监督和检验，负责对供应商提供样品质量的验证工作，并负责所有采购物资质量信息的收集、分析、反馈和处理工作。

第二条 供应商必须为公司认定的合格供应商。

第三条 对突发所需的特殊物资和急用物资，可向未评定过的供应商采购，由质管部进行物资的验证，验证合格后，即可进行订购。

第四条 采购物资的检验

1. 采购物资送货前，采购部应以书面形式通知进货质检人员进行检验。

2. 进货质检人员负责对订购物资的抽样检验，按相应的产品要求的标准进行检验，并填写相应的进货检验报告。

3. 采购物资检验合格后，方可安排送货。

4. 若采购物资检验不合格，采购部应及时与供应商进行沟通处理。

5. 公司各有关部门配合采购部收集、分析和反馈采购物资质量信息，必要时对供应商提出改进建议。

第五条 采购物资检验的依据

1. 采购部与供应商签订的采购合同。

2. 供应商出示的质量认证。

3. 供应商出示的产品合格证。

4. 采购物资技术标准。

5. 物资工艺图纸。

6. 供应商提供的样品和装箱单。

第六条 采购物资检验方式的选择

1. 全数检验。适用于采购物资数量少、价值高、不允许有不合格品的物料或工厂指定进行全检的物料。

2. 免检。适用于大量低值辅助性材料、经认定的免检厂采购货物以及因生产急用而特批免检的物资。对于后者，进货质检人员应跟踪生产时的质量状况。

3. 抽样检验。适用平均数量较多，经常性使用的物资。一般工厂的物资采购均采用此种检验方式。

第七条　采购物资检验程序

1. 采购部根据到货日期、到货品种、规格、数量等，通知仓储部和质量管理部准备检验和验收采购物资。

2. 采购物资运到后，由库管人员检查采购物资的品种、规格、数量（或重量）、包装情况，填写“采购物资检验通知单”，通知进货质检人员到现场抽样，同时对该批采购物资进行“待检”标识。

3. 进货质检人员接到检验通知后，到标识的待检区域按相应的要求对采购物资进行检验，并填写“进货检验记录”。

4. 进货质检人员将通过审批的“采购物资检验报告单”作为检验合格物资的入库通知，通知库管人员办理入库手续。库管员对采购物资按检验批号标识后入库，只有入库的合格品才能由库管员控制、发放和使用。

5. 进货质检人员储存和保管抽样的样品。

6. 检测中不合格的采购物资根据公司制定的不合格品的相关规定处置，不合格的采购物资不允许入库，由采购人员移入不合格品仓库，并进行相应的标识。

7. 如果是紧急采购物资，来不及检验和试验时，需按紧急放行相关制度规定的程序执行。

第八条　采购物资检验结果处理

1. 经进货质检人员验证，不合格品数低于限定的不合格品个数时，则判定该批来货允收，采购检验员应在进货检验记录上签名，盖“检验合格”印章，通知仓库收货。

2. 若不合格品数大于限定的不合格品数，则判定该送检批次为拒收。进货质检人员应及时在“进料检验报告表”上签名，盖“不合格”印章，经相关部门会签后，交库房、采购部办理退货事宜。同时在该送检批次的货品外箱标签上盖“退货”字样，并挂“退货”标牌。

从展示的采购质量管理制度来看，从第一条开始到第八条，依次规定了采购质量管理的责任人、供应商资格、急用物资的采购方式、采购物资的检验及检验依据和方式、采购物资的检验程序、检验结果的处理。其中，采购物资的检验、检验依据、检验方式的选择、检验程序和检验结果的处理等内容是重中之重，制度中一定要作出明确、严谨的规定。

另外，在规定采购物资质量管理责任人时，一定要达到“责任到人”的效果，对于各责任人负责的质量管理内容要清晰明了地划分清楚，以防有些责任人事后拿“制度不规范”来当借口推卸责任。

2.3 编制采购预算让成本控制更合理

采购企业对采购成本进行控制，除了从理论上熟悉和掌握方法，还应该从数据计算分析角度进行精准控制，这就要求企业编制采购预算。它是指采购部门在一定计划期间编制的材料采购用款计划，通过细致的数据预估来实时把控采购成本。

2.3.1 严格遵循采购预算的编制原则

无论是采购预算，还是其他预算，都与企业全面预算管理工作息息相关，从而与企业财务工作有着或多或少的联系。要让采购预算发挥实际作用，编制时一定要遵循相应的编制原则，具体内容如下：

（1）实事求是

采购人员要以“不浪费、不误事、不作假”为工作原则，实事求是地编制采购预算。要以采购成本控制目标为导向，合理分配资金在各物资或服务中的数额，该多消耗资金的就不能压缩预算，不需要消耗的资金就要尽可能地控制支出。

（2）积极稳妥、留有余地

采购预算的编制一定要准确，考虑到方方面面，这就要求编制预算的人员要全方位地考虑可能的支出，并谨慎地分配资金，这样就可以为日后可能的突发情况留足余地，保证采购预算内资金不会因为突发状况而偏离实际太多。

（3）比质比价

采购预算的编制要建立在比质比价的基础上，换句话说，采购预算中各物料的价格要在合理价格范围内，这就需要采购人员或采购预算编制人员了解市场情况，货比三家，从而划定采购预算中物料的合理价格区间，以及初步预估采购哪个价位的物料，在此基础上编制采购预算。

另外，采购预算要由专门的人负责，编制的采购预算表或者文件需要妥善保管，以备日后用来与实际采购成本进行对比，评价企业采购业务的效益，以及采购人员的工作绩效。

2.3.2　了解采购预算的具体内容

采购预算的内容主要包括图2-5所示的四项。

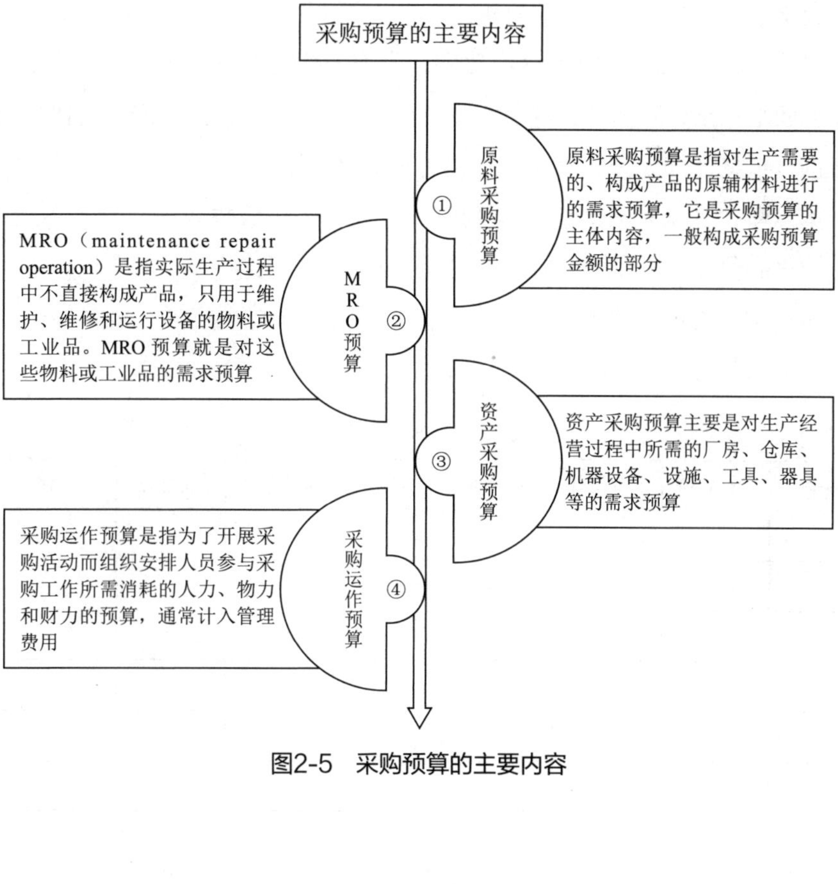

图2-5　采购预算的主要内容

2.3.3 按照规范流程编制采购预算

编制采购预算时，相关责任人要按照规定的步骤进行，保证编制的采购预算真实、有效且准确。那么，具体编制流程是怎样的呢？简单介绍如下：

第一步，审查企业和部门的战略目标。企业和部门的战略目标是企业生产经营过程中各种工作的指导思想，包括采购预算，也要根据战略目标来分析编制。

第二步，制订明确的工作计划。根据采购工作计划，规范采购预算的编制内容，防止采购预算中出现不该有的项目。

第三步，确定所需的资源。依照采购工作计划，明确所需的资源，在此基础上将预算资金合理地分配到各资源中，做到更合理地编制采购预算。

第四步，提出准确的预算数字。将预算资金在所需资源中的具体分配以预算数字的形式展示出来，更直观。

第五步，汇总各部门的预算数据。当企业先由各部门报采购预算，再由采购部门汇总预算数据时，就会涉及该步骤。采购部门将所有部门需要采购的物资进行汇总分析，最终形成整个公司的采购预算。

第六步，提交预算。编制采购预算的人员向上级领导提交预算，经审核通过的采购预算即可作为采购部门开展采购业务的依据。

实务中，可供采购预算编制人员借鉴的采购预算表格样式较多，表2-6是结构比较简单的一种。

表 2-6 采购预算表

序号	材料名称	存放位置	材料种类	数量	采购单价	总需金额	备注

第3章

精准选择供应商并做好采购谈判

选择供应商是采购工作的一环，只有选择到适合的、质量高的供应商，企业所购物资或服务的质量才能得到保障。然而，选好采购供应商并不代表能做好采购工作，还需要采购人员做好采购谈判，与供应商定好采购价格。

3.1 供应商的开发与选择

供应商能向采购企业提供其生产所需物资或服务，促进采购企业完成生产任务。反之，采购企业能否采购到符合生产标准的物资，很大程度上依赖于对供应商的开发与选择，开发供应商实际上就是寻找合格供应商。

3.1.1 遵循选择供应商的原则

实际上，选择供应商就是从众多供应商中选出一个或几个符合企业要求的供应商的过程。从广义的角度理解，选择供应商是一个从企业确定需求到最终确定供应商和评价供应商的不断循环的过程。

采购人员要为企业选择合适的供应商，前提是要遵循选择供应商的原则，按章办事。基本准则是“Q.C.D.S”原则，即质量（quality）、成本（cost）、交付（delivery）与服务（services）并重的原则。

这四者中，质量因素是最重要的，先要确认供应商是否有一套稳定有效的质量保证体系，然后要确认供应商是否具有生产所需特定产品的设备和工艺能力；再是成本与价格因素，采购方要运用科学的方法对所要采购的产品进行成本分析，并通过双赢的价格谈判，达到节约成本的目的；最后是交付因素，采购方要确定供应商是否拥有足够的生产能力，人力资源是否充足，有没有扩大产能的潜力，以及供应商售前售后服务的质量等。

上述质量、成本、交付与服务并重的原则是一项比较笼统的原则，具体开展供应商开发与选择工作时，有没有更详细一点的原则可供参考呢？答案是肯定的。相关内容见表3-1。

表 3-1 选择供应商应遵循的原则

原则	解释
全面、具体且客观	采购企业要建立和运用一个全面的供应商综合评价指标体系，对供应商作出全面、具体且客观的评价，综合考虑供应商的业绩、设备管理、人力资源开发、质量控制、成本控制、技术开发、用户满意度和交货协议等可能影响双方合作关系的方面

续上表

原则	解释
深入了解，综合评估	确定供应商前，应通过调查表、现场访问和评审、尽职调查等方法全面了解各潜在供应商的基本信息、主要客户、销售额、主要生产设备、主要工艺和人员状况等，最后综合评估其价格水平、质量能力、生产能力、研究能力和服务体系等。评估标准应全面合理，易理解、好操作，并能进行量化打分
态度第一，能力第二	具备良好能力的供应商如果欠缺合作态度，也是不能选择的。但如果一家供应商能与采购方保持紧密沟通、诚信合作，愿意与采购方共克难关、积极改善自身问题，这样的供应商即使能力尚有欠缺，采购方也可以考虑选择，毕竟态度好就有可能提高自己的能力。但要注意，有的供应商只是表面积极配合采购方，实际上可能做一些偷工减料的不法行为
简明科学	采购企业对供应商进行评价选择时，过程一定要程序化、科学化
稳定可比	供应商综合评价指标体系在用来评估供应商时，标准应统一，减少主观因素，从而保证采购企业在评价供应商时效果稳定，且前后各期具有可比性
灵活可操作	采购企业在选择供应商时，运用的评价系统应能保证操作灵活性，即不同行业、企业、产品需求以及不同环境下的供应商评价标准不同
非全额供货	采购企业在选择供应商时，不要选择全额供货的供应商，而应选择供货数量在产能的 50% 左右的供应商。因为仅由一家供应商负责全额供货时，采购方面临的风险较大，一旦供应商出现供货问题，采购方很可能无法及时获得所采购货物，从而影响生产和销售
控制供应商数量	对采购企业来说，同类物料的供应商数量尽可能选择两、三家，且分清楚主次供应关系
以战略目标为导向	采购企业要以自身发展战略目标为导向，与重要的供应商建立战略合作关系
不断改进	采购企业用来评价并选择供应商的指标、评估工具和技术等，都要不断更新，从而适应企业的发展

TIPS *评估供应商的注意事项*

供应商评估一般由跨部门小组完成，参与评估的人员应具备相应的专业能力，最后形成书面报告。

3.1.2　避开供应商开发误区

可能有很多采购人员在开发供应商的工作中依然存在疑问，为什么自己遵守了选择供应商的原则后，工作还是做不好？这很可能就是采购人员进入了供应商开发的误区，导致选择的供应商不符合企业的要求，甚至不利于企业生产经营的发展。

因此，采购人员开发供应商时，需要避开相关误区。具体误区介绍如下：

1. 为追求成本控制而忽视供应商质量

价格、质量和交货期管理是供应商管理中不可分割的部分，脱离交货期和质量因素谈成本，对采购方来说没有意义。

然而，价格、质量和交货期这三者当中最容易在选择供应商时定量的就是价格，因此就有不少企业在评估供应商时采取“唯价格论”。在这种情况下选择的供应商，看起来好像可以为企业节约成本，但实际上会因为其不稳定的质量和交货期，使企业在生产、物流和销售环节产生很多隐性成本，进而还可能给企业带来损失。

所以，采购企业在选择供应商时要避免进入这样的误区。也就是说，要综合考量供应商的价格、质量和交货期等因素。比如，供应商的报价偏离成本价过高或过低，可能与供应商的能力不足或不良经营理念有关，所以在进行供应商开发选择时，尽可能地核算出可参考的产品成本作为参考。

2. 为了眼前利益而忽视供应商开发与规划

当采购企业的成长与供应商不同步时，就可能使供应链管理不平衡，在未来某一时间必然会使采购企业陷入成长瓶颈。比如，企业过于重视眼前收益，在选择和评定供应商时会按照当下的最优化进行配置，这显然会忽视供应商的成长性，很可能造成当下选择的供应商在不久的将来就不再适应企业的经营发展目标，致使企业又需要重新开发和选择供应商，增加采购成本。

这就是工作中常出现的“先定再改”误区，这样不仅耽误时间，还会浪费成本。为了避免这样的误区，采购企业在前期工作时应多收集潜在供应商信息，多做调查评估，充分比较分析后，按照既定流程确定供应商。在比较分析时，可以规定同一时间必须至少对三家供应商进行评估，且必须与标杆企业进行对标分析，同时还要考察供应商开发成功率等。

3. 片面追求高标准供应商

有些采购企业在选择供应商时将准入门槛设置得过高，导致可选择的供应商很少，这样虽然可以淘汰掉很多低水平的供应商，但同时也会带来两个不能忽视的问题：一是采购成本过高；二是采购企业处于相对弱势的地位。当供应商的水平比较高时，其报出的价格自然会偏高，也就会导致采购方的采购成本过高。而采购企业处于相对弱势的地位是指高标准供应商通常以自己的技术优势“压迫”采购方，主要表现为对采购方提出的很多要求不积极配合，这往往会导致采购方与供应商后续的合作频繁出现问题，既浪费时间，也会消耗更多的成本。

那么，选择供应商时应如何避免这样的误区呢？比如采购方明显发现自己尚不具备较高的水平和较强的影响力，制定的供应商选择标准就不要好高骛远、不切实际。换句话说，采购企业应尽可能地选择与自己的发展规模和水平相匹配的供应商供货。

3.1.3　开发并选择供应商的具体流程

采购方开发并选择供应商需要经过相应的流程才能完成，具体环节的工作内容如下：

（1）进行供应市场竞争分析

先分析市场的发展趋势是怎样的，各大供应商在市场中的定位如何，从而对潜在供应商有一个大致的了解。再将所需产品按照重点物资、普通物资和一般物资进行分类，根据物资重要程度决定供应商关系的紧密程度。

在对所需产品进行分类时，通常采用的方法是ABC分类法，感兴趣的采购人员可以深入学习，这里不作详解。

（2）寻找潜在供应商

借助供应市场竞争分析，从供应商信息中寻找潜在供应商，即从众多供应商中先剔除明显不适合进一步合作的供应商。在该步骤中，采购方可以编制供应商考核名录，用来记录符合要求的潜在供应商信息。

该环节也可以认为是选择供应商，可以按照一定的操作步骤进行，如图3-1所示。

建立供应商选择目标	采购企业必须确定供应商评价程序如何实施、信息流程如何规划，由谁负责评价，建立实质性目标，如降低成本、提高采购产品质量、建立长期供需合作关系等
建立供应商评价标准	采购企业对供应商业绩、设备管理、人力资源开发、质量控制、成本控制、技术开发、用户满意度和交货协议等方面进行评价标准的规定，作为供应商评价标准
建立评价小组	采购企业必须建立一个专门的工作小组，以控制和实施供应商评价工作。注意，该评价小组必须同时得到制造商企业和供应商企业高层领导的支持
联系供应商参与	在进行供应商评价时，评价小组必须与潜在供应商取得联系，以确认他们是否愿意与企业建立合作关系，是否有获得更高业绩水平的愿望，从而确定参与评价的供应商
评价供应商	调查收集参与评价的供应商的生产运作等全方面信息，在此基础上，利用一定的工具和技术方法对供应商进行评价，根据一定的技术方法选择合适的供应商

图3-1　选择供应商的步骤

（3）对供应商进行实地考察

采购评价小组邀请质量部门和其他专业人员一起参与供应商的实地考察活动。

在实地考察过程中，评价小组应使用统一的评分标准进行评估，并着重对供应商的管理体系进行审核，如作业指导书、质量记录等文件，还有销售合同评审、供应商管理、培训管理、设备管理和计量管理等方面的水平。

评价小组成员之间要及时进行沟通，记录供应商的优点和不足，并听取供应商的解释说明。如果供应商有改进意向，评价小组可要求供应商提供改进措施报告，然后作进一步的评估。

（4）向供应商询价

向评价合格的供应商发出询价文件，并要求供应商在指定的日期内完成报价。采购企业在收到供应商的报价后，要对其条款进行仔细分析，及时对其中的疑问质疑并做好相应记录，包括传真、电子邮件等。对报价中的信息进行分析，比较不同供应商的报价，选择报价合适的供应商。

注意，采购企业向合格供应商发出的询价文件，其内容一般包括图纸、规格、样品、数量、预估采购周期以及要求交付日期等。

（5）进行合同谈判

对报价合适的供应商进行价格、产品批量、交货期、成本变动及责任赔偿等方面的谈判。

（6）确定供应商

通过合同谈判，选择适合企业的供应商，包括价格优惠、质量达标、交货期符合要求、售后服务周到等。

3.1.4　影响供应商选择的因素有哪些

企业在选择供应商时，可能受到众多因素的影响，主要归纳为四类：企业业绩、业务结构与生产能力、质量系统和企业环境。

1. 企业业绩

企业业绩因素对采购方选择供应商会产生一定影响。这里的企业业绩是指供应商的业绩，包括盈利能力、资产运营水平、偿债能力和后续发展能力等。

很显然，如果供应商的盈利能力不好，或者资产运营水平不高，又或者偿债能力和发展能力较弱，甚至这些能力和水平都不高，则说明企业经营管理水平不高，其供货能力也很可能不高，对采购方没有足够的保障，采购方没有理由选择这样的供应商供货。

反之，盈利能力强、资产运营水平高、偿债能力和发展能力都比较好的供应商，可以在一定程度上体现其管理水平高，采购方向其采购物资，获得高质量产品或服务的可能性会较大。

2. 业务结构与生产能力

业务结构与生产能力因素主要包括价格、交期、设计、工艺调整和订单处理等，简单说明见表3-2。

表 3-2 供应商业务结构与生产能力因素

因素	解释
价格	供应商产品的定价直接关系到采购企业的盈利水平。对于采购方来说，在保障产品质量的前提下，应优先考虑供应商产品价格因素
交期	供应商的生产能力、交期保障能力等直接影响到采购公司的生产节奏。对于采购方来说，需要重点考虑供应商的交期因素
设计	供应商的产品研发与设计直接关系着产品在市场中的竞争力强弱，从而关系着采购方的采购成本。对采购方来说，选择产品研发与设计能力较强的供应商，能有效保障所采购物资的持续性供应
工艺调整	供应商的工艺调整能力强弱直接关系着所产出的产品适应市场变化的能力，进一步影响采购方的生产与销售计划。对于采购方来说，选择工艺调整能力较强的供应商，可以保障在市场风向转变时及时作出调整，减少损失
订单处理	供应商的订单处理能力直接关系着采购方的利益。对采购方来说，供应商的订单处理能力强，就可以在订单发生变动时及时作出调整，避免因订单变动而延误生产计划，从而失约于客户，造成不必要的经济损失

3. 质量系统

采购企业应确认供应商是否拥有一套稳定、有效的质量保证体系，是否具有生产特定产品所需的设备和工艺能力。因为质量是供应链生存之本，产品的使用价值是以产品质量为基础的，主要包括产品规格、图纸、技术要求、工艺路线、样品和量产产品质量稳定性等。

采购企业对供应商质量因素的考量，主要看供应商的质量保证体系和风险控制体系是否完备，以及质量偏差反馈和处理的响应速度及处理能力等。

质量稳定和适合企业发展，是选择供应商时所追求的目标。但要注意，并不是质量越高就越好，采购企业要在质量和成本之间寻找合适的平衡点。

4. 企业环境

企业环境实际上是指相互依存、互相制约、不断变化的各种因素组成的一个系统，是影响企业管理决策和生产经营活动的现实因素的集合。它主要包括经济因素、人才因素、技术环境、产业环境、政治和法律环境以及社会文化环境等。

企业环境因素也会制约企业的经济行为，包括选择供应商。比如公司当年盈利情况不理想，这可以算是经济因素，则在选择供应商时就会更多地考虑报价较低的；又或者当年整个产业环境不景气，利润空间有限，也会促使采购企业选择报价较低的供应商。

总之，影响供应商选择的因素，都需要在采购企业选择供应商时纳入考虑和衡量范围，从而选出适合企业发展的供应商。

3.1.5　采用怎样的方法选出合适的供应商

采购企业可以利用一些实用的方法，按照规定的流程选择出适合企业发展的供应商，比如直观判断法、评分法、加权综合评分法、采购成本比较法和招标选择法等。

1. 直观判断法

直观判断法是一种根据征询和调查所得的资料，结合采购人员的分析判断，对供应商进行分析、评价的方法。

该方法的主观性比较强，主要是倾听和采纳有经验的采购人员的意见，或者直接由采购人员凭借自身经验作出判断。

这种方法的实施效果取决于对供应商资料掌握的正确性，是否齐全，以及决策者的分析判断能力和经验。其优点是运作简单、快速；缺点是缺乏科学性，容易受到所掌握信息的详尽程度的限制。该方法常用于选择企业的非主要原材料供应商。

2. 评分法

评分法也可以理解为考核选择法，即在对供应商进行充分调查和了解的基础上，按照一定的评分标准，进行认真考核、分析比较，从而选出合适供应商的方法。

在运用该方法时，对供应商进行的调查可分为初步调查和深入调查两个阶段，且每个阶段的调查对象都有一个具体的供应商选择问题，简单介绍如图3-2所示。

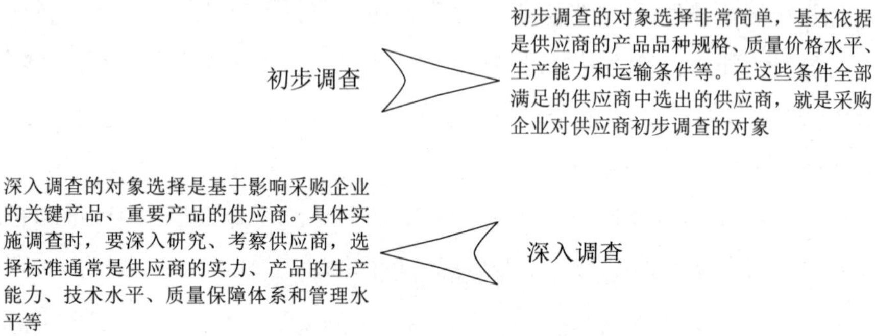

图3-2　供应商调查的两个阶段

然后将调查信息按照评分标准进行打分，从而判断出高分供应商，将其选为企业的合作供应商。

3. 加权综合评分法

加权综合评分法下，采购企业规定出衡量供应商的各个重要标准（如产品质量、价格和合同完成率等）的加权分数，再根据以往交易统计资料，分别计算各供应商的得分，选择得分最高的为最终确定的供应商。表3-3为简单的评分表，企业可参考这种方法对供应商进行加权综合评分。

表 3-3　加权综合评分表

要素	权重	得分	
		打分	加权得分
合计			

4. 采购成本比较法

采购成本比较法是一种计算与分析各个不同供应商的采购成本后，选择采购成本较低的供应商的方法。

当物资质量、信誉、履约率和售后服务均满足要求时，成本就成为采购企业选择供应商的主要因素。在这种情况下，企业就可以采用采购成本比较法来评价并选择供应商。

采购成本比较法是根据物资采购总成本来评选供应商，这里的总成本包括物资价格、运费和其他需要计入采购成本的费用。下面通过一个案例来看看该方法的运用。

实务案例　比较采购成本选择合适的供应商

某企业在计划期内需购进某种原材料 300 吨。A、B 两家供应商都能供货，商品质量和交付及时率两项标准均能满足企业的要求。但是，距离企业比较近的 A 供应商，该种原材料的价格为 300.00 元 / 吨，运费为 5.00 元 / 吨，采购费用为 300.00 元；距离采购商比较远的 B 供应商，该种原材料的价格为 290.00 元 / 吨，运费为 15.00 元 / 吨，采购费用为 500.00 元。用采购成本比较法选择比较合适的供应商。

解析：根据供应商数据资料，计算企业从 A、B 两家供应商采购原材料的采购成本。

从 A 供应商处采购原材料发生的采购成本为：300×300.00+300×5.00+300.00=91 800.00（元）

从 B 供应商处采购原材料发生的采购成本为：300×290.00+300×15.00+500=92 000.00（元）

由计算结果可知，从 A 供应商处采购原材料的采购成本比从 B 供应商处采购原材料的采购成本低 200.00 元（92 000.00-91 800.00），因此，对于该企业来说，A 供应商为比较合适的供应商。

5. 招标选择法

招标选择法一般用于采购物资数量大、供应市场竞争激烈的情况。此时，采购方作为招标方，事先提出采购条件和要求，邀请众多供应商企业参加投标，然后由采购方按照规定的程序和标准一次性从中择优选择供应商，并提出最有利条件与投标方签订协议。

招标选择法确定供应商的整个过程要求公开、公正和择优，是政府采购最通用的方法之一，这里不作详述。

3.2 供应商的管理与维护

采购方与供应商之间是一种工作关系，采购方为了保证自己有足够的生产资料用于生产活动，需要管理并维护好与供应商的关系。

3.2.1 对供应商进行分类管理

供应商分类是对供应商系统管理的一个重要部分，它决定着哪些供应商是企业想要开展战略合作关系的，哪些是企业想要扩大生意的。不同的公司，其供应商分类方法不同。下面介绍几种分类依据下的供应商类别。

1. 按照供应商供应的产品种类划分

按照供应的产品种类不同，可以将供应商分为直接物料供应商、间接物料供应商以及服务类供应商，见表3-4。

表 3-4 按照供应的产品种类划分的供应商类型

类型	简述
直接物料供应商	主要指提供原材料、塑胶、五金、电子零件、机电和包装材料等的供应商
间接物料供应商	主要指提供机器设备、维修类物料、装修材料和办公用品等的供应商
服务类供应商	主要指提供软件服务、技术支持和培训等服务的供应商

2. 按照供应商的规模和市场地位划分

按照规模和市场地位不同，可以将供应商分为行业领袖者、专家级供应商和普通供应商。

行业领袖者：这类供应商的生产经营规模较大，经营的商品品种较多，且供应商自身的财务状况较好，其经营目标不仅是立足本地或本国市场，还会积极拓展国际市场。

专家级供应商：这类供应商的生产经营规模也比较大，经验丰富，技术成熟，但经营的商品品种相对少一些，其经营目标主要是通过竞争来占领和扩大市场。

普通供应商：这类供应商的生产规模可大可小，经验一般，技术相对成熟，且自身的财务状况良好，但经营管理水平不成熟，只是具备长远发展的潜力，显著特点是该类供应商在市场中的数量较多，可供采购方选择的空间较大，采购方可以进行有效的比较分析，择优确定供应商。

3. 按照供应商对采购方的重要程度划分

按照对采购方的重要程度不同，可以将供应商分为伙伴型、商业型、优先型和重点型等类型的供应商。

伙伴型供应商：这类供应商通常是采购方认为的有很强产品开发能力的供应商，且采购方向其采购的产品对企业来说很重要，同时供应商也认为采购方的采购业务对他们来说是非常重要的。

商业型供应商：这类供应商也可以理解为普通供应商，采购企业与这类供应商之间达成的采购业务并不是很重要，供应商具有很强的被替代性，采购企业可根据自己的需要灵活选择和更换。

优先型供应商：这类供应商通常将采购方视为重要的客户，但采购方不一定认为双方之间的采购业务非常重要，这显然对采购方很有利，所以是采购企业的优先型供应商。

重点型供应商：与优先型供应商的情况恰好相反，这类供应商通常会认为采购方的采购业务对他们来说并不十分重要，对于采购方来说却很重要，这样的供应商就需要采购方进行重点管理。

这些供应商类别的名称会因为公司的不同而有不同的命名方式，简单了解即可。

4. 按照供应商对采购方的作用大小划分

按照对采购方的作用大小不同，可以将供应商分为优质供应商、合格供应商、待淘汰供应商和淘汰供应商，简单介绍见表3-5。

表 3-5 按照对采购方的作用大小划分的供应商类型

类型	简述
优质供应商	这类供应商在品质体系、产品认证和专利技术等方面具有优秀的资质，且绩效状况优秀，配合采购方的意愿强烈，愿意与采购方一起共同进步
合格供应商	这类供应商在品质体系、产品认证和专利技术等方面具有良好的资质，且绩效状况良好，愿意配合采购方并提供相应的服务支持
待淘汰供应商	这类供应商在品质体系、产品认证和专利技术等方面的资质不符合企业的要求，或者评估出来的过去一年的绩效状况不好且一直未得到改善，配合意愿也不强烈，企业需暂停与其合作，待情况改善后视情况决定是否继续合作
淘汰供应商	这类供应商在品质体系、产品认证和专利技术等方面的资质严重不符合企业的要求，且有重大品质或交付隐患，或者绩效状况一直持续恶化，同时配合意愿非常弱，企业需立即停止与其合作

供应商的选择对于采购方来说至关重要，因此采购人员要根据供应商过去一年在品质、交付、降本、技术支持和服务等方面的绩效状况，重新定位供应商的等级，对供应商进行严格的分类分级管理，从而保证企业能快速找准供应商，甚至保证企业在新项目或新业务开发时能快速选择合适的供应商。

实际工作中，采购方将供应商分类后，还可以在同一类别中进行分级管理。比如，按照第一种分类方式，将企业的供应商分为直接物料供应商、间接物料供应商以及服务类供应商，再在各类供应商中划分出优质供应商、合格供应商、待淘汰供应商和淘汰供应商，简单来说就是第一种和第四种分类依据结合使用。这样就可以达到有效分类分级管理供应商的目的。

3.2.2 对不同类型的供应商采取不同的管理策略

采购方在选择和开发供应商时，必须明确需求方向，这样才能提高寻源效率，开发出最适合企业当前发展状况的供应商。

不同的需求对应不同的供应商，分别采取不同的管理方案，可以提高管理效率。

（1）杠杆型供应商的管理策略

对企业来说，杠杆型供应商表现为高采购额、市场资源多、质量风险低，形成的是买方市场，即整个供需环境对采购方有利。

对于这类供应商，采购方应更多地关注其价格、付款条件、交货期以及资源整合能力等情况。

（2）战略型供应商的管理策略

战略型供应商通常表现为高采购额、市场资源少、质量风险高，形成的是卖方市场，即整个供需环境对供应商有利。

对于这类供应商，采购方应与其建立长期的战略合作关系，寻求共同发展，以期获得合适的价格和付款条件。同时，采购方还需要密切关注采购合同的管理工作，争取达成供应商备货、加强研发项目的合作效果。

（3）处于供货瓶颈期的供应商管理策略

对采购方来说，这类供应商表现为低采购额、市场资源少、质量风险高，形成的是卖方市场，即整个供需环境对供应商有利。

对于这类供应商，采购方应重点关注其供货能力与安全库存管理水平，不再重点关注价格和付款周期，因为此时采购方需保证所购物资能供应及时，付款周期尽量不要太短。同时，采购方还需定期拜访这类供应商，以维持和建立长期的合作关系，尽可能使供应商转化为杠杆型或战略型。

（4）一般供应商的管理策略

这类供应商通常表现为低采购额、市场资源多、质量风险低，形成的是买方市场，即整个供需环境对采购方有利。

对于这类供应商，采购方主要关注其价格、付款条件和交货期，无须倾注太多的精力去管理供应商，只需要适当提高安全库存管理的意识即可。

（5）供应商是外资企业的管理策略

在与外资企业供应商合作时，对其管理策略中最重要的一点是要了解各国的文化，这样才能了解供应商的处事风格，从而更好地与外资企业供应商交流、沟通，制定出符合外资企业工作风格的合作方案。

除了上述这些针对不同类型供应商的管理策略外，还有一些是不分供应商类型、普遍适用的管理策略，具体如下：

①在国内“小批量、多品种”的采购趋势下，采购方经常因没有足够的订单量而在采购谈判过程中处于弱势地位，而优质的供应商并不缺少订单或业务，他们更看重采购方的潜力和发展空间。此时，采购方应通过提升自身经营实力来增强吸引力，如能够给供应商建设性意见，帮助其改进质量体系，这样一来，供应商会更愿意与采购方建立稳固的合作关系，共同进步。

②采购方可以根据每个产品类别的采购金额，分析公司的历史数据和未来战略计划，整理出阶段需要的供应商规模、数量和营业额占比，形成供应商数据库，同时从企业核心技术出发，开发出与企业三至五年规划相匹配的关键供应商。这样，在完善的供应商数据库指导下就可以灵活更换供应商。

3.2.3 对供应商进行绩效考核与风险评估

对供应商进行考核评估是供应商管理的重要组成部分，也是采购方实施供应商激励机制必须开展的工作，这么做可以使供应商不断改进。

采购方在对供应商进行考核评估时，要抓住主要指标或问题，如交货质量是否改善了，交货的准时率是否提高了等。通过考核评估，将结果反馈给供应商，和供应商一起探讨问题及风险产生的根源，从而采取相应的措施予以改进。

那么，如何对供应商进行考核和评估呢？

1. 供应商绩效考核

供应商考核实际上就是供应商绩效考核，是指采购方对现有供应商的日常表现进行定期监控和考核，主要是对重要供应商的商品质量进行定期检查。

采购方对供应商进行绩效考核，主要从考核范围入手。不同企业对供应商的考核要求不同，相应的考核范围也就不同。

最简单的做法是仅衡量供应商的交货质量。

成熟的考核范围除了要衡量供应商的交货质量，还要跟踪供应商的交货表现。

比较先进的考核手法是在考核供应商的交货质量并跟踪供应商的交货表现的基础上，进一步扩展到考核供应商的支持与服务、供应商参与本公司产品开发等表现，简单来说，就是由考核订单交单实现过程，拓展到考评产品开发过程。

行之有效且考核效果好的供应商考核办法的特点如图3−3所示。

1. 考核对象包括与采购方合作的所有供应商
2. 以文件形式规定考核什么、何时考核、怎样考核以及由谁考核
3. 事先确定好考核指标，并通过信息系统自动计算考核结果
4. 考核指标明确、合理、具体，且与采购公司的总目标保持一致
5. 及时将考核结果反馈给供应商，并通报到公司内部相关人员
6. 组织供应商会议，跟进相应的改善行动，设定明确的改进目标

图3-3　考核效果好的供应商考核办法的特点

采购方可以将对供应商进行考核的相关数据制成表格，以备日后使用。表3-6为某公司编制的供应商绩效考核汇总表。

表 3-6　供应商绩效考核汇总表

序号	供应商名称	供货范围	年　月考评统计				
			质量	成本	交期	服务	评级
1							
2							
3							
4							
备注：零星供应商不参与考评。							

续上表

考评分标准：考评分 = 质量分 + 成本分 + 交期分 + 服务分			
1. 质量（35 分）= 制程 PPM ≤ 400 值评分，每增加 100 分扣 1 分（PPM 值 = 不良数 / 交货数 ×1 000 000）			
2. 成本（21 分）	价格因素	长期配合，能替代市场价格上涨	5 分
		符合市场被动情况的发生价格变化	2 分
		市场无波动，主动上涨	0 分
	降本因素	自身提升，合理改善降本	5 分
		配合本公司降本	2 分
		不配合本公司降本	0 分
	配合度	合同配合度，如接受承兑或月结	5 分
		部分配合付款手续	2 分
		不接受本公司付款方式	0 分
3. 交期（30 分）=30×（总批数 - 数量不符批数）÷ 总批数			
4. 服务（20 分）	反应表现	对订单、交货、质量投诉等反应是否及时、迅速，答复是否完整，对退货、挑选是否及时处理	4 分
	合作态度	是否将本公司看成是重要客户，供应商高层领导或关键人物是否重视本公司的要求，是否有合适的人员与本公司沟通，沟通方式是否符合本公司的要求	4 分
	共同改进	是否积极参与或主动参与本公司相关的质量、供应、成本等改进项目或活动，或推行新的管理做法等，是否积极组织参与本公司共同召开的供应商改进会议，主动解决或预防问题	4 分
	参与开发	是否参与本公司的各种相关开发项目，如何参与本公司的产品或业务开发过程	4 分
	其他支持	是否积极接纳本公司提出的有关参观、访问事宜，是否积极提供本公司要求的新产品报价与送样，是否妥善保存与本公司相关的文件并确保不泄露，是否保证不与影响到本公司切身利益的相关公司或单位进行合作等	4 分
评分标准：A 级，考评得分＞ 90 分；B 级，80 分＜考评得分≤ 90 分；C 级，70 分＜考评得分≤ 80 分；D 级，考评得分≤ 70 分			
编制： 审核： 批准：			
地址：×××××××× 电话：××××××××			

2. 供应商风险评估

对采购企业来说，提前做好供应风险防范，就能有效规避供应风险给企业带来的损失，如采购供应与生产脱节、无法及时完成客户的订单造成的违约赔偿等。而要做好供应风险防范，科学评估供应风险是很有必要的。

实务中，供应商引发的风险有以下三种类别，评估时可对应判断：

（1）市场风险

供应商引发的市场风险包括供应价格风险、洽谈风险和误导计划风险。

供应价格风险：如果供应商提供给企业的价格超出了企业能够接受的价格范围（根据企业成本计划和利润计划测算得出），企业的成本计划和利润计划的实现就会受到威胁，进而企业就会面临销售风险，企业的营销战略可能失效，在原来的营销战略下形成的平衡关系就会被打破。

洽谈风险：是指在采购业务中，供应商为了达到自己的目的，设下陷阱导致采购企业蒙受损失的可能性。比如供应商向采购企业提供虚假的商业信息、恶意贬低其他竞争企业的形象、欺骗中介机构出具报告、限制采购人员获取与采购项目有关的信息资料，以及在采购谈判过程中故意转移采购人员的视线，使其产生错觉而解除或部分解除供应商的责任，甚至还有给予采购企业虚假的采购优惠、给出虚假的承诺但在实现销售后不予兑现等。

误导计划风险：是指供应商对市场变化的认识过于主观，从而误导采购企业的物料采购计划，使企业的采购业务出现各种失误和偏差，进而造成经济损失的可能。

（2）信用风险

供应商引发的信用风险包括合同风险和结算风险。

合同风险：是指供应合同中的各种风险，如供应商对企业造成合同欺诈，与企业签订空头合同，在合同中给采购企业设置陷阱，或者供应商无故终止合同、更改合同条款以及违反合同规定等。供应商一旦失信，违反合同规定，不能向采购企业正常供货，企业就可能因为这一突发状况而遭受损失、陷入被动。

结算风险：是指采购企业与供应商在采购货款结算过程中发生的各种风险，比如采购企业按时将货款划转给供应商后，供应商不发货或者不能按时发货，或者是供应商提供的物料不符合采购企业的要求，使得采购企业面临货款损失。

（3）物流风险

供应商引发的物流风险主要是指已经完成交易并成为采购企业所有权的物资存货在运输过程中可能发生的各种损失。这种风险主要针对由供应商提供货物运输服务的情形，若供应商在签订购销合同时已经明确说明不负责货物的运输，而由采购企业全权负责，则此时的物流风险就不是供应商引发的。

实际工作中，采购方可按照图3-4所示的步骤对供应商进行风险评估。

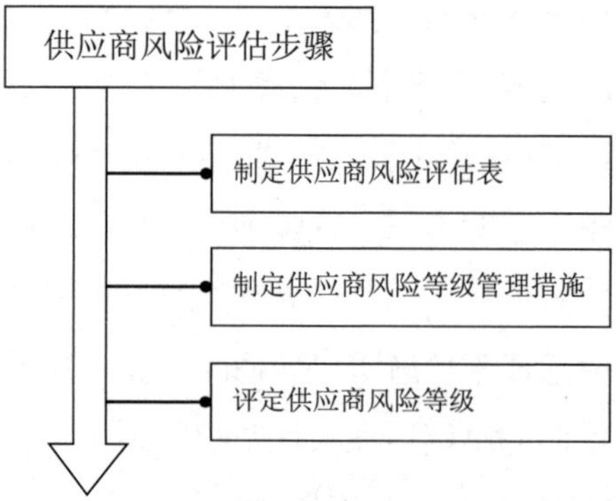

图3-4　供应商风险评估步骤

下面通过一个案例来了解采购方对供应商进行风险评估的操作流程。

实务案例　对供应商进行风险评估

某公司为服装生产销售公司，由于市场供需环境发生显著改变，公司于20××年5月底对其供应商进行了风险评估。

1. 编制评估工作会用到的供应商风险评估表，见表3-7。

表3-7　供应商风险评估表

内容	标准	评分
供应商	规模是否小于200人	□是：1分；□否：0分

续上表

内容	标准	评分
供应商	资本额是否少于 500 万元人民币	□是：1 分；□否：0 分
	是否为全球 500 强企业	□是：1 分；□否：0 分
供应商环保管理体系	是否设有化学分析实验室	□是：1 分；□否：0 分
	是否通过 ISO 14000 环境管理体系认证	□是：1 分；□否：0 分
	环保意识是否强烈	□是：1 分；□否：0 分
	生产物料是否含有有毒物质	□是：1 分；□否：0 分
	废物排放量是否达标	□是：1 分；□否：0 分
	资源利用效率是否较高	□是：1 分；□否：0 分
供应商的物料风险控制能力	高危物料存在的数目是否巨大	□是：1 分；□否：0 分
	高危物料的控制情况是否良好	□是：1 分；□否：0 分
	供应商的环保物料检测结果是否达标	□是：1 分；□否：0 分
	过去五年中是否由于物料发生生产事故	□是：1 分；□否：0 分
供应商生产控制系统	有无产品设计部门	□是：1 分；□否：0 分
	是否跟踪客户的抱怨	□是：1 分；□否：0 分
	投产前供应商是否通过生产件批准程序	□是：1 分；□否：0 分
	是否取得 QC 080000 认证	□是：1 分；□否：0 分
	是否有证据显示生产控制能力在不断提高	□是：1 分；□否：0 分
	客户与供应商是否有明确的沟通方式	□是：1 分；□否：0 分
	是否有证据显示平衡了生产时间和制造的“JIT”	□是：1 分；□否：0 分
	过去两年是否发生客户投诉事件	□是：1 分；□否：0 分
	是否有文件化的程序来控制、校准和保养检验、测量和试验设备	□是：1 分；□否：0 分
	对合格品、返工、报废品是否有专用的箱子隔离	□是：1 分；□否：0 分
	有无产品追溯	□是：1 分；□否：0 分
	是否适当标识有疑问的物料	□是：1 分；□否：0 分
	为保证产品质量，供应商内部是否对包装箱进行审核	□是：1 分；□否：0 分
	操作工是否可以掌握生产速度	□是：1 分；□否：0 分

续上表

内容	标准	评分
供应商物料管理系统	有无运输经验	□是：1分；□否：0分
	有无规定运输方式、路线和考核指标	□是：1分；□否：0分
	库存材料是否存储在专用场所	□是：1分；□否：0分
	是否有正式的管理评审和汇报物料管理的方法	□是：1分；□否：0分
	供应商是否具备使用条形码的能力	□是：1分；□否：0分
	物料在存储、应用过程中是否得到有效的标识	□是：1分；□否：0分
	为了保证产品质量，原材料的搬运和存储方式是否具有科学性和规范性	□是：1分；□否：0分
	生产使用前，是否提前知道物料的检验结果	□是：1分；□否：0分

2. 制定供应商风险等级的管理措施，见表3-8。

表3-8 供应商风险等级管理措施

供应商风险等级	管理措施
高风险	①每批次物料需进行严格的检验。 ②每种物料需提供有效的化学测试报告，且时效最长不超过6个月。 ③每年对供应商至少进行一次实地考察
中风险	①对每批次物料进行常规检验。 ②每种物料需提供有效的化学测试报告，且时效最长不超过12个月。 ③每年对供应商进行一次实地考察或者书面审查
低风险	①对每批次物料进行常规检验，若供应商的历史交货质量状况良好，可降低抽样检测频率。 ②每年需提供一次有效的化学测试报告。 ③必要时，可对供应商每年执行一次书面审查

3. 评定供应商风险等级

由企业的品质工程师根据以上要求，执行最终的风险等级评定，并填写风险评估表；必要时，可根据评估的结果，建立高风险物料清单。

根据风险评估表的内容，对纳入评定范围的供应商进行评分，将供应商分为高、中、低三个等级，具体等级划分标准如下：

高风险供应商，风险评分为25分及以上。

中风险供应商，风险评分为 15 ~ 24 分（含）。

低风险供应商，风险评分为 15 分（含）以下。

企业可参考案例展示的操作步骤，完成对供应商的风险评估工作。

3.2.4　如何维护与供应商之间的关系

良好的供应商关系有助于采购方提高产品质量，降低采购成本，提高采购工作效率和应变能力，也有助于减少库存，提高资金使用效率。所以，采购方有必要维护与供应商之间的关系。那么，该如何进行维护呢？

（1）提高采购部门的综合业务能力

采购方与供应商合作之前，需要签订必要的采购协议，并把相关流程告知供应商，得到供应商的确认。如采购流程、单价、交货条件、交货地点、付款方式和退货流程等。这样可以使后续的合作有据可依，减少纠纷，避免关系恶化。

如果是新的采购人员负责对接企业原有的供应商，可以再确认一下之前的协议内容及采购流程，以免人员更换导致采购业务出现纰漏。

除此以外，采购人员与供应商的沟通应尽量做到言简意赅且不失礼貌。这样不仅可以避免误会，也能让双方合作起来更有效率，从而获取供应商的好感，提高其服务意向。

（2）定期沟通

定期沟通是指对长时间没有合作的供应商，或者对正处于合作阶段的供应商，进行必要的电话沟通或面谈沟通，了解供应商的最新进展，掌握产品的最新信息。这样可以与供应商及时之间做到信息共享，同时也能向供应商表达出关心、问候的诚意，加深双方的合作情感。

在定期沟通过程中，再次对供应商的问题及时响应，这样不仅能有效解决问题，还能增强供应商的合作意向，巩固双方的合作关系。具体做法可能涉及以下内容：

①当供应商带着问题找上门时，可以与供应商再次确认一些流程问题。

②当供应商提问时，采购人员要表现出对其问题很感兴趣，并当场给予

回复。如果需要企业内部人员合作才能解决，更要表现出乐于就供应商的问题与内部人员协调，会后注意跟进并告知供应商协调结果。

③如果供应商的问题涉及违反合作条约，或者公司原则上不可能让步，采购人员应明确表示出来，而不是让其充满希望，最后又不守承诺，这就会使供应商对企业的诚信表示怀疑，不利于维护双方关系。

与供应商之间一定要保证充分的沟通，这样可以起到责任区分的目的。必要时，可以将企业与供应商的沟通形成文字记录，以备日后查证，避免双方因为误会产生隔阂。

（3）请供应商进行满意度调查

以采购项目为契机，在项目通过验收并交付后，采购方对供应商进行有选择性的满意度调查。通过供应商的意见反馈，发现本公司在整个采购过程中存在的问题，以此来反思工作中的不足，并将改进意见反馈给供应商。这样一来，企业可以不断完善自身的采购工作，提高工作效率，也给供应商一种重视他们的感觉，促进双方合作关系朝着更友好的方向发展。

3.2.5　应对供应商关系危机的策略

在与供应商合作的期间，企业难免会面临供应商关系危机，采购人员或者企业管理者需要提前想好应对策略。

1. 关系危机尚未发生的应对策略

虽然供应商关系危机尚未发生，但为了保证在发生时能及时应对危机，企业需要提前制定应对策略，主要作用是防范关系危机的发生。

建立多元化的供应商网络：通过发展多个供应渠道和多地区供应商，降低单一供应商出现问题而导致的供应中断风险，也避免过度依赖单一供应商。在多元化的供应商网络中，企业需根据供应商的重要性和风险程度划分等级，并对关键供应商进行重点管理和监控。

加强信息共享与沟通：与供应商保持顺畅沟通，及时分享市场需求、生产计划等信息，利用供应链管理软件和AI工具等数字化手段，实现信息实时共享和监控，同时要求供应商反馈生产进度或供货进度、质量问题等情况。

制定应急预案：建立风险评估和预警系统，提前识别供应商关系可能存在的风险，以便在危机发生时及时采取措施。制定详细的应急响应流程，包括备用物料储备、紧急物流运输和快速寻找替代供应商等。

与供应商建立战略合作伙伴关系：一方面，与供应商共同制定降低成本、提高质量、缩短交货期等目标，并通过定期评估关键绩效指标的方式监督双方行为；另一方面，与供应商签订长期采购合同，明确双方权利与义务，前提是确定供应商资质优秀。

优化安全库存管理：适当提高安全库存容量，降低因供应中断带来的风险；同时灵活调整库存水平，避免过度库存或库存不足，以适应市场需求和供应关系的变化。

建立激励与约束机制：通过优惠价格、优先采购权等方式激励供应商主动合作，同时对供应商的不良行为进行约束，如延迟交货、质量问题等，确保其具备较强的责任感。

持续创新合作模式：探索与供应商的新合作模式，如联合开发、共享资源等，增加双方关系的黏性，提高供应商对公司的依赖程度，以应对未来可能发生的关系危机。

2. 关系危机已经发生的应对策略

如果供应商关系危机已经发生，最基本的应对策略就是迅速、及时地采取行动。

严格按照应急预案行事：采购人员或企业管理者要严格按照事先制定的应急预案行事，领用备用物料、启动紧急物流运输或者快速联系替代供应商。

启动激励机制：根据自身采购需求，可以通过提供有竞争力的价格或者优先采购等措施吸引供应商主动合作，缓解与供应商的关系。

下面来看一个实务案例，学习如何应对供应商关系危机。

实务案例　终止合作降低关系危机带来的不利影响

受国际大宗商品价格波动影响，某集团公司的三家主力供应商相继提出涨价要求，同时下游生产车间也因为市场原因面临停工风险。而掌管着超过 2 000 家供应商的负责人(即供应链总监)知道，此时的每个决定都关系着企业的生死存亡。

在危机处理室的 LED 大屏上，供应链智能分析系统发出红色预警信号。项目实施小组快速搭建起动态评估模型，将原本分散在多个系统中的供应商数据全部联通。接着在三维坐标系中发现了端倪，当审计团队揭发某包装材料供应商伪造环保认证时，资深采购经理章某陷入两难。

这是一家合作十年的老客户，占公司纸箱采购量的 35%，突然更换可能导致全国物流网络停摆。

于是公司连夜在各地分仓进行了替代方案推演。最终，公司董事长拍板：宁愿承担 ×× 万元违约金也要终止合作。这个决定让公司保住了上市公司 ESG 评级。

经过此次供应商关系危机，集团公司重新部署了区块链溯源系统，每个原料包装上的二维码都记录着从供应商到车间的完整物流数据，供应商通过专用 App 能实时查看库存消耗情况。

区块链溯源系统发挥作用，当突遇恶劣天气时，系统会提前 36 小时通过算法预警，公司与供应商直接在线上签署紧急调货协议。这样一来，公司与供应商的联系更加密切，供应中断的风险也会大大降低。

后来，集团公司在每个季度都邀请供应商参加质量改善工作坊，帮助供应商改良封装工艺，也让集团公司的采购良品率提升了七个百分点。公司获取了多项协同创新奖。

从案例可知，供应商关系危机发生时，并不是一味地维护关系，若发现维护关系会给企业带来重大不利影响，就要适时终止合作关系，以减少公司的损失。另外，要在合作期间不断创新合作模式，保证与供应商的关系处于一种互利互惠、相互依赖的状态。

3.3　采购谈判的高效操作

企业作为采购方，为了采购商品而与卖方（即供应商）就购销业务有关事项，如商品品种与规格、技术标准、质量保证、订购数量、包装要求、售后服务、价格、交货日期和地点、运输方式和付款条件等进行反复磋商，谋求达成协议，建立双方都满意的购销关系，这一过程就是采购谈判。为了提高采购谈判的效率，缩短采购周期，采购方需要掌握一些高效的操作方法，如懂得谈判商务礼仪、掌握谈判策略和流程，以及运用常见的谈判方法等。

3.3.1　不得不知的采购谈判商务礼仪

要让谈判对方感受到采购谈判的严肃性和重要性，就需要在商务礼仪方面下功夫，具体可以从四个方面入手。

1. 仪容仪表礼仪

参与采购谈判的人员，不管是女士还是男士，其仪容仪表都要显得干练、稳重，给人一种有责任感、处事靠谱的感觉。表3-9所示为一些通用的仪容仪表礼仪。

表 3-9　采购谈判仪容仪表礼仪

针对对象	仪容仪表要求
女士	①发型得体、美观大方；如果佩戴发卡，款式也应稳重大方，以少为宜。 ②化妆要遵循自然美感，忌浓妆艳抹，尽可能化淡妆，保持清新自然的感觉。 ③手不留很长指甲，尽量不涂指甲液。 ④口中无异味，谈判时不嚼口香糖等食物。 ⑤谈判时着职业套装或裙装；不穿无领、无袖、领口较低或太紧身的衣服；不穿鞋跟过高、过细的鞋子，不穿前露脚趾后露脚跟的凉鞋，可以穿正装凉鞋；佩戴饰品以少为宜，不戴展示财力的珠宝首饰和展示性别魅力的饰品；衬衫要直挺干净，尤其是领口部分，下摆应塞进裤子或裙子里，袖口应扣上，穿双排纽扣西装时，应扣两个纽扣，坐下后不能解开纽扣等
男士	①头发干净，长度不超过衣领。 ②刮尽胡须，不留长胡须，不留八字胡须或其他奇怪胡须。 ③口中无异味，谈判时不嚼口香糖等食物。 ④穿西服打领带，如果要使用领带夹，一般夹在第四和第五个纽扣之间；运动鞋或休闲鞋要保持干净、整洁；全身衣服的颜色尽量不超过三种；衣服不要留有商标；衬衫要直挺干净，尤其是领口部分，下摆应塞进裤子里，穿双排纽扣西装时，应扣两个纽扣，坐下后不解开纽扣等

TIPS 着装“六不准”

不过分杂乱、不能不按常规着装、不过分鲜艳、不能过分暴露、不能穿透视装、不能穿过分紧身的服装。

2. 对话礼仪

采购人员在与供应商谈判团队面对面谈判时，要牢记“停、看、听、说”的规则。

停：没有想好说什么话时，不要轻易开口。

看：察言观色，留心观察对方发言人的面部表情。

听：认真倾听对方的发言。

说：开始谈判前，主动寒暄，面带微笑。谈判过程中音量适中、语调平和，多用“请”、“您好”和“谢谢”等敬语。而关于寒暄的话题，需根据前期对供应商谈判团队的了解，选择不同的话题，如天气、时事新闻、文娱体育和客户行业状况等。

3. 肢体语言礼仪

采购谈判时，谈判双方的肢体语言也会给对方留下深刻的印象，因此，为了提高谈判效率和效果，双方都要注意肢体语言。

①全身放松，凸显自然、自在的感觉，表情不要过于严肃。

②不要抠鼻子、指甲。

③不要打哈欠、吃零食。

④不要哼小曲儿，不喃喃自语，不玩佩戴的饰品。

⑤不频繁地看手机、手表。

⑥不宜乱打手势，手势应自然。

⑦对方开玩笑时，不吝于给予畅笑；认同对方的发言时，不吝于鼓掌表示赞同。

⑧握手只握右手等。

4. 谈判环境与设施设备

进行采购谈判时，如果由采购方选择谈判地点，要注意布置好谈判会场或会议室，采用长方形或椭圆形的谈判桌，门右手座位或对面座位为尊，应让给供应商谈判团队。

这些采购谈判的商务礼仪都是在工作中不断摸索、总结的，负责谈判的人员可以向有经验的同事请教。

3.3.2　熟悉采购谈判的五种策略

可能有些采购人员认为采购谈判就是“讨价还价”，实际上不是。采购谈判是指采供双方通过商谈达成协议。下面就来看看采购谈判时常用到的五种策略。

（1）事先周密计划，坚守自己的目标

这种策略通常用在供应商谈判团队使用种种方法来拖延时间的情况，此时可能是想从采购方套取更多信息，如希望知道采购方的最终条件，并以要先和领导商量等托词拒绝作出决定。

采购方如果事先进行了周密的计划，坚守住自己的目标，就不会在这样的情况下轻易透露自己的底牌，避免以较高的价格达成采购协议，或者以较长的交货期达成一致意见。

（2）不轻信供应商一面之词，容后再谈

当采购方遇到供应商一直在夸自己的产品有多好时，供应商是想让采购方相信他们的实力和资信，经验不足的采购方谈判员很可能就草率地答应了供应商的某些要求，比如接受较高的价格，或在交货期方面作出更大的让步。

此时，采购方谈判员应保持镇定，不要轻信供应商谈判员的一面之词，尤其是在对市场没有充分了解的情况下，可以先委婉说明此事需要先缓一缓，将关键问题和细节集中起来，提议下次再谈。

（3）适当活跃氛围，防止冷场

相信有些采购人员在谈判桌上遇到过冷场的情况，比如采购方在提出一些条件或意见后，供应商谈判人员突然沉默不语。此时心态不好的采购人员可能就会感到不安，从而不断说话，使供应商获取更多有利的信息，起到以守为攻的防御效果。这样，采购人员无论是否答应条件，都可能处于不利的境地。

采购方谈判人员在遇到这种情况时，适当活跃氛围即可，只要不冷场，也不必说太多，抓住重点，设法让供应商谈判人员将他们自己的条件和意见表达出来。比如，可以询问对方沉默是否意味着双方之间的沟通还不够，是不是还有什么不清楚的地方等。

（4）不作任何承诺，红白脸配合策略

如果遇到供应商谈判员态度强硬，如“我们已经尽力了，价钱不能再低，要么接受，要么算了”。他们这么做就是在试探采购方的反应，为了使谈判继续下去，逼着采购方作出让步。

此时采购方不要作任何承诺，也不必正面回答这个问题，可以找机会转移到另一个新的问题上，如交货期，付款方式等。此时采购方可安排负责“红白脸”的人员，一唱一和，重点关注对方“白脸人”的态度，根据双方的目标差距大小，设法阐述采购方自己的要求是合情合理的。

（5）时刻牢记己方的利益，不过分同情对方

当采购人员面对供应商谈判员主动大幅度让利时，可能会以为捡到了很大的便宜，从而快速答应对方的要求。作为采购方，此时不能从潜意识觉得供应商已经让利很多，没有多少利润，从而过分同情对方，不做进一步还价谈判，这样吃亏的很可能就是采购方自己。比如，打算买一件价值800元的衣服，和商家谈了半天，终于将价格压到400元，此时你以为很划算，但殊不知这件衣服只值200元，很显然，你亏了。

所以，遇到这种情况时，采购方谈判员要根据市场和自身预算情况，评估这种让步是否对本企业有利，比如，同种同质商品的不同供应商，有一方答应降半价供货，却要求你不得从其他供货商处进货，很明显，这对采购方来说是不利的要求，此时就不能因为降半价而答应合作，否则后续可能牵涉一些合同纠纷。

除了上述五大采购谈判策略外，实际的采购谈判工作中还有下列小技巧可以借用。

①不要接受供应商的第一次报价。

②当供应商谈判员轻易接受采购方条件时，或者借故打电话并获得批准，采购方可以认为供应商给予的条件是他们可以轻易做到的，此时采购方要进一步提要求。

③在供应商没有提出异议前，不要让步。

④准确把握时间，谈判时间一到，就应立即结束谈判，让对方感到紧张，从而作出让步。

3.3.3　熟知采购谈判各流程应做的事情

采购谈判的过程可以大致分为谈判前、谈判中和谈判后三个阶段，不同的阶段做不同的事情，下面简单介绍。

1. 采购谈判前期准备

采购方在与供应商进行采购谈判前，需要制订谈判计划，要做的事见表3-10。

表 3-10　制订采购谈判计划要做的事情

条目	要做的事
1	确立谈判的具体目标
2	分析双方的优势和劣势
3	收集谈判中可能用到的相关资料和信息
4	认识供应商的需求，识别实际问题和情况
5	为每一个问题设定一个成交位置，即确定的价格或价格区间、具体的交货时间或交货期限等
6	开发谈判战术和策略
7	向己方谈判团队的其他成员简要介绍谈判内容
8	进行谈判预演

2. 采购谈判过程中要做的事情

采购谈判过程中，采购方需要做的事情包括但不限于如下一些：

①采购方向供应方作自我介绍，商议谈判议程和程序规则。

②与供应方一起探讨谈判涉及的范围，即双方希望在谈判中解决的事宜。

③在可能的情况下，要与供应方一起确定并解决阻碍谈判达成共同目标的分歧。

④双方达成一致意见后，要确保这些一致意见能代表双方的共同目标。

⑤达成协议，结束谈判。

注意，采购谈判结束后，收尾工作还没结束。

3. 采购谈判结束后要做的事情

采购谈判结束后，作为采购方，为了更好地完成交易，可以通过以下事项来完善后续流程：

①起草一份声明，清楚、详细地描述采供双方已经达成一致的内容，并将其呈送到谈判各方，以便采供双方提出各自的意见，同时在声明中签名。

②将达成的协议提交给采供双方各自的委托人。

③严格执行采供协议。

④设定专门的交易程序监察小组，监控协议的履行情况，并处理可能会出现的各种问题。

⑤有需要的话，可以在谈判结束后与供应商举行一场或大或小的宴会，消除双方在谈判过程中的紧张气氛，有利于维持和巩固双方的合作关系。

3.3.4 掌握供应商销售人员惯用的谈判方法

实际上，供应商销售人员很可能就是和采购方进行谈判的人员，他们能够获得其整个公司的支持，如授权、信息和其他资源等，且有能力将各个部门的力量整合起来，让其他部门全部以销售部门为准，以便在采供谈判中占据主导地位。

而采购方的采购人员需要与企业内部其他部门和人员协调，如研发部、生产部、质量部和物流部等部门及员工，才能获得有限的资源。所以，在采购谈判中，供应商的销售人员和采购方的谈判人员之间往往存在不对等的关系。这就使得采购人员总是有这样一些抱怨：“供应商是独家，谈不了”、“供应商是专家，谈不动”及“供应商对我们的条件不感兴趣”等。

因此，掌握供应商的销售人员惯用的谈判方法，对采购方来说能有效提高采购成功率。

下面就来了解一下供应商销售人员惯用的谈判方法，并简单介绍一些应对方法。

（1）给采购方赠送样品，建立信任

供应商作为产品、原材料或服务的提供方，无论是否与采购方进行采购谈判，往往都会向采购方赠送样品，如原材料或产品的样品，以此建立信任，从而使自己在采购谈判中占据主导地位，降低采购方还价时还低价的可能性。

那么，作为采购方，可以采取怎样的应对措施呢？首先，对供应商赠送的样品表示感谢；其次，不要对采购方有过分的“歉疚”，对于合理的样品赠送，要从潜意识里认为供应商的赠送行为是符合双方建立合作关系的基础，不要理解为馈赠，谈判时正常磋商议价即可。

（2）嘘寒问暖，拉近关系

供应商主动向采购方嘘寒问暖，拉近关系，有可能是打算在后续的合作交易过程中以“人情”为由促使采购方不好意思压低采购价格，从而保护他们的利益。

面对供应商销售人员的这种手段，谈判桌上的采购人员也不要过分“讲人情”，要明白谈判中一切以公司利益为准，按章办事，该讲价的讲价，不该让步的也绝不让步。

（3）营造其产品稀缺感

有些供应商在与采购方进行谈判时，会声称产能紧张，或者原材料价格上涨，又或者目前的折扣到本月底或本季度末就会失效，以此来为其产品制造稀缺感和供货紧张感，迫使采购方快速答应以高价采购。

这种情况下，采购方谈判人员不要慌张，也不要急，除非采购的物资在市场中完全没有替代品，但一般情况下都会有其他供应商供货。如果根据当前情况进行评估，发现与正在谈判的供应商达成合作的概率较小，就可以开始着手寻找其他供应商，这样不仅可以防止原材料断货，还可能促使供应商让步。

（4）表现得不急于成交

有时，供应商在谈判桌上表现得并不积极，给采购方一种他们不急于合作的感受。这样一来，采购方就会降低自己的标准，以获得供应商的产品或服务。对供应商来说，还可能以较高的价格成交。

此时，采购方应积极地与供应商沟通，询问关于合作还有哪些不清楚或者疑问之处，同时询问对方对己方的要求和条件是否还有不理解或不能接受的地方。总之，要让对方说出他们的需求和条件。

（5）观察采购方谈判人员的肢体语言，找准突破口

如果采购方了解到供应商谈判人员中有人懂肢体语言，或者善于从人物肢体语言分析人物心理，就要找准突破口，以便在谈判中确认成交时机。

这种情况下，采购方在制定谈判策略时，就要避免过多的肢体语言，不给供应商的销售人员可乘之机。谈判过程中，尽量做到沉着冷静，不让供应商销售人员看出我们的心理变化，无法找到端倪，他们也就无法攻破我们的心理防线，这样双方才能势均力敌，为各自争取权益。

（6）以让小步换更大利益

实际的采购谈判工作中，有些供应商的销售人员会主动先让出一小步，以期采购方能够让更大步，或直接达成交易。比如以适当降价来要求采购方必须在短时间内付款，或以适当延长付款期限来约束采购方以较高的价格成交等。

遇到这种情况时，采购方谈判人员要坚守自己的目标，以采购预算为基准确定采购价格，不能因为供应商主动让步而给予其更大的便利。

（7）初始报价就给采购方留足还价余地

采购谈判之前，供应商派出的谈判人员会事先制定出初始报价，而这个初始报价很可能给采购方留足了还价空间，从而使得采购方最终的还价刚好等于供应商的预计成交价格，甚至高于其预计成交价格。比如，供应商的预计成交单价为6.00元，初始报价为9.00元，这样他们可以在6.00～9.00元的范围内等待采购方还价，比如还8.00元、7.00元和6.00元，有三次还价的空间，采购方最终还价6.00元时，看上去与初始报价9.00元相比已经便宜了很多，殊不知6.00元刚好是供应商的预计成交价格，对他们来说没有太大影响。

作为采购方，如何规避供应商的这种谈判手段呢？还价时可以一次性跳跃大一点的空间，这样可以试探供应商的底线，然后就能更好地运用自己的谈判策略进行议价，不至于被供应商主动留出的还价空间约束。

（8）以关系施压

有些供应商销售人员会在谈判时向采购方明示或暗示自己与采购方的某位高层关系很好，或者曾与某位高层一起共事，以此来给采购人员施压，让采购人员作出让步。

此时，采购人员因为“关系”而让步，如今的市场中，很多企业在不断地采取措施减少这种“关系户”，以防止给自己带来经济损失。所以采购人员一定要站在公司的角度为公司谋取利益。

（9）以品牌价值说服供应商高价采购

有的供应商销售人员会在谈判桌上向采购方极力宣传其品牌价值，如声称使用其产品就能赢得更多的客户。实际上，能不能赢得更多客户并不是凭一人之口就能决定的，关键还要看实际销售业绩。所以，遇到这种情况时，采购方谈判人员一定要对供应商的经营情况有非常充分的了解，以数据说话，降低其品牌价值的可信度，从而在谈判中增强议价能力，应对供应商无法降价的困境。

实务中还有很多谈判手段，这里不再一一列举。采购人员可以在工作中不断总结经验，提高自己的谈判能力。

3.3.5 避开采购谈判的误区

有些采购人员没有太多实战经验，在采购谈判过程中容易走入误区，导致谈判失败。下面介绍常见的采购谈判误区，帮助采购人员做好规避准备。

（1）误区一：战胜对方

采购谈判不是辩论，不能带着“战胜对方”的心理去谈判，而要带着达成合作的目的去协商。如果带着“战胜对方”的心理去谈判，就会将谈判演变成“辩论”，很可能赢得了“辩论”，输掉了“谈判”，导致采购谈判失败，交易无法达成。

（2）误区二：任意砍价

有的采购人员在长时间的习惯养成过程中，面对供应商的首次报价，在不了解情况的时候就拦腰砍价，这样会让供应商感到我们没有谈判的诚意，也没有合作的诚意，从而降低合作的意愿。

（3）误区三：价格砍得越低越好

供需双方合作的基础是双赢，如果价格砍得太低，让供应商无利可图，那么供应商也不会与采购方达成交易。所以，采购方要明白，价格不是砍得越低越好，这是一个典型的误区。

实务中还有很多误区，如对供应商给予的让步感激涕零、轻易接受供应商的第一次报价、被“为了今后的合作”迷惑以及直接否定供应商或其产品等，采购人员在采购谈判时一定要注意规避。

3.3.6 采购谈判心理博弈技巧

采购谈判充分体现了采供双方的利益博弈和心理互动，掌握一些心理博弈技巧，可以帮助采购人员在谈判中达成目的。

（1）知己知彼做好心理准备

在采购谈判前充分了解供应商的背景、财务状况、市场地位和产品特点等信息，同时明确自己的谈判目标和底线，做到知己知彼。

然后通过模拟谈判、角色扮演等方式，提前熟悉谈判场景，增强心理韧性，做好心理准备。

（2）进行心理暗示

给自己一个合理的初始报价心理暗示，结合语言、表情和肢体动作等传递自信和坚定信号，引导供应商朝着己方期望值发展。

（3）制造紧迫感

暗示正在谈判的供应商，公司还在与其他供应商联系。通过引入供应商的竞争对手，让其感受到成单的紧迫感，以及可能失去订单的风险。

具体方法可以是设置时间限制，促使对方尽快作出决策；也可以在谈判接近尾声时明确告知对方这是最后机会，要求对方作出最终决定。这些方法需慎用，否则容易适得其反，逼退供应商。

（4）以沉默等待给对方施压

在供应商提出要求或者报价后，采购人员不用急于回应，更不要急于结束谈判，可以保持沉默，给对方带去“谈不好”的心理压力，促使供应商进一步解释说明或者妥协让步。

（5）以“让步”换“让步”

在谈判中，采购人员不要一开始就让步到底，应采取有策略的让步方式，使得每一次让步都能换取供应商的让步。己方让步，会让供应商以为我们好说话，进而放松警惕。此时，再提出己方的要求，供应商就会考虑如果不答应己方要求，己方将不会让步，这将对他们不利，从而也考虑作出让步。

（6）提问引导对方思考

通过假设性提问或者反问的方式，让对方重新思考，引起对方对其自身报价或者产品的怀疑，从而将主动权交回己方手里。

比如，您认为这个价格在市场上具有竞争力吗？您觉得贵公司产品的新功能实用吗？您有精确核算过该物料的利润空间吗？

（7）利用“损失规避”心理

在采购谈判中，强调供应商如果不接受公司的条件，可能会失去的潜在利益或者机会，而对方出于对损失进行规避的考虑，通常会答应己方的条件或要求。

（8）利用权威效应

人们往往更容易接受权威人士的意见或建议，采购谈判中可以引用行业专家或权威机构的观点或评价，让己方处于有利地位。

比如，向供应商说明权威专家对其产品的分析与评价，重点突出其产品的劣势，从而打击供应商的自信，促使对方对自己的产品或服务缺乏自信，进一步就无法向己方提出较高的价格。

（9）利用“分割报价”技巧击破对方系统报价思维

采购人员可以将采购总价分割成多个小项进行还价，让供应商在细节上作出让步，从而降低总价。

分割报价时，击破对方系统报价的思维，促使对方无法按照正常的报价思维进行报价，让对方迷失在汇总小项报价的过程中，有利于己方还价。

第4章

进行采购合同管理和订单跟踪

采购合同管理也是采购工作中的重要内容之一，它是开展业务的凭据，也是企业财务记账的依据。订单跟踪是对采购合同履约过程的监控，可以实时掌握订单执行情况，避免断供影响生产活动。

4.1 签订采购合同要谨慎

采购合同是采购方与供应商经过谈判协商，一致同意而签订的、表示供需关系的法律性文件，合同双方都应遵守和履行。由于采购合同是经济合同，签订双方都有各自的经济目的，且条款众多，为了避免后期出现经济纠纷，双方签订采购合同时一定要谨慎。

4.1.1 熟知采购合同应包含的必要条款

采购合同的必要条款是指无论合同主体所属行业、交易规模或业务模式差异，都应该具备的条款。表4-1是对这些必要条款的简单介绍。

表 4-1 采购合同的必要条款

必要条款	说明
商品标的	商品标的是指所采购商品、原材料或服务的名称、品种、型号、规格、技术等级以及技术标准等参数信息
质量条款	质量条款主要是指采购方与供应商之间协商确定的商品、原材料或者服务的质量标准和要求
数量和计量单位	数量是指采购方向供应商确定的采购数量，计量单位则是对采购数量的细致统计，包括长度、重量、数量、体积、面积、容量、规格、电流强度、发光强度和温度等类别的计量单位，表 4-2 列举了一些常见类别的计量单位的具体介绍
价格	采购合同中的价格条款，不仅包括所采购物资的总价款，还包括物资的单价、不含税价格等价格要素，以及折扣价格、税款等
交货期限、地点和方式	该条款主要包括与交货事宜相关的内容，即交货期限、交货地点和交货方式。比如，交货期限为付款后五天内；交货地点为采购方仓库；交货方式通常有工厂交货、货交承运人、货交采购方等
装运和包装标准	主要包括与产品包装及物流相关的内容，具体包括包装标准和装运标准，其中，包装标准主要针对所采购物资本身的包装要求；装运标准主要是交通工具的选择、货物装运要求以及卸货要求等。这部分涉及供应链管理中的物流管理，采购人员要特别注意
验收方法	验收方法是指采购方与供应商协商确定的收货方式。比如合同规定，在采购方的仓库外进行抽样验收，或者在采购方指定的仓库处进行残次品率合格验收等
结算方式	结算方式也可以理解为付款方式，即采购方向供应商承诺的付款手段。常见的结算方式有现金结算（包括微信转账、支付宝转账）、银行汇票、商业汇票、银行本票、支票、汇兑、委托收款以及异地托收承付等

续上表

必要条款	说明
保险	采购合同中必须注明为所购产品或物资购买的财产保险或运输保险，或两者兼有。同时，要写清楚保险公司名称、保额和保费分别是多少，由哪一方承担保险费，以及出了保险事故后保险公司的赔付规则等
违约责任	采购合同的当事人双方应事先考虑好可能出现的违约情况，在合同中就违约事项约定解决方式和法律责任。比如，约定双方在违反合同事项时应支付的违约金，应承担的善后责任等

下面来看某公司编制的采购合同，实际工作中可借鉴使用。

实务案例 **采购合同**

需方（甲方）：　　　　　　　　供方（乙方）：

签订地点：　　　　　　　　　　签订时间：

甲、乙双方经过友好协商，依据《中华人民共和国民法典》的有关规定，签订以下条款，以资共同遵守。

第一条 其产品型号、厂家、封装、单价、总价等，是否原装、是否进口、是否无铅环保，如下所列：

是否原装__________，是否进口__________，是否无铅环保__________。

第二条 产品包装规格及费用（没有请写无）：____________________。

第三条 验收方法：______________________________。

第四条 货款及费用等付款及结算办法

第五条 交货规定

1. 交货方式：____________________。

2. 交货地点：____________________。

3. 交货日期：____________________。

4. 运输费：由______方承担

5. 甲方应向乙方支付的货品总价：合计____________（人民币／美元）。

第六条 经济责任

1. 乙方应负的经济责任

（1）产品型号、品牌、封装、批号、质量不符合本合同规定时，甲方同意使用的，按质论价。不能使用的，乙方应负责保修、保退、保换。由于上述原因致延误交货时间，每逾期一日，乙方应按逾期交货部分货款总值的万分之×计算向甲方偿付逾期交货的违约金。

（2）乙方未按本合同规定的产品数量交货时，少交的部分，甲方如果需要，应照数补交。甲方如不需要，可以退货。因退货造成的损失，由乙方承担。如甲方需要而乙方不能交货，则乙方应付给甲方不能交货部分货款总值的×%的罚金。

（3）产品包装不符合本合同规定时，乙方应负责返修或重新包装，并承担返修或重新包装的费用。如甲方要求不返修或不重新包装，乙方应按不符合同规定包装价值×%的罚金付给甲方。

（4）产品交货时间不符合同规定时，每延期一天，乙方应偿付甲方已延期交货部分货款总值万分之×的罚金。

（5）乙方未按照约定向甲方交付提取标的物单证以外的有关单证和资料，应当承担相关的赔偿责任。

2. 甲方应负的经济责任

（1）甲方如中途变更产品型号、品牌、封装、批号、质量或包装的规格，应偿付变更部分货款（或包装价值）总值×%的罚金。

（2）甲方如中途退货，应事先与乙方协商，乙方同意退货的，应由甲方偿付乙方退货部分货款总值×%的罚金。乙方不同意退货的，甲方仍须按合同规定收货。

（3）甲方未按规定时间和要求向乙方交付技术资料、原材料或包装物时，除乙方得将交货日期顺延外，每顺延一日，甲方应付给乙方顺延交货产品总值万分之×的罚金。如甲方始终不能提出应提交的上述资料等，应视中途退货处理。

（4）属甲方自提的材料，如甲方未按规定日期提货，每延期一天，应偿付乙方已延期提货部分货款总额万分之×的罚金。

（5）甲方如未按规定日期向乙方付款，每延期一天，应按延期付款总额万分之×计算付给乙方，作为延期罚金。

（6）乙方送货或代运的产品，如甲方拒绝接货，甲方应承担因此造成的损失和运输费用及罚金。

…………

第十条　本合同所订一切条款，甲、乙任何一方不得擅自变更或修改。如一方单独变更、修改本合同，对方有权拒绝生产或收货，并要求单独变更、修改合同一方赔偿一切损失。

第十一条　甲、乙任何一方如确因不可控原因，不能履行本合同时，应及时向对方通知不能履行或须延期履行，部分履行合同的理由。在取得有关机构证明后，本合同可以不履行或延期履行或部分履行，并全部或部分免予承担违约责任。

第十二条　本合同在执行中如发生争议或纠纷，甲、乙双方应协商解决，解决不了时，向甲方所在地的人民法院提起诉讼。

第十三条　本合同在执行期间，如协商另订附则，所有附则在法律上均与本合同有同等效力。

第十四条 本合同自双方签字盖章后即生效，传真件具有同等法律效力。

第十五条 本合同一式 × 份，由甲、乙双方各执一份。

甲方：　　　　　　　　　　乙方：

甲方代表（签字）：　　　　乙方代表（签字）：

甲方（盖章）：　　　　　　乙方（盖章）：

日期：_年_月_日　　　　　日期：_年_月_日

不同的公司，采购的物品不同，采购人员可以借鉴该合同的结构和相关约定，按照自己所采购的物资，设计合同的具体内容。

4.1.2　怎样才能正确编制采购合同

怎样才能正确编制采购合同呢？方法如下：

（1）建立采购合同管理制度

企业应建立采购合同管理制度，健全采购合同登记、汇报检查制度，统一保管采购合同，统一监督和检查采购合同的执行情况。同时，还可以建立采购合同的管理人员组织架构，常见的是指定专职人员管理采购合同。

（2）编制常用的采购合同模板

企业的采购人员可以事先拟定不同采购标的的采购合同模板，如货物设备、软件、维保服务、营销广告和原材料物资等，有利于对比修改，从而完善采购合同模板的内容。

（3）建立合同条款数据库

企业可以将发票信息、知识产权、不可抗力以及保密条款等设置为通用条款，将付款方式、验收标准和交付条件等作为模板的固定条款。

这样，采购人员可根据实际采购需求，自主搭配合同条款，节约采购合同的拟定时间，提高采购效率，同时也能降低条款内容不适合的概率。

（4）采用人机双审采购合同的模式

采购人员可以借助一些市面上的合同管理系统，智能审核采购合同文本中可能存在的风险和漏洞以及一些固定的、可识别的错误。同时，要求采购人员检查采购合同中一些系统无法识别的错误，如措辞不规范等。

另外，采购方还需要牢记一些采购合同编制的注意事项，如图4-1所示。

1. 采购合同所含内容条款须合法
2. 采购合同的内容须体现采供双方的真实意思表示
3. 采购合同的内容应不违反法律、行政法规的强制性规定，不违背公序良俗
4. 编制采购合同的一方需具有编制及签订采购合同的民事行为能力

图4-1　采购合同编制的注意事项

总体来说，编制采购合同要实事求是，内容要完整、有效，条款的责任与权利要均衡，不能偏向于某一方。还有很重要的一点是，一定要具备采供双方签字确认的内容。

4.1.3　严格遵守采购合同的签订步骤

签订采购合同这一操作看似比较简单，双方查看合同内容后，确认无误就可以签字盖章。但是，签订合同这个事情并不简单，有一些必要的操作步骤，采供双方一定要遵照执行，这样才能保证签订合同的程序合法合规，从而使采购合同具备法律效力。

图4-2所示为采购合同的大致签订步骤。

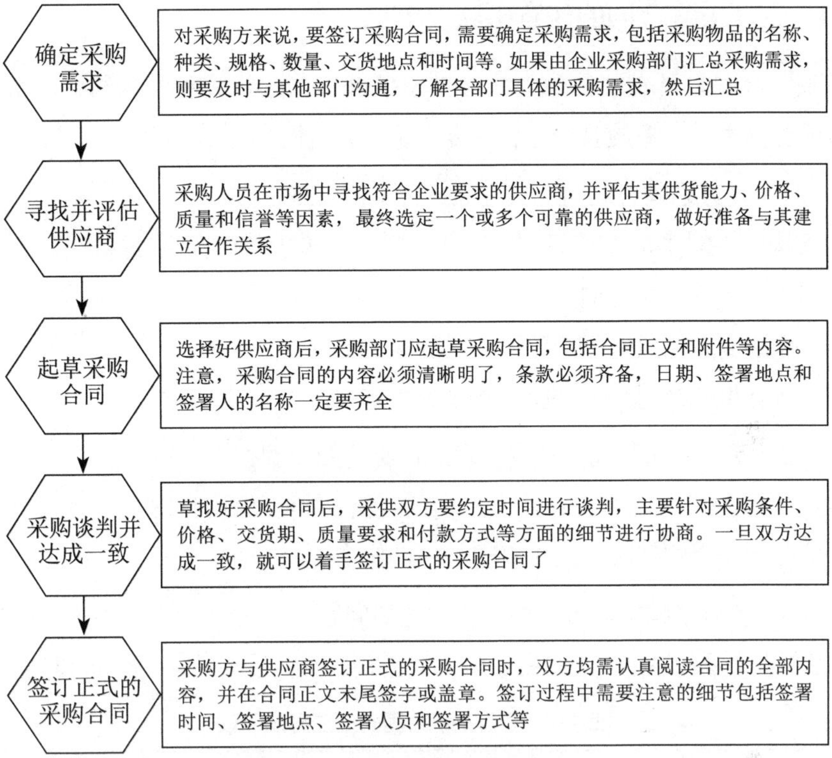

图4-2　采购合同的大致签订步骤

采购方按照规定的步骤与供应商签订正式采购合同后，就要遵守合同的规定，按照合同的要求履行双方的责任和义务，同时享受相应的权利。

当所购货物抵达指定地点后，采购方需要严格按照本公司的货物验收标准开展验收工作，检查货物是否符合采购合同的要求。验收完毕并确认无误后，采购方还需按照合同约定向供应商支付货款。

注意，在履行合同的过程中，可能发生需求变更，或者是供应商的履约能力受到影响，此时会涉及采购合同的变更或终止，但无论是哪种情况，都需要采供双方协商一致，并按照合同约定执行变更或终止操作。具体工作内容将在本章后面小节详细介绍。

总之，采购合同的签订千万不能马虎，任何一项漏洞都可能给采购方带来严重损失。采购人员一定要按章办事，做好采购合同的签订工作。

4.1.4 签订采购合同的注意事项要牢记

采购合同是具有法律效力的文书，采供双方的行为受法律约束。为了保证采购合同真实、有效且合法，需要牢记签订合同的注意事项。

（1）签订采购合同前对供应商进行主体资格审查

采购方在与供应商签订采购合同前，应对供应商的资格进行认真审查，包括但不限于以下两点内容：

①供应商应当具有相应的民事行为能力。

②确认供应商对采购的标的物享有所有权。

（2）签订采购合同前对供应商进行履约能力调查

通过履约能力调查，查明供应商的经济实力、信用状况和不良行为记录等，从而规避合同风险，为自身利益提供保障。

（3）签订采购合同过程中需要注意的问题

采购方在与供应商签订采购合同时，还需要注意表4-2中列示的事项。

表 4-2 签订采购合同时应注意的事项

方面	注意事项
合同主体	确保合同的当事人是合同权利与义务的具体承担者
标的物	采购方要与供应商明确约定买卖产品的名称、品牌、规格、型号、等级、生产厂家、数量、质量标准、包装要求等详细内容，检查产品的各项标识是否均已写进采购合同，以及产品说明书是否也已写入合同条款等
价款及付款方式	查看采购合同中产品单价、计量标准、数量、产品附件以及货款支付方式等信息是否明确。如果签订的是涉外合同，还应查明货币种类和外汇结算标准是否约定清楚
交付	检查采购合同中是否明确约定交货方式、运输方式、交货地点、时间以及运输费用的承担等事项
质量标准	检查采购合同中是否写明了具体的产品质量标准，避免发生质量纠纷时出现无据可依的窘境
违约责任	检查采购合同中是否详尽规定了定金、违约金和赔偿金等的计算方法
争议解决条款的约定	查看采购合同中是否说明了纠纷解决方式，具体为怎样的方式，是仲裁还是诉讼，或者两者皆有
签名盖章	采购合同要由采供双方代表签字盖章，填明具体的签订日期，以示达成合约。如果对方拒绝签名，则认定为双方未达成合约

换句话说，采购方在与供应商签订采购合同时，一定要严格审核合同中的主要条文，所有意思表示都必须严密、清楚，避免造成不可估量的经济损失，损害公司利益。

另外，具有客户签名的订购单，其效力等同于采购合同，采供双方违约均要负违约责任。

总的来说，采购合同的内容应具体且完善。

4.1.5　采购合同风险条款的识别及应对

采购合同风险条款会引发采供双方合作纠纷，使一方或者双方在风险发生时遭受损失。因此，作为采购人员，需学会识别采购合同风险条款，同时掌握各种风险条款的应对办法。

（1）价格风险条款

价格风险条款主要指采购活动涉及因市场波动、原材料价格变化、汇率波动等导致采购价格变化的风险。应对方法可以从以下三个方面入手：

建立价格调整机制：采购合同中规定在哪种情况下可以调整采购价格。

风险分担：合同中明确价格波动风险由哪一方承担或者双方如何承担。

汇率风险防范：在跨境采购活动中，可以在合同中规定汇率波动的处理方式，如锁定汇率、调整价格等。

（2）付款风险条款

采购合同中付款条款涉及分期付款的，分期付款时间和方式不明确，可能引发争议。

应对方法主要是在采购合同中详细列出付款条件、时间、逾期付款的处罚条款等。

（3）违约风险条款

采购合同中关于双方违约责任的条款约定不明确，导致供应商无法按时交货或者交货质量不符合要求时，采购方利益受损的风险。可以采用以下应对方法：

①规定供应商交货延迟或者付款延迟的具体责任和赔偿方式。

②明确供应商提供的货物或者服务质量不符合合同约定时的责任和补救措施。

③规定部分履行或者履行不符合合同约定时的处理方式。

④合同中明确一方根本违约时的解除合同条件以及赔偿责任。

（4）不可抗力风险条款

采购合同中，对不可抗力的免责条款的规定不明确，导致发生不可预见、不可避免且不可克服的客观情况，如自然灾害、战争、政策变化等，采购方无法通过不可抗力条款维护自身权益。应对措施可从以下方面着手：

明确定义不可抗力：在采购合同中明确哪些情况属于不可抗力。

明确通知义务：合同中规定一方在不可抗力发生时的通知义务，包括通知时间、方式以及证明文件等。

明确免责范围：明确不可抗力情况发生时，双方的免责范围以及具体的责任分担。

明确规定后续处理事宜：合同中规定不可抗力结束后合同的恢复履行事宜或者解除原合同的方式等。

（5）知识产权风险条款

采购合同中对于采购产品或服务可能涉及的知识产权问题没有作明确说明和规定，导致发生知识产权纠纷时采购方无法维护自身的切实利益。应对措施从以下三个方面考虑：

明确侵权责任：合同条款明确供应商提供的产品或服务如果侵犯第三方知识产权时的责任归属。

规定许可与授权范围：规定供应商提供相关知识产权的合法使用许可，或者被授权许可等。

明确赔偿责任：合同中明确采供双方因知识产权问题导致的损失赔偿责任由谁承担。

（6）物流与运输风险条款

采购合同中对物流与运输方式的约定不准确，导致采供双方因货物运输过程中出现损坏、丢失和延误等产生纠纷甚至经济损失，受损失的一方或者双方无法根据合同约定找到协商解决办法。应对办法是在合同中约定以下三个方面的内容：

运输责任：明确货物运输过程中由哪一方负责，如果条件允许，可以将运输过程分成不同阶段进行责任的划分。

保险要求：规定是否需要投保运输保险以及保险责任范围是怎样的。

损失赔偿：明确货物在运输过程中损坏或丢失时的赔偿责任和具体的赔偿方式、赔偿金额的算法等。

（7）质量风险条款

采购合同中对采购产品或服务的质量要求不明确或者不正确，导致供应商履行合同不力或者不符合采购要求时，采购方面临无法退货、换货或者无法要求供应商赔偿的风险。应对措施是在采购合同中明确以下内容：

①明确所采购货物或者服务的质量标准和验收方法。

②明确规定所采购货物或服务的验收时间、地点、方式以及验收标准。

③明确发现所采购货物或服务存在质量问题时的处理方式，如退货、换货以及赔偿等，涉及赔偿的，还应规定赔偿的标准和计算方法。

（8）商业机密与保密风险条款

采购合同中对商业机密和保密内容的规定不明确，导致合同履行过程中发生由供应商引起的商业机密和保密信息被泄露的风险，最终导致采购方无法要求供应商赔偿。应对措施是在采购合同中明确规定以下事项：

保密范围：明确关于采购方的哪些信息属于保密信息，应尽可能全面、细致。

保密期限：规定保密信息的保密期限，应尽可能长，可以约定在采供双方完成所有采供活动为止。

违约责任：明确规定双方违反保密条款时的责任和赔偿方式，赔偿方式还应包括具体的赔偿金额计算标准和方法。

（9）合同变更与解除风险条款

采购合同中对于合同变更与解除情形的约定不明确，导致供应商单方面宣布解除采购合同时采购方无法获得赔偿或者遭受损失的风险。采购合同中应明确以下内容来应对这类风险：

变更条件：明确采购合同变更的条件和程序，需考虑采供双方可能发生合同变更的情形。

解除条件：明确采购合同解除的条件和程序，需考虑采供双方可能发生合同解除的情形。

违约责任：采购合同中应规定因变更或解除合同导致的违约责任和赔偿方式，相关赔偿事宜应细致、全面。

（10）法律适用于争议解决风险条款

无论是采购合同还是其他合同，都会对适用法律及争议解决办法作出规定，如果该条款约定不明，很容易导致合同当事人无法通过法律途径维护自身合法权益。这类风险的防范也要借助在采购合同中明确约定相关事宜实现。

法律适用：明确当前采购合同适用的法律，可以将可能涉及的法律进行一一列举。

争议解决办法：明确规定采购合同履行过程中存在争议的解决办法，如协商、调解、仲裁或者诉讼。每一种解决办法可以约定具体的事宜，比如协商如何协商、调解由谁调解、仲裁去哪里仲裁、诉讼向谁申请。

管辖法院或仲裁机构：明确约定争议解决的管辖仲裁机构和法院，确保采供双方发生争议纠纷时能快速找到主管行政部门。

（11）终止后义务风险条款

实际经营过程中，采购合同双方在完成采供活动后，往往还会涉及其他事务的处理，如果采购合同中对合同终止后双方需履行的义务没有作明确的规定，就很容易导致一方在合同终止后理直气壮地不履行自己的责任，从而给另一方制造麻烦或者造成损失。所以，采购合同中可以酌情规定以下内容：

未完成事项：明确采购合同终止后未完成事项的处理方式，如采供双方继续履行各自的义务。

保密义务：规定采购合同终止后双方的保密义务的持续期限。

资料返还：明确合同终止后需要返还的资料或物品，防止资料或物品被对方擅自使用而给己方造成损失。

实际采购活动中，采购合同因条款众多而存在其他一些风险，采购人员需在不断的实践过程中总结经验，学会识别风险条款和掌握应对技巧。

4.2　采购合同的变更、终止及违约处理

采购方与供应商在执行采购合同的过程中，难免会因人为或不可抗力因素导致需求或供货情况变动，这就可能涉及采购合同的变更、终止以及违约处理，采购人员面对这些问题时要学会如何处理。

4.2.1　合同需要修改怎么办

无论因为什么原因，采购方或供应商提出修改采购合同的，处理时都需要做以下五件事情：

①需要主合同双方当事人签字确认。

②需要主合同双方当事人之间就修改事项或内容协商一致。

③如果采供双方重新签订合同，且原合同内容不变，则可以将需要修改的条款进行改正，并直接引用到新合同中。

④如果采供双方因为合同内容变更而签订补充协议，则需要在补充协议中明确主合同的内容，或者将主合同作为补充协议的附件。

⑤无论签订的是新合同还是补充协议，采供双方均需签字确认，并填写具体的签订日期。

除此以外，当采购合同需要发生变更时，采供双方可根据《中华人民共

和国民法典》（以下简称《民法典》）第三编的有关规定执行，下面进行简单介绍：

“第五百四十三条　当事人协商一致，可以变更合同。

“第五百四十四条 当事人对合同变更的内容约定不明确的，推定为未变更。”

“第五百四十五条　债权人可以将债权的全部或者部分转让给第三人，但是有下列情形之一的除外：

（一）根据债权性质不得转让；

（二）按照当事人约定不得转让；

（三）依照法律规定不得转让。

当事人约定非金钱债权不得转让的，不得对抗善意第三人。当事人约定金钱债权不得转让的，不得对抗第三人。”

“第五百四十六条　债权人转让债权，未通知债务人的，该转让对债务人不发生效力。债权转让的通知不得撤销，但是经受让人同意的除外。”

“第五百四十八条　债务人接到债权转让通知后，债务人对让与人的抗辩，可以向受让人主张。”

“第五百五十一条　债务人将债务的全部或者部分转移给第三人的，应当经债权人同意。债务人或者第三人可以催告债权人在合理期限内予以同意，债权人未作表示的，视为不同意。”

“第五百五十五条　当事人一方经对方同意，可以将自己在合同中的权利和义务一并转让给第三人。”

“第五百五十六条　合同的权利和义务一并转让的，适用债权转让、债务转移的有关规定。”

上述规定中提到的“债权人”和“债务人”，分别对应采购合同中的供应商和采购方。

可能有人会问，合同内容发生变更时，可否可以直接在原合同上涂改呢？涂改后原合同还有法律效力吗？这要分两种情况分析。

①如果原合同上的涂改是采供双方其中一方擅自进行的，那么原合同中

的涂改无效。

②如果原合同上的涂改是采供双方协商一致对合同进行的变更，则原合同中的涂改是有效的，但一定要有采供双方的签字或盖章确认。

另外，采供双方决定变更采购合同，且应当办理批准、登记等手续的，应依照相关规定办理。变更采购合同的大致流程如图4-3所示。

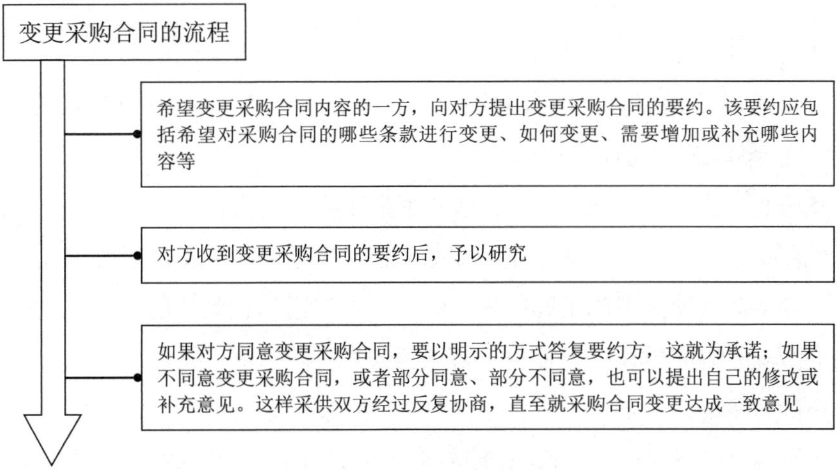

图4-3　变更采购合同的大致流程

根据相关法律的规定，变更合同的形式一般要与原合同的形式一致。若原合同为书面形式，变更合同也应采取书面形式；若原合同为口头形式，变更合同既可以采取口头形式，也可以采取书面形式。

4.2.2　发生什么情况可以解除合同

采购合同也属于合同范畴，所以可以依照《民法典》第三编的相关规定，处理解除合同事务，部分内容如下：

“第五百六十二条　当事人协商一致，可以解除合同。当事人可以约定一方解除合同的事由。解除合同的事由发生时，解除权人可以解除合同。

第五百六十三条　有下列情形之一的，当事人可以解除合同：

（一）因不可抗力致使不能实现合同目的；

（二）在履行期限届满前，当事人一方明确表示或者以自己的行为表明不履行主要债务；

（三）当事人一方迟延履行主要债务，经催告后在合理期限内仍未履行；

（四）当事人一方迟延履行债务或者有其他违约行为致使不能实现合同目的；

（五）法律规定的其他情形。

以持续履行的债务为内容的不定期合同，当事人可以随时解除合同，但是应当在合理期限之前通知对方。

第五百六十五条　当事人一方依法主张解除合同的，应当通知对方。合同自通知到达对方时解除；通知载明债务人在一定期限内不履行债务则合同自动解除，债务人在该期限内未履行债务的，合同自通知载明的期限届满时解除。对方对解除合同有异议的，任何一方当事人均可以请求人民法院或者仲裁机构确认解除行为的效力。

当事人一方未通知对方，直接以提起诉讼或者申请仲裁的方式依法主张解除合同，人民法院或者仲裁机构确认该主张的，合同自起诉状副本或者仲裁申请书副本送达对方时解除。”

采供双方依照上述关于合同解除的规定，合理合法解除采购合同的情况概括如下：

①因不可抗力致使采供双方不能实现采购合同目的的，可以解除合同。

②在采购合同的履行期限届满前，采供双方的其中一方明确表示或者以自己的行为表明不履行主要债务的，可以解除合同。

③采供双方的其中一方迟延履行主要债务，经催告后在合理期限内仍未履行的，可以解除合同。

④采供双方的其中一方迟延履行债务或者有其他违约行为致使不能实现采购合同目的的，可以解除合同。

⑤法律规定的其他可以解除采购合同的情形。

4.2.3　哪些情况会导致采购合同终止

采购合同终止，实际上就是合同权利义务的终止。《民法典》有以下相关规定："第五百五十七条 有下列情形之一的，债权债务终止：

（一）债务已经履行；

（二）债务相互抵销；

（三）债务人依法将标的物提存；

（四）债权人免除债务；

（五）债权债务同归于一人；

（六）法律规定或者当事人约定终止的其他情形。

合同解除的，该合同的权利义务关系终止。"

将上述法律条文规定应用到采购合同中，采购合同终止的情况如下：

①当采购方已经向供应商履行支付货款的义务后，采购合同终止。

②当采购方与供应商之间的债务相互抵销后，采购合同终止。

③当采购方依法将所购标的物提存后，采购合同终止。

④当供应商免除了采购方的债务时，采购合同终止。

⑤当采购方或供应商将采购合同中自己的全部义务及权利，经对方同意后，转移给第三人时，采购合同终止。

⑥法律规定或者采供双方约定终止采购合同的其他情形。

4.2.4　采购合同解除与合同终止有何不同

合同的解除是指合同有效成立后，因一方或双方的意思表示，使基于合同发生的债权债务关系归于消灭的行为。

合同的终止是指合同的债权债务关系归于消灭，合同关系客观上不复存在。

从定义上看，二者极为相似，都发生债权债务关系归于消灭的效力。无论是采购合同解除，还是采购合同终止，都代表着权利义务的终止。但是二者存在明显的区别，具体内容见表4-3。

表 4-3 采购合同的解除与终止的区别

区别项	合同解除	合同终止
适用情形不同	多为采购合同履行过程中因人为因素或法定因素而不再继续履行，到此为止。其中，人为因素又包括采供双方自愿解除（即协商解除）和争议处理（诉讼、仲裁等）解除	多为自然解除，如合同约定解除条件出现、合同到期、采供双方当事人死亡以及不可抗力（自然灾害、国家政策调整等）等情况
效力不同	既能向过去发生效力，使合同关系溯及既往地消灭，发生恢复原状的效力；也能向将来发生效力，即不发生溯及既往的效力	只是使合同关系消灭，向将来发生效力，不产生恢复原状的效力
适用范围不同	通常被视为对违约的一种补救措施，是对采供双方中违约一方的处理，一般仅适用于违约场合	虽然适用于采供双方其中一方违约的情形，但主要适用于采供双方非违约的情形，如合同因履行、双方协商一致、抵销、混同等终止，因此一般适用范围比合同解除更广
发生条件不同	法定解除权的发生原因一般是不可抗力和债务不履行等情形	法定终止权的发生原因因合同种类不同而有所不同
权利的专属不同	解除合同权是专属于债权人的权利	终止合同权是非专属权

实际上，合同解除是合同终止的一种形式，而合同终止有多种形式，如履行完毕终止、合同解除终止以及合同终止等。合同解除必然导致合同终止，但合同终止不全是因为合同解除。

4.2.5 做好采购合同存档管理

在我国，法律没有对采购合同存档的问题作出明确规定。通常来说，合同存档一般由企业档案管理部门汇总分类管理，采购人员个人签订的合同也应妥善保管，因为发生纠纷时，合同原件具有较强的证明力，能维护采购合同当事人的合法权益。

下面来看看一些实用的采购合同存档管理规定。

①采购合同签订后，合同当事各方应分别至少保管一份。

②公司签订的各类采购合同文书，应根据本企业的规章制度进行存档保存，专业性较强的业务合同，如采购合同、销售合同等，一般在业务负责部门存档；一般性采购合同在档案管理室或企业办公室存档。

③关于采购合同的保存期限，应视具体情况而定。如果打算定期保存，则保存期限有10年、30年等之分，具体依照企业规章制度执行；如果决定永久保存，则保管期限为永久。

④采购合同可以实行集中统一管理，任何个人都不得据为已有或者拒绝归档。

有些企业非常重视合同的管理，会专门制定相关制度进行规范管理，而采购合同管理属于合同管理范畴，通常包括在统一的合同存档管理制度中。

下面来看看某公司的合同档案管理制度，实际工作中可借鉴参考。

实务案例 **合同档案管理制度**

第一章 总则

一、为了规范公司合同档案管理，有效收集合同签订和履行过程中的有价值材料，维护公司的经济利益，降低经营风险，特制定本管理制度。

二、公司合同档案由签订和履行合同过程中形成的协议、单证、函电及与此相关的具有保存价值的材料形成。

第二章 合同分类

一、采购合同：指为生产产品采购元器件、外协部件、商品、礼品、固定资产等而签订的合同或框架协议。

二、销售合同：指销售公司产品而签订的合同或框架协议。

三、技术服务合同：指提供技术服务、产品维修、技术咨询、技术转让等签订的合同。

……

第三章 档案管理的责任分配

一、合同档案管理的归口部门为经营管理部。

经营管理部合同管理专员负责所有文件编号归档；非采购、非销售类合同的盖章和合同编号分配；合同相关档案资料的收集、整理；所负责文件合同档案的借阅、保存和销毁。

二、各部门设档案管理员予以协助管理。

各部门负责本部门合同或协议的编号分配、档案资料的收集整理。

第四章 文件合同归档要求

一、文件合同编号规则

合同号是合同档案唯一的保管单位。销售合同号 × 位，其余均为 × 位。文件合同号由公司号、年度号、分类号、顺序号、部门代码组成。基本模式：××-20××-××-000×-HT。

1. 年度号：年度号由四位阿拉伯数字组成，指文件材料形成的年度。

2. 分类号：分类号是档案号的主体，分别依照合同类别拼音首字母给予识别代码。

3. 顺序号：顺序号四位，用阿拉伯数字表示：0001、0002…表示公司当年某一类合同的序号。

4. 部门代码：部门代码仅限销售合同，为各部门的汉语拼音简称。

二、合同签订人在合同上签字后，由签订人或经办人办理合同评审手续；经领导审批后，到档案管理员处编号并登记，到印鉴管理员处登记并盖章。合同在双方均盖章生效后须将原件一份送到档案管理员处存档。

第五章 合同档案保管期限及销毁

……

第六章 档案借阅

一、公司合同原件，一般不予借出。

……

第七章 责罚制度

一、公司各部门凡违反本制度，无故延期或不交应归档的备份文件材料的，一经发现，限期上交。经催交仍拖延不交的，除责令其部门负责人和单位领导写出书面检查外，各罚款 × 元，并予以通报批评。

……

第八章 附则

一、本制度由行政部门负责解释及修改，由总经理办公会批准后执行。该规定可以依据实际情况进行随时或定期修订，修订的版本获得总经理办公会批准后生效，且自动替代以前的版本。公司全体员工应遵循最新版本的规定。

二、本制度自下发之日起执行。

三、附件

附件 1：档案移交单

附件 2：档案借阅单

附件 3：档案销毁清单

附件 4：合同登记本

从展示的合同档案管理制度来看，内容以章节列示，包括总则、合同分类、档案管理的责任分配、文件合同归档要求、合同档案保管期限及销毁、档案借阅、责罚制度以及附则。其中，第二章至第七章是该合同档案管理制度的主要部分，对企业可能涉及的合同进行分类定责管理，其中就包括采购合同。

规模较大的企业或者集团企业，可以单独制定采购合同档案管理制度，依照展示的范本设计制度内容。

4.2.6　采购活动中有哪些违约情形

日常采购活动中采购方与供货方难免会发生一些违约情形。若是采购方违约，那么采购方就要承担责任，同时采取有利于企业的措施进行弥补；若是供货方违约，采购方也要积极采取应对措施，保护自身权益不受损害。

下面就从采购方违约与供货方违约两个角度入手，看看常见的违约情形有哪些，并学习如何处理。

1. 采购方的违约情形

作为采购方，要尽可能规避违约行为，否则会给企业带来不良影响，甚至造成不必要的经济损失。那么，采购方常见的违约情形有哪些呢？

（1）采购方由于自身的主观原因不按照合同约定的义务履行

简单来说，就是采购方虽然有履行义务的能力和条件，却以种种理由拖延履行或者拒绝履行。比如，拖欠供应商的货款、赖账不给等。关于这类违约责任，采购方的责任承担方式主要有三种，见表4-4。

表 4-4　采购方违约的责任承担方式

承担方式	说明
继续履行	采购方的合同义务（即向供应商付款）没有履行或者履行不符合约定的，采购方需按照守约方（即供应商）的要求继续履行合同，直到达成合同目的。这种情况多数适用于标的物是特定的、必须履行的、不得替代履行的情况，如委托加工定制的半成品、特种型号或规格的元器件等
违约金	采购方违约时，向供货方支付一定数额的货币，以弥补供货方损失。采购方承担违约责任后，是否还要继续履行或采取补救措施，可由采供双方协商确定。但是，采供双方就采购方迟延履行约定违约金的，采购方支付违约金后，还应履行债务
赔偿金	按照合同约定，采购方因违约给供货方造成实际损害的，按实际损害数额给予赔偿。采购方在履行义务或采取补救措施后，供货方还有其他损失的，也应如数赔偿

（2）采购方因一些可以克服的客观条件拖延履行或不履行合同

采购方因为一些可以克服的客观条件的影响，没有如期实际履行合同，而是拖延履行或直接不履行合同。比如，资金周转不灵造成逾期付款、连环合同形成的相互债务拖欠等。

采购方发生的这类违约情形，既可以参照前述责任承担方法执行，也可以采取补救措施，比如，与供应商约定不享受前期双方约定的折扣，或者与供应商协商重新确定付款期限等。

（3）采购方履行的合同义务不符合合同要求

这类违约情形主要有采购方在合同规定的付款期以外的时间付款，或者向供应商支付的货款不符合合同约定等。

此时，采购方可以与供应商协商，确定是除了支付价款外另行支付一定数额的违约金，还是支付价款后向供应商支付一定的损失赔偿金，或是双方约定补足价款的时间等。

2. 供应方的违约情形

采购方在与供应商合作过程中，难免会遇到供应商违约的情况，为了自身利益不受损，采购方需要熟悉供应商的违约行为，并提前做好应对措施。

（1）供应方由于自身的主观原因不按照合同约定的义务履行

供应商虽有履行义务的能力和条件，但却因为种种主观原因和理由拖延履行或拒绝履行合同。

常见的违约行为如有货不交付给采购方、拖延时间不按时发货等。遇到这类违约责任，采购方可要求供应商按照表4-5所示的责任承担方式承担相应的责任。

表 4-5　供应商违约的责任承担方式

承担方式	说明
继续履行	供应商没有履行或者履行不符合约定的，采购方可要求供应商按照合同约定继续履行，直至达到合同目的。比如采购方向供应商采购的是特定的、必须履行的、不得替代履行的特定半成品、特种型号或规格的元器件等
采取补救措施	供应商履行债务（即交付货物）的标的物品质不符合合同约定的条件和标准，在不需要继续履行而只需要采取适当补救措施的情况下，即可达到合同目的或采购方认为满意的目的。比如，供应商交付的产品质量不符合合同约定，受损害方（即采购方）根据标的物的性质和损失的大小，可以合理选择要求供应商承担修理、更换、重做、退货、减少价款或报酬等违约责任
违约金	当供应商违约时，要支付给采购方一定数额的货币，以弥补采购方损失。供应商承担违约责任后，是否还要继续履行或采取补救措施，可由采供双方协商确定。但是，采供双方就迟延履行约定违约金的，供应商支付违约金后，还应履行债务，即向采购方交付其采购的货物
赔偿金	当供应商违约给采购方造成实际损害的，按实际损害数额给予采购方赔偿。供应商在履行义务或采取补救措施后，采购方还有其他损失的，也应如数赔偿

（2）供应商因一些可以克服的客观条件拖延履行或不履行合同

供应商因为一些可以克服的客观条件的影响，没有如期实际履行合同，而是拖延履行或直接不履行合同。比如，货源紧张造成迟延交货、资金周转不灵造成逾期交货等。

供应商发生这类违约情形时，也可以按照表4-6中的四种责任承担方式处理，选其一或者多种方式结合使用。

（3）供应商履行的合同义务不符合合同的要求

这类违约情形是指供应商履行的合同义务不符合合同的要求，履行标的不当。常见的有交付的产品品质出现问题，包括质量与要求不符、标准不符和产品有瑕疵等；交付的工程项目验收不合格；保管物损坏等。

供应商发生这类违约情形时，依然可以按照表4-6中的四种责任承担方式，选择一种或多种方式结合使用。

前述这些采购方与供应商的违约情形以及违约责任的承担方式，双方可以选择适用的其中一种，也可以几种方式同时使用，但原则是以合同目的达成为准，且需要经过采供双方一致同意，实际处理时要以便捷、有效为宜。

4.2.7 供应商拒绝交货与不适当交货的处理

当采购方面对供应商拒绝交货或者不适当交货时，如果不采取及时有效的措施解决，就很可能影响企业的生产活动，从而影响销售订单的执行情况。因此，采购方尤其要学会处理供应商的这类违约行为。具体该怎么做呢？下面进行简单介绍。

1. 供应商拒绝交货的处理

如果供应商拒绝交货，这种情况属于供应商的主动行为，此时采购方最好与供应商取得联系，通过沟通获知其拒绝交货的原因。实际遇到这种情形时，采购方可以采用三种方式解决。

协商解决：采购方联系供应商，按照平等互利、协商一致的原则加以解决。不要采取消极拖延的办法，也不要采取拒付货款的办法自行行使法律处分权，这样不利于问题的解决。协商解决不影响今后的继续合作，还可以节省时间、人力和费用。

仲裁解决：仲裁指采购合同双方当事人发生争执，协商不成时，根据有关规定或当事人之间的协议，由相关机构以中间人或第三者的身份，对双方发生的争议在事实上作出判断，在权利和义务上作出裁决。

提起诉讼：采购方可以保留好相关证据，一旦协商解决不成，或者仲裁解决也不成，就需要向法院提起诉讼。

实务案例 咨询律师事务所处理供应商拒绝交货

某公司与其供应商于2023年1月13日签订采购合同，计划货物交付期为2023年1月20日，货物数量为200件。该公司已经付清款项，但供应商提供的两次样品，均与合同中约定的标准有偏差。第二次寄样品已经到了2月，该公司要求供应商按照正确尺寸于2月底前交付货物，但供应商以货源紧张为由拒绝供货。到了2023年3月7日，供应商又以原交付的款项只是模具费为由拒绝供货，且拒绝与该公司联系。

公司遂咨询相关律师事务所，相关律师表示，这种情况下，供应商已经构成采购合同违约，采购方可行使追索权，但具体如何追索，还要看公司与供应商之间最初签订的采购合同条款确定。

鉴于此，该公司派专门的采购人员登门拜访，向供应商询问拒绝供货的真实原因，同时提出双方协商解决。经过双方的努力，最终未对公司的生产活动和计划造成影响。

2. 供应商不适当交货

供应商不适当交货的情形有很多，如不能及时交货、迟延交货、所交付货物与合同约定标准不符等。此时，采购方也要分析原因，从而作出恰当的处理。导致供应商交货延期的原因既可能是供应商的原因，也可能是采购方的原因，下面简单分析。

（1）供应商原因

在分析供应商原因导致供货延期时，可以从其生产状况和生产管理方面入手，具体内容见表4-6。

表4-6　供应商原因导致供货延期

原因	具体说明
生产状况不佳	①供应商产能满载，无法将采购订单排入其生产流程。 ②采购订单量少，供应商延缓生产。 ③供应商生产出来的产品出现质量问题等
生产管理不善	①供应商欠缺原材料，或者生产所需零件的交期长。 ②供应商的相关负责人对生产进度监督不力、管理不善等

（2）采购方原因

如果从采购方自身找寻导致供应商延期交货的原因，主要从沟通协调以及采购流程等方面分析。

沟通协调不畅：采购方临时更改产品设计或生产计划，但未及时联系供应商，没有做到及时的沟通；或者是采购方在销售环节的客户要求提前交货等。这些都会导致供应商无法按照原来的生产计划供货。

采购流程不规范：采购方制定的采购流程不规范，可能导致选择供应商不当，或者对供应商资质审查存在纰漏，又或者派遣了采购经验不足的采购人员负责采购活动，从而没有及时跟进物料进度，最终体现为供应商交货延期。

那么，针对供应商延误交货，分析出原因以后，具体该如何处理呢？

①采购方要及时与供应商沟通，确定交期延误的原因，提出针对性的对策，降低影响。如果供应商不配合，从而不能或不愿意按期交货，采购方可根据合同条款要求供应商支付违约金。对公司造成损失的，也可以向供应商追究责任，要求供应商进行赔偿。实际工作中如果已经达到这种程度，那么后续公司就可以考虑终止与该供应商合作了。

②明确采购员的责任，他们承担是否有效跟进采购订单的责任，如果发现采购员没有及时跟进物料进度，也没有及时发现可能造成供应商交货延迟的问题并提出解决方案，公司可依据损失和相关制度规定，扣除采购员当月的绩效工资。如果采购员尽到了有效跟进采购订单的责任，导致供应商交货延期是公司其他客观原因，则后果由公司承担。

那么，如果供应商不适当交货是因为供应商交付的货物数量或质量不符合采购合同的规定要求，又该怎么处理呢？简单介绍如图4-4所示。

1. 验收人员发现货物不符合采购合同约定的标准时，应及时上报领导和采购部门
2. 采购人员得知货物验收不合格时，应及时联系供应商，说明货物不合格情况
3. 与供应商协商解决交货货物不合格的问题，双方就解决办法达成一致
4. 督促供应商换货或者做退货处理等

图4-4　供应商交付货物不符合合同约定标准的处理办法

实际上，对于采购方来说，要避免供应商交货延期或者不适当交货，还需要做好事前预防措施，完善供应商管理体系，具体操作可参考本书第三章的内容。

4.2.8　常见的采购违约补救措施

采购违约的补救措施是债务人履行合同义务不符合约定，债权人在请求人民法院或者仲裁机构强制债务人实际履行合同义务的同时，可根据合同履行情况要求债务人采取的补救履行措施。

《民法典》第三编对于采购违约的补救办法也作了简单的规定，内容如下：

“第五百八十一条　当事人一方不履行债务或者履行债务不符合约定，根据债务的性质不得强制履行的，对方可以请求其负担由第三人替代履行的费用。

第五百八十二条　履行不符合约定的，应当按照当事人的约定承担违约责任。对违约责任没有约定或者约定不明确，依据本法第五百一十条的规定仍不能确定的，受损害方根据标的的性质以及损失的大小，可以合理选择请求对方承担修理、重作、更换、退货、减少价款或者报酬等违约责任。”

由此可知，站在采购方的角度，如果供应商违约，不履行交货义务，或者履行交货义务不符合采购合同约定的，采购方可要求供应商提供可履行义务的第三方，而由第三方替代履行义务所发生的费用，采购方也可要求供应商负担。这里，补救措施就是邀请履行义务的第三方加入。

当然，如果采购合同中对供应商违约责任没有约定或者约定不明确，且依据相关法律规定仍不能确定的，采购方可以依照标的的性质和损失的大小，合理选择请求供应商承担重新制作、换货、退货、减少价款或报酬等违约责任。这里的补救措施就是指供应商重新生产产品、换货、退货、减少价款或报酬等。

4.2.9　关于违约损失的赔偿事宜

从本章前面的内容可以看到，采购违约发生后，如果违约方已经进行了补救措施，而守约方依然还有其他损失，则可以要求违约方支付一定的赔偿金。相关法律依据可参考《民法典》第三编的内容，如下：

“第五百八十三条　当事人一方不履行合同义务或者履行合同义务不符合约定的，在履行义务或者采取补救措施后，对方还有其他损失的，应当赔偿损失。

第五百八十四条　当事人一方不履行合同义务或者履行合同义务不符合约定，造成对方损失的，损失赔偿额应当相当于因违约所造成的损失，包括合同履行后可以获得的利益；但是，不得超过违约一方订立合同时预见到或者应当预见到的因违约可能造成的损失。

第五百八十五条　当事人可以约定一方违约时应当根据违约情况向对方支付一定数额的违约金，也可以约定因违约产生的损失赔偿额的计算方法。

约定的违约金低于造成的损失的，人民法院或者仲裁机构可以根据当事人的请求予以增加；约定的违约金过分高于造成的损失的，人民法院或者仲裁机构可以根据当事人的请求予以适当减少。

当事人就迟延履行约定违约金的，违约方支付违约金后，还应当履行债务。”

将这些规定运用到采购合同中，且站在采购方的角度分析，就可以有如下理解。

供应商不履行合同义务或者履行合同义务不符合约定的，在履行义务或者采取补救措施后，采购方还有其他损失的，供应商应当赔偿采购方的损失。

供应商不履行合同义务或者履行合同义务不符合约定，造成采购方损失的，损失赔偿额应相当于因违约给采购方造成的损失，包括合同履行后采购方可以获得的利益，但是不得超过供应商订立合同时预见到或者应当预见到的因违约可能造成的损失。

采购方可以约定供应商违约时应根据违约情况向采购方支付一定数额的违约金，也可以约定违约产生的损失赔偿额的计算方法。

采供双方约定的违约金低于供应商给采购方造成的损失的，人民法院或者仲裁机构可以根据采购方的请求予以增加；约定的违约金过分高于造成的损失的，人民法院或者仲裁机构可以根据供应商的请求予以适当减少。

采供双方就迟延履行约定违约金的，违约的供应商支付违约金后，还应当履行采购合同中约定的债务。

需要注意的是，如果采供双方既约定了违约金条款，又约定了定金条款，一方违约时，对方可选择适用违约金条款或者定金条款。定金不足以弥补一方违约造成的损失的，对方可以请求赔偿超过定金数额的损失。

TIPS *因不可抗力发生的采购违约的处理*

《民法典》第三编对合同当事人因不可抗力违约的处理进行了相关规定。

“第五百九十条　当事人一方因不可抗力不能履行合同的，根据不可抗力的影响，部分或者全部免除责任，但是法律另有规定的除外。因不可抗力不能履行合同的，应当及时通知对方，以减轻可能给对方造成的损失，并应当在合理期限内提供证明。

当事人迟延履行后发生不可抗力的，不免除其违约责任。

第五百九十一条　当事人一方违约后，对方应当采取适当措施防止损失的扩大；没有采取适当措施致使损失扩大的，不得就扩大的损失请求赔偿。

当事人因防止损失扩大而支出的合理费用，由违约方负担。”

4.3　做好采购订单跟踪管理

采购订单是企业根据产品的用料计划和实际生产能力及相关因素，制订的切实可行的采购订单计划，并送至供应商执行的一种文件。对采购订单进行跟踪管理，可以确保采购企业从采购环境中获取所需的产品，为生产部门和其他部门提供合格的原材料和配件。

4.3.1　采购订单的制作与审批

采购订单是一种商业文件，是买方向卖方发出的正式报价，表明产品或服务的类型、数量并商定价格。它主要用于采购方控制从外部供应商处购买产品和服务。

采供双方要注意，采购方发出采购订单本身并不构成采购合同。如果双方事先不存在采购合同，则供应商接受采购订单就构成买卖双方之间的合同。

尽管典型的采购订单可能不被表述为合同，但采购订单具有合同的性质，不过供应商在接受采购订单时，通常会附带法律文件，如销售条款和条件，这些文件确定了合同的特定或附加法律条件。

采购方运用采购订单，可以通过标准程序简化采购流程。创建采购订单通常是采购企业内部ERP系统中采购到付款流程中的某一环节。

采购方制定的采购订单可分为两大类，一是电子采购订单；二是非电子采购订单。

电子采购订单：采购方通过互联网，以电子方式传输的采购订单。这类采购订单通常用于采购方在线购买任何类型的商品或服务。

非电子采购订单：市场中大多数公司的采购订单仍然以纸质格式制定。这样一来，采购订单可以成为采购业务文档的一部分，使采购流程更规范，同时记录所有交易，给对方留下好的印象。

表4-7为某公司设计的采购订单表，可以借鉴使用。

表 4-7　采购订单表

<table>
<tr><td colspan="4">请购公司：
联系电话：
联系地址：</td><td colspan="4">采购编号：
采购日期：
交货日期：</td></tr>
<tr><td>序号</td><td>产品名称</td><td>类别</td><td>单位</td><td>数量</td><td>单价</td><td>金额</td><td>备注</td></tr>
<tr><td></td><td></td><td></td><td></td><td></td><td></td><td></td><td></td></tr>
<tr><td></td><td></td><td></td><td></td><td></td><td></td><td></td><td></td></tr>
<tr><td></td><td></td><td></td><td></td><td></td><td></td><td></td><td></td></tr>
<tr><td></td><td></td><td></td><td></td><td></td><td></td><td></td><td></td></tr>
<tr><td></td><td></td><td></td><td></td><td></td><td></td><td></td><td></td></tr>
<tr><td></td><td></td><td></td><td></td><td></td><td></td><td></td><td></td></tr>
<tr><td colspan="4">合计（小写）</td><td colspan="4"></td></tr>
<tr><td colspan="4">合计（大写）</td><td colspan="4"></td></tr>
</table>

采购方组织采购人员制定好采购订单后，还要对采购订单进行审批，然后才能交给供应商，按照采购合同约定供货。那么，如何进行采购订单审批呢？以采购管理系统为例，简单介绍其操作步骤如图4-5所示。

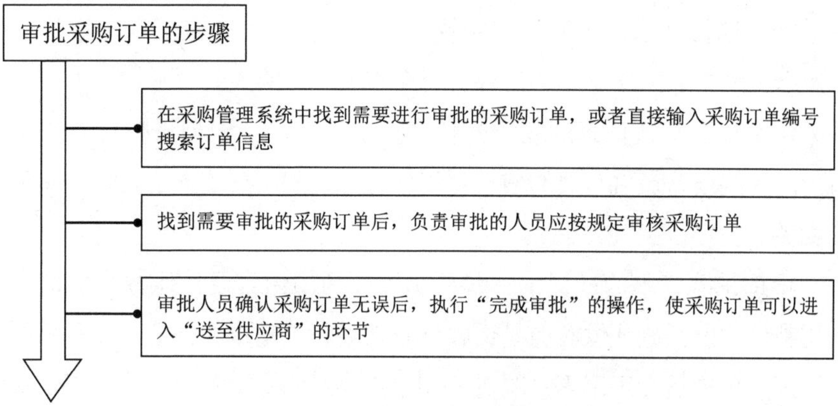

图4-5　审批采购订单的操作步骤

负责审核采购订单的人员一定要注意，不同类型的采购订单，其审核要点不同，简单介绍见表4-8。

表4-8　不同类型的采购订单的审核要点

采购订单类型	审核要点
预付款订单或者款到发货订单	①将采购订单与系统订单核对。 ②采购订单要有负责人签字，由供应商查看订单后交回的采购订单中还应有供应商或外包商盖章签字。 ③检查采购订单是否附有询价单，询价单上是否有负责人签字。 ④检查采购订单是否附有请购单，请购单上是否有负责人签字，且请购单的内容是否与采购订单内容一致；若发生参数更改，必须有产品设计师签字证明。 ⑤核对付款申请单的金额是否正确等
货到付款订单	①将采购订单与系统订单核对。 ②采购订单要有负责人签字，由供应商查看订单后交回的采购订单中还应有供应商或外包商盖章签字。 ③将询价单和采购订单核对，看内容是否一致，且是否有相关负责人签字。 ④将送货单和采购订单核对，看内容是否一致，且是否有签收人签字。 ⑤将出库单与采购订单核对，看内容是否一致，且是否有出库人签字 ⑥查请购单，看内容是否与采购订单一致，且是否有相关负责人签字；若发生参数更改，必须有产品设计师签字证明。 ⑦核对采购订单的类别，并根据公司规定附上必需的附件，且审核查看是否有相关责任人签字。 ⑧审核付款申请单的金额是否正确等

4.3.2 签订单并安排跟单人员

当采购方与供应商都在采购订单上签字后，就表明“签订单”操作完成，之后采购方就要安排相应的人员跟踪采购订单了。

采购跟单员就是由采购员采购物品后，由公司某个专员对此进行全程跟踪，对所采购产品的质量和售后等进行调查和服务的人。

采购跟单员负责信息的收集与传递，这些信息主要与采购订单的执行情况有关。采购跟单员将有效的信息利用各种方式和工具传递给采购人员和公司其他相关人员。

在跟踪采购订单的过程中，跟单员需要利用传真或其他方式发送信息，并利用邮件或电话确认供应商是否收到有效信息、是否能够清晰查看采购订单的内容以及单价是否正确等；跟进公司所购物料的到货时间，然后将信息传递给本公司的生产部门，让生产部门根据跟单员提供的信息安排生产进程。在这个过程中，跟单员通常要做的事情有以下几项：

①打印并传递采购订单，确认接收方已经接收采购订单。

②回复供应商的邮件。

③负责不良品的退货处理。

④进行数据统计，如供应商准时到货率、材料异常单回签率等。

跟单员不仅要按照跟单操作完成跟单工作，还应详细记录跟单过程中产生的一些有用信息，并保存好这些信息和资料。

4.3.3 不同性质订单的处理策略

随着业务形态的多样化，以及订单量的增长，订单管理会越来越复杂，包括采购订单的管理，这对传统的采购订单管理方式造成了不小的冲击。

实际上，对于采购订单的管理，各公司有着自己的独特方法和管理规定。为了给在采购订单管理方面没有经验的从业人员提供参考，这里简单介绍实际工作中常出现又难处理的两类订单的处理策略。

1. 小额订单的处理策略

小额订单的处理策略就是简化或自动化采购过程，或者合并采购，以期减少采购周期时间（即从发现需求到支付货款之间的时间），同时降低管理费用，节省采购人员的时间，从而将精力用在金额更高或更重要的采购事项上。具体处理办法有以下四种：

（1）减少品种

采购企业设法将小量采购的项目标准化，以减少请购次数。如将规格相近的物品进行汇总，并制定通用的标准规格，从而减少品种。这样，可以相应减少请购的件数。

（2）集中采购

采购企业指定办理采购的部门和时间，将各部门所需的小量请购交给指定部门集中办理，统筹供需；或指定这些小量物料的请购日期，在同一时间内汇集起来一次性采购。这样可以节省人力，且可以通过批量采购获得折扣。

（3）归零为整

企业在统计出小量采购需求时，如果不是紧急需用，采购人员可将该需求暂时搁置，待积累到较大数量或金额时再行采购。

（4）统购

对于价值不高、价格稳定、经常需用且品种和规格繁多的物品，采购企业先与供应商签订统购合同，议定价格。当需用时，由企业的请购部门直接通知供应商送货，免除请购及采购审批的手续。只要仓储部开出验收单即可向供应商付款。

另外，采购人员在处理小额采购订单时，需建立采购申请一览表，在特定时间内接受特定事项的采购申请。这样一来，对某一种物料或服务的采购申请就会在同一时间收到，或对某一家供应商所能提供的所有物料的申请都能在同一时间提出并汇总。

2. 紧急订单的处理策略

紧急采购订单通常会给采购方带来较大的代价，同时也会给供应商带去负担。最终的不良影响会直接或间接地体现在采购方与供应商的成交价格上，通常表现为高价采购。那么，如何处理才能减少或减轻这些问题带来的不良影响呢？

对于那些实质上并不是出于紧急需求的“紧急”订单，采购方可通过规范正确的采购流程来处理，即从请购开始，通过采购流程中的规范审批程序来识别订单是否为真正的紧急需求，从而判定其是否作为紧急订单处理。

比如，某公司内部的一个部门向采购部发出了紧急采购订单，那么这个部门必须向公司总经理或采购部经理作出解释，并得到批准。同时，规定紧急采购订单增加的成本在确定后也由发出订单的部门来承担，这样一方面可以使紧急订单大幅度减少；另一方面也能督促各部门做好日常物料使用和监控等管理工作。

4.3.4 如何有效实施订单跟催管理

采购订单发给供应商后，采购方会对订单进行跟踪催货。跟踪是对采购订单所处的状态进行例行追踪，以保证供应商履行其货物发运的承诺。而催货是采购方对供应商施加压力，以使其履行最初作出的发运承诺，或是提前发货，或是加快已经延误的订单涉及的货物的发运等。

那么，关于采购订单的跟催管理，具体该怎么实施呢？大致可以从订单执行前、订单执行中和订单交付后三个环节区分处理，且不同环节中的处理要点是不同的，具体看下面的内容。

1. 订单执行前的跟催管理

在供应商执行采购订单前，采购方负责采购的人需要根据物资品类进行分析和比较，制订合理的采购计划，并向供应商正式提出订单请求。供应商接受订单后，采购负责人要及时跟踪供应商的订单处理状态，查看并确认供应商是否按照订单要求安排生产或安排供货。

这一阶段的跟催要点有以下几方面：

①确认货物是否发出。

②已发出的货物应决定如何分发。

③未发出货物时应确认怎样发出并调整货期。

④采供双方有疑问的应加以调查。

⑤掌握交货预订日。

⑥调整交货预订日与货期。

⑦掌握供应商的生产能力等。

2. 采购订单执行过程中的跟催管理

在供应商备料过程中，采购方负责采购的人要及时与供应商沟通排产或供货进度，及时发现问题，快速沟通解决，保证供应商按时交付。

这一阶段的跟催要点有以下几方面：

①供应商是否按照采购订单的要求制订生产计划。

②确认供应商是否能顺利生产。

③确认产品种类、规格等是否齐全。

④是否需要修改规格。

⑤供应商是否清楚采购合同中对采购物资的要求等。

3. 采购订单交付后的跟催管理

供应商交付了采购订单涉及的物资后，采购方的采购负责人要及时跟进供应商的交付状态，与供应商核对发票，保证订单周期快速流转。

这一阶段的跟催要点有以下几方面：

①供应商发出货物的路线、发出时间。

②供应商安排的发运车辆信息、司机基本信息。

③与供应商确认到货日期。

④与供应商核对销售发票。

⑤确认发票的寄送方式以及到票时间等。

注意，采购方可以通过电话、微信、邮件等方式进行采购订单的跟催管理，有条件的还可以驻厂跟单。

实际工作中，采购人员也不要频繁地跟催采购订单，否则会使供应商产生厌烦心理，不利于后续的合作。同时，沟通态度也可以根据实际情况有所变化，通常是先软后硬、先礼后兵。

第5章

采购绩效评估与风险防范

采购绩效评估是对企业完成采购任务的情况进行评价估量，是了解采购人员开展采购活动效果的重要手段。通过该手段，企业可以防范采购环节的很多风险，对企业来说是很有利的。

5.1 采购人员绩效评估

采购人员绩效评估是采购绩效评估的重要内容，主要是考核评估采购人员的业务素质和道德素质对整个采购工作的影响。要想顺利进行采购人员绩效评估，需要确定绩效考核指标及其权重、参与绩效评估的人员以及绩效评估的具体流程。

5.1.1 确定采购人员的绩效考核指标及权重

采购人员绩效考核是采购部门领导和企业衡量采购人员工作业绩的手段，且绩效考核结果往往与采购人员的绩效工资息息相关，而具体的考核方向包括采购人员的工作能力和工作质量。不同的企业对采购人员的考核侧重点不同，考核指标往往也有差异。表5-1为一些常见的采购人员考核指标。

表 5-1 常见的采购人员绩效考核指标

指标类型	关键业绩指标	考核依据
学习成长指标	自主提高业务技能的能力	计划完成情况
	部门工作完成情况	书面报告
内部运营指标	针对岗位工作提出建议或意见的次数	提交书面材料
	工作资料保存完整性	档案管理制度
	工作态度和职业操守	玩忽职守、违规操作的次数
业务指标	采购成本控制	实际成本率
	应付账款的准确性和及时性	差错率和延误情况
	采购计划完成情况	实际完成率
	大宗采购任务完成情况	实际完成率
	采购不合格次数	质量不合格次数
	采购退货次数	退货次数
	采购交货期延误次数	交货期延误次数

续上表

指标类型	关键业绩指标	考核依据
业务指标	开发新供应商的情况	新供应商的数量
	未及时处理采购问题的次数	未及时处理采购问题的次数
	企业内部其他部门投诉的次数	内部投诉次数
	上级领导满意度	满意度调查

由于不同的企业有不同的采购人员绩效考核指标，且每个指标所占权重也会不同，因此这里只通过一个案例来看看采购人员绩效考核指标及其权重情况。

实务案例　设计采购人员绩效考核指标与权重

某公司为了更好地掌握采购业务的完成情况，其相关制度规定要对采购人员进行绩效考核。下面是公司采购部门编制的采购人员月度绩效考核表，见表 5-2。

表 5-2　公司采购人员月度绩效考核指标

指标类型	关键业绩指标	权重	考核依据	得分
学习成长指标	自主提高业务技能的能力	5%	计划完成情况	
	部门工作完成情况	5%	书面报告	
内部运营指标	针对岗位工作提出建议或意见的次数	5%	提交书面材料	
	工作资料保存完整性	5%	档案管理制度	
	工作态度和职业操守	5%	玩忽职守、违规操作的次数	
业务指标	采购成本控制	10%	实际成本率	
	应付账款的准确性和及时性	5%	差错率和延误情况	
	采购计划完成情况	10%	实际完成率	
	大宗采购任务完成情况	10%	实际完成率	
	采购不合格次数	5%	质量不合格次数	
	采购退货次数	5%	退货次数	
	采购交货期延误次数	10%	交货期延误次数	
	开发新供应商的情况	5%	新供应商的数量	

续上表

指标类型	关键业绩指标	权重	考核依据	得分
业务指标	未及时处理采购问题的次数	5%	未及时处理采购问题的次数	
	企业内部其他部门投诉的次数	5%	内部投诉次数	
	上级领导满意度	5%	满意度调查	
合计		100%		
修改调整情况				
被考核人签名：			考核人签名：	

考核人员可以用总分100分，分别乘以各关键业绩指标的权重，得出各关键业绩指标的总分，然后在总分的基础上，根据采购人员完成工作的情况打分，最后统计出总的得分。

比如，业务指标中，“未及时处理采购问题的次数”指标权重为5%，那么该指标的总分为5分（100分 ×5%）。考核人员就可以在5分的范围内，根据采购人员的业务完成情况进行打分，比如未及时处理采购问题的次数为0，得分为5分；未及时处理采购问题的次数为1次，得分为4分；未及时处理采购问题的次数为两次，得分为3分；未及时处理采购问题的次数为3次，得分为2分；未及时处理采购问题的次数为4次，得分为1分；未及时处理采购问题的次数大于或等于5次，得分均为0分。其他关键业绩指标可参考执行。

有的企业为了给采购人员绩效评估提供相应的操作指导，会专门制定采购人员绩效考核方案。它是类似于制度一样的文件，通常以文字形式表述，虽然没有考核表直观，却很有指导性。下面就来简单看看某公司制定的采购人员绩效评估方案。

实务案例 采购人员绩效考核方案

一、总体设计思路

（一）考核目的

帮助部门建立一个有效的双向沟通平台，建立绩效考核反馈机制，提高员工工作素质和个人绩效。

（二）适用范围

采购部及下属各仓库人员。

（三）考核指标及考核周期

针对采购部的工作性质，将采购部的考核内容划分为工作业绩、工作态度、工作能力进行考核。

1. 公开原则：管理者向被管理者明确说明绩效管理的标准、程序方法等，确保绩效考核的透明度。

2. 客观性原则：绩效考核要以确立的目标为依据，对被考评人的评价应避免主观臆断。

3. 开放沟通原则：在整个绩效考核过程中，目标设立、过程督导、结果考评及提出改进方向等环节均应进行充分的交流与沟通。

4. 发展原则：通过绩效考核的约束与竞争促进个人与团队的不断发展。

（四）绩效奖发放标准

1. 绩效考核每月进行一次，如遇法定节假日，考核时间顺延，必须于次月 × 号前评定结论，全额绩效奖为 × 元。

2. 全年考评分数由每月考核平均值构成。

（五）考核关系

由人力资源管理部门及相关部门组成考评小组对采购部进行考核。

二、考核内容设计

（一）工作业绩指标（总分 100 分）扣分细则

1. 出勤考核：旷工一天扣除 × 分，如旷工三天以上取消绩效资格。

2. 工作内容

（1）采购员和采购计划员管理：从采购及时率、采购物资质量合格率、采购成本控制、供应商信息管理、发票管理、ERP 数据录入、工作能力、工作态度等方面进行考核。

（2）备品备件仓库管理：物品分类不清，扣 × 分；错发物品，扣 × ～ × 分（视情节轻重）；因物品发放延误生产，扣 × 分；仓库物品丢失未及时上报造成公司损失，扣 × ～ × 分；仓库环境不整洁，扣 × 分；仓管擅自离岗，扣 × ～ × 分；所收、入库物品（含退货入库）数据错误，每发现一项扣除 × 分，短缺造成的损失另计。所配发物品每发现一项错误，扣除 × 分；库存数量即将达到安全库存量时未及时预警，扣除 × 分；保持仓库整洁无异物，每发现一次扣 × 分；严禁脚踏或坐在物料上，每违反一次扣 × 分。

（3）其他：同事之间要相互帮助，每发现一次不配合扣除 × 分；要服从并尊重部门领导，按时完成部门领导交付的其他工作任务，每出现一次不尊重或顶撞领导扣除 × 分。

从范本展示的采购人员绩效考核方案来看，绩效考核不仅要确定考核指标和对应的权重，还应确定绩效考核的适用范围、考核周期、绩效奖发放标准以及考核关系等。

5.1.2 确定参与绩效评估的人员

确定参与绩效评估的人员，实际上就是确定考评关系，包括两方面：一是负责采购人员绩效考核工作的人员；二是参与绩效考核评估的采购人员。

（1）采购绩效评估的考核人员

一般来说，企业采购绩效评估的考核人员由下列人员组成：

①企业内部采购部门主管。

②企业内部财务会计部门相关人员。

③企业内部销售部门相关人员。

比较正式且重要的采购绩效评估，考核人员还会加入企业的供应商以及从外界聘请的专家或管理顾问。

（2）参与采购绩效评估的受评人

参与采购绩效评估的受评人，一般为采购企业的所有采购人员。

当然，采购部门中有的人参与采购项目较多，而有的人参与采购项目较少，如果不加区分地对全体采购人员在相同时间段进行采购绩效评估，这无疑是欠公平的。

所以，月度采购绩效评估工作中，可以将企业采购部门中在当月参与过采购活动的人员纳入绩效评估范围。对于参与项目数量相同的人进行同等标准衡量，将参与项目数量不同的人划分至不同的组别，实施差异化考评。

实际工作中，各公司根据自身经营需求，合理安排参与采购绩效评估的人员，保证采购绩效评估工作公开、公正、公平且合理。

5.1.3　按照规范的流程开展绩效评估

采购绩效评估工作需要按照规定的流程进行，否则很容易出错。下面来看图5-1所示的流程示意图。

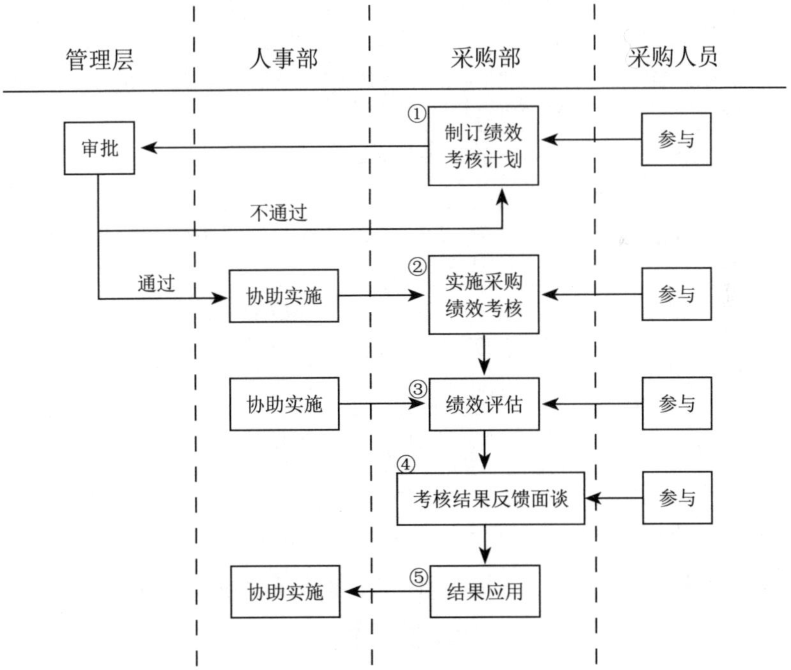

图5-1　采购绩效评估流程图

①制订绩效考核计划是整个采购绩效管理过程的起点，由管理人员和员工共同制订，主要包括采购绩效计划目标和衡量标准等内容。

②实施采购绩效考核时，负责考核的人员必须先明确考核的内容和评估

标准。其中，考核内容主要从质量、成本、效率和时间这四个方面进行具体的考核指标设置。

③绩效评估环节，主要确定具体的评估方法，按照具体的评估原则执行。常见的采购绩效评估方法见表5-3。

表 5-3　采购绩效评估方法

方法和原则		说明
评估方法	直接排序法	负责采购绩效评估的考核人根据采购人员的绩效表现，按从好到坏的顺序依次为采购人员排序。这种考核方法既可以用于整体绩效考核，又可用于某项特定工作的绩效考核
	两两比较法	在某一绩效标准的基础上，采购绩效考核人员将每一个员工都与其他员工相比较，从而判断“谁更好”，记录每位员工和任何其他员工比较时被认为“更好”的次数，根据次数的多少来给员工绩效排序
	等级分配法	这种方法能够克服上述两种方法的弊端，它主要由绩效评估小组或绩效评估负责人先拟定有关的评估项目，按照评估项目的评估依据和计分标准，来对采购人员的工作绩效作出粗略的评价
	其他方法	有些企业在进行采购绩效评估时，还可能用到对偶比较法、关键事件法、目标管理法和 360 度考核法等方法，感兴趣的可以自行了解，这里不作详述
评估原则	持续性	采购绩效评估必须持续进行，要定期检讨目标达成的程度，从而促使采购人员提升自己的绩效
	整体性	采购绩效评估必须以企业整体经营目标为准
	开放性	采购业务的绩效会受到各种外来因素的影响，所以评估时不仅要衡量绩效，还要分析各种外来因素对评估产生的影响
	评估尺度	进行采购绩效评估时，考核人员可用过去的绩效为尺度，也可将过去的绩效作为评估的基础，进行评估，还可以与其他企业的采购绩效进行比较评估

④考核结果反馈面谈环节，负责采购绩效考核评估的人员应该针对考核结果与采购人员进行沟通，让他们了解公司对他们的期望，并使他们认识到自己的长处和短处，从而督促他们不断提升工作能力和绩效。

⑤结果应用环节，考核人员要与人力资源部和采购部门一起将考核结果与公司人事制度结合运用，以激励员工更好地工作。在这个环节，主要包括四个方面的应用，如图5-2所示。

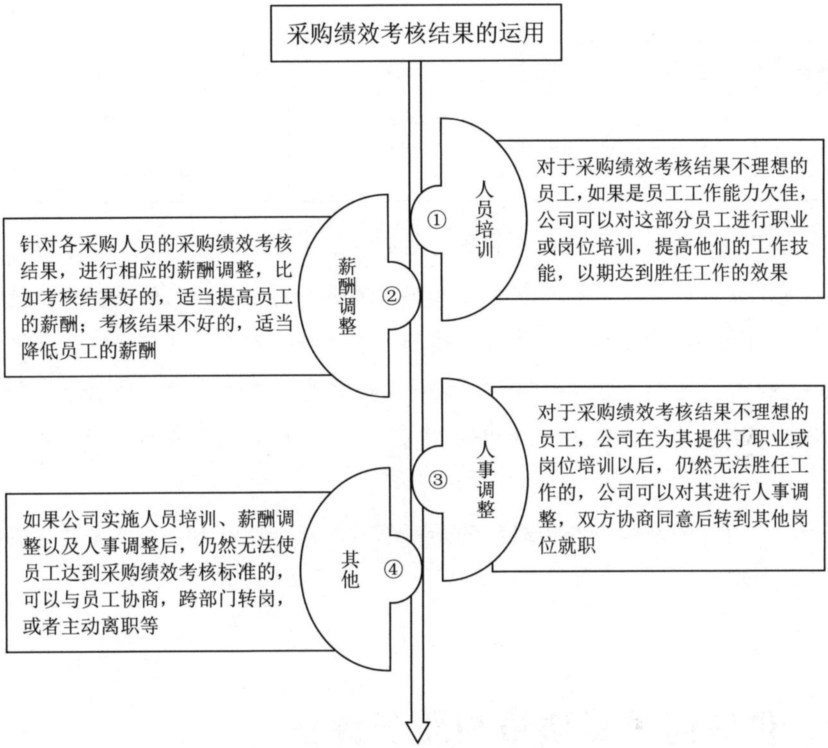

图5-2　采购绩效考核结果的运用

下面通过一个案例，来看看某公司如何运用采购绩效考核结果。

实务案例　采购绩效考核结果的运用

某公司绩效考核制度规定一段时间或不定期对本公司采购人员进行绩效考核评估。在按照规定的方法完成评估后，汇总考核结果。根据考核结果对采购人员进行薪酬调整或人事调整，考核结果运用标准见表 5-4。

表 5-4　采购绩效考核结果的运用标准

等级	等级定义	分值	结果运用
一	优	90 ～ 100 分	薪酬上调三个等级或升职一级
二	良	80 ～ 89 分	薪酬上调两个等级
三	好	70 ～ 79 分	薪酬上调一个等级

续上表

等级	等级定义	分值	结果运用
四	一般	60 ~ 69 分	薪资待遇保持不变
五	差	60 分以下	薪酬下降一个等级

也就是说，当公司对采购人员进行绩效考核，按照一定的考核方法统计出各采购人员的考核分数后，如果分值在 90 ~ 100 分，对于该结果的运用，就是由公司为相应的采购人员上调三个等级的薪酬，或者给采购人员升职一级；如果分值在 80 ~ 89 分，对于该结果的运用，就是由公司为相应的采购人员上调两个等级的薪酬，此时没有为采购人员升职的运用。其他分值的运用也按照表 5-4 的标准执行。

注意，这里薪酬的一个等级指的是薪酬增加额，可以由企业根据自身实际经营和发展情况确定。

5.2 供应商供货质量与服务评估

企业的采购绩效评估，不仅包括采购人员绩效评估，还包括对供应商的绩效评估，具体可以从供应商的供货质量和服务质量两个方面来考核。为了指导企业更精准、高效地完成供应商绩效评估，采购方还可以制定相应的考核制度，规范供应商绩效考核工作。

5.2.1 对供应商的供货质量进行综合评估

在供应链管理中，供应商是一个非常重要的角色，若缺少供应商，供应链将难以建立并运行，且供应商的供货质量对整个供应链管理有着不可忽视的影响。作为采购方，企业一定要对供应商的供货质量进行综合评估，以此保证后续生产与销售顺利完成。

采购方要对供应商的供货质量进行考核评估，少不了要定期检查供应商所供货物的质量。具体考核时，质量评估指标可以参考表5-5的内容。

表 5-5　供应商供货质量评估的相关指标

指标	说明
来料批次合格率	这是采购方衡量供应商供货质量最基本的指标，是指合格的来料批次数与来料总批次数的比值，具体计算公式如下： 来料批次合格率 = 合格来料批次数 ÷ 来料总批次数 ×100% 在运用该指标时，采购企业需要规定一个固定的考核期，如年度、季度或月度。年度内，用这一年内合格的来料批次数，除以一年内来料总批次数，得到来料批次合格率。很显然，合格率越高，说明供应商的供货质量越高，供应商的绩效越好；反之，合格率越低，供应商的供货质量越差，供应商的绩效也就越差
来料抽检缺陷率	来料抽检缺陷率是指采购方对供应商的供货质量进行抽检时，抽检缺陷总数与抽检样品总数的比值，具体计算公式如下： 来料抽检缺陷率 = 抽检缺陷总数 ÷ 抽检样品总数 ×100% 该指标的值容易受到采购方确定的抽检样品总数的影响。但无论抽检样品总数如何，指标值越高，说明供应商的供货质量存在缺陷越大，质量越差，绩效越差；反之，指标值越低，说明供应商的供货质量存在较小的缺陷，质量越好，绩效也越好
来料在线报废率	来料在线报废率是指供应商来料总报废数与来料总数的比值，具体计算公式如下： 来料在线报废率 = 来料总报废数 ÷ 来料总数 ×100% 该计算公式中，来料总报废数包括了采购企业在线生产时发现的报废原料或产品。运用该指标，也需要像运用来料批次合格率一样，采购方需要确定一个固定的考核期，如年度、季度或月度。年度内，来料总报废数与来料总数的比值越高，说明报废数在来料总数中的占比越大，供应商的供货质量越差，绩效越差；反之，说明报废数在来料总数中的占比越小，供应商的供货质量越好，绩效也越好
来料免检率	来料免检率是一个侧面反映供应商供货质量的指标，它是供应商来料免检的产品类别数与该供应商供应产品总类别数的比值，具体计算公式如下： 来料免检率 = 来料免检的类别数 ÷ 该供应商供应的产品总类别数 ×100% 来料免检率不仅受供应商来料免检类别数的影响，还会受到供应商供应的产品总类别数的影响。但无论如何，来料免检率越高，说明供应商向采购方提供的货物质量越好，绩效越好；反之，说明供应商向采购方提供的货物免检类别较少，侧面反映供应商供货质量越差，绩效也越差

表5-5中，来料批次合格率使用较多。除此以外，采购方还可以将供应商体系、质量信息、供应商在质量控制工作中是否使用和如何使用统计过程控制（statistical process control，SPC）等纳入绩效考核的内容。

比如，若供应商通过了ISO 9000质量体系认证或供应商的质量体系审核达到某一水平，采购方就为其加分，否则不加分。

实务中，有些企业会要求供应商在提供产品的同时还要提供相应的质量文件，如过程质量检验报告、出货质量检验报告以及产品成分性能测试报告等，采购方可以依据这些报告的完整性与及时性进行考评。

TIPS *了解什么是免检*

免检是指对符合规定条件的产品免于政府部门实施的质量监督检查的活动。如果一家企业某种产品获得了免检资格，则在免检有效期内，一是国家、省（区）、市、县各级政府部门在内均不得对其进行质量监督检查；二是在全国各省（区）均不得对其进行质量监督检查；三是无论是生产领域还是流通领域均不得对其进行质量监督检查。

很显然，如果某供应商向采购方提供的免检产品类别数占比高，说明该供应商的供货质量从一开始就得到了国家、省（区）、市、县各级政府部门的认可，对采购方来说，评估这样的供应商时，其供货质量自然越好。

下面通过一个案例，来看看如何对供应商的供货质量进行综合评估。

实务案例 综合评估供应商的供货质量

某公司为了对供应商A的供货质量进行综合评估，以20×× 年一整年为考核期。已知这一年供应商A向公司供货2 000件，总批次数为8次，涉及的产品类别总数为6种。

年度终了后，公司对供应商A的供货质量进行综合评估，统计出相关数据如下：合格来料批次数7次；抽检缺陷总数8件，其中，抽检样品总数为200件；来料总报废数40件；来料免检的类别数为两个类别。

供应商供货质量相关指标的计算结果如下：

来料批次合格率 =7÷8×100%=87.5%

来料抽检缺陷率 =8÷200×100%=4%

来料在线报废率 =40÷2 000×100%=2%

来料免检率 =2÷6×100%=33.33%

通过计算结果，采购企业可初步判断供应商的供货质量好坏。从来料批次合格率87.5%、来料抽检缺陷率4%、来料在线报废率2%和来料免检率33.33%来看，供应商A的供货质量还算不错。每一次供货，合格率可以达到87.5%；每100件抽检样品中，有4件存在缺陷；每100件来料中只有2件报废；每3个来料品种就有一个免检产品。

如果该公司前期没有数据对供应商进行评估，无法判断供应商供货质量是在变好还是变坏，则可以结合行业平均水平进行比较。如果案例中来料批次合格率和来料免检率均高于同行业平均值，说明公司的供应商供货质量高；或者来料抽检缺陷率和来料在线报废率均低于同行业平均值，也说明公司的供应商供货质量高。

相反，如果来料批次合格率和来料免检率均低于同行业平均值，或者来料抽检缺陷率和来料在线报废率均高于同行业平均值，则说明公司的供应商供货质量较差。

5.2.2　对供应商的供货服务进行评估

采购方对供应商供货服务进行评估，是一种对供应商进行的定性考核，主要是看供应商在支持、配合与服务等方面的表现。相关指标有反应表现、沟通手段、合作态度、共同改进、参与开发以及售后服务等。

在开展具体的考核工作时，要从以下几方面对供应商的供货服务进行评估：

①看供应商对订单、交货和质量投诉等反应是否及时、迅速。

②看供应商答复是否完整，对退货和挑选等是否及时处理。

③看供应商一方是否有合适的人员与企业沟通，沟通手段是否符合公司的要求。

④看供应商是否将本公司看作重要客户，其高层领导或关键人物是否重视本公司的要求。

⑤看供应商是否积极参与或主动参与公司相关质量、供应和成本等改进项目或活动。

⑥看供应商是否主动征询公司意见。

⑦看供应商是否积极接纳企业提出的有关参观和访问事宜等。

由于采购方对供应商进行的供货服务评估，属于定性考核，因此很难将考核结果量化。此时，更需要采购方组建考核小组，其中的成员必定要包含供应商考核评估专家，以避免因评估小组成员的主观因素导致对供应商的供货服务评估不客观、不真实、不合理。

同时，考核小组成员中还应包括供应商方派出的人员，采供双方均有人在场，可有效保证考核评估的公开、公正。具体的评估小组组建工作，可以参考采购人员绩效评估小组的组建操作。

5.2.3 对供应商进行综合能力评估

采购方对供应商进行综合能力评估，其内容当然包括前述供货质量评估和供货服务评估。只不过在评估时，将具体的评估项目整合为综合能力维度。大致可以从以下几方面入手：

1. 技术能力

采购方对供应商进行综合能力评估时，可以从其技术能力入手，具体可以考核的内容见表5-6。

表 5-6 供应商技术能力考核

条目	考核内容
1	看供应商是否有设计产品的能力
2	如果需要供应商提供产品模型，要看其是否有开模的能力
3	看供应商是否有提交技术报告（TR 报告）的能力
4	看供应商是否有自动化设备和 CCD 检测仪器
5	看供应商是否愿意将新技术和新工艺投入产品生产
6	看供应商能否配合预研项目的开发工作

2. 质量控制能力

采购方在评估供应商的质量控制能力时，可以从质量控制能力入手，见表5-7。

表 5-7 供应商质量控制能力考核

条目	考核内容
1	供应商应至少具备 ISO 9000 认证，且为采购方供货时质量认证处于有效状态

续上表

条目	考核内容
2	看供应商能否提供出货检验报告
3	看供应商的过程审核是否达到 A 级别
4	评估核算从供应商处进货的进货合格率是否大于企业要求的比例（该比例由采购方企业根据自身实际情况确定）
5	看供应商是否指派了对应的质量管理人员
6	了解供应商一年内是否有客户抱怨或投诉，尤其看是否发生了较为严重的质量事故
7	看供应商是否有生产件批准程序（PPAP）提交能力
8	看供应商是否能提交产品符合性审核报告
9	看供应商是否与企业签订了采购总则以及质量保障协议
10	看供应商生产过程中的环境监测指标 PPM 值是否符合规定标准
11	看供应商的材料、工艺和设备等记录文件是否符合标准等

3. 成本控制能力

采购方在评估供应商的成本控制能力时，具体评估内容可以参考表5-8的内容。

表 5-8　供应商成本控制能力考核

条目	考核内容
1	看供应商 60 天 +6 个月的承兑情况，评价供应商是否按时承兑
2	看供应商 3 天内完成报价的次数
3	看供应商是否愿意配合企业进行年降
4	看供应商能否提交报价拆分表
5	看供应商统计的市场调研价格是否符合标准，是否有偏高现象
6	看供应商是否积极配合企业进行新材料和新工艺的验证，以及成本优化
7	看供应商是否有市场大环境抗风险能力等

4. 交付保障

采购方在对供应商进行综合评估时，除了要考核前述能力，还要评估其交付保障程度。具体实施交付保障评估时，可参考表5-9的内容。

表 5-9　供应商交付保障程度考核

条目	考核内容
1	看供应商是否指派了对应的物流管理人员
2	统计并核算供应商的交付及时率是否大于企业要求的标准（该标准由采购方企业根据自身实际情况确定）
3	看供应商的品类供货比例是否大于一定比例（该比例由采购方企业根据自身实际情况确定）
4	看供应商供货期间是否有间接停止生产线或发生超额费用的现象
5	看供应商的新项目是否有延期表现
6	看供应商能否有效提交开发进度表和开发状态说明
7	看供应商是否愿意接受备库策略等

5. 服务响应

采购方评估供应商综合绩效时，还需要考虑其服务响应速度。具体评估工作可参考表5-10的内容。

表 5-10　供应商服务响应考核

条目	考核内容
1	看供应商的紧急交付处理是否及时，及时率是多少
2	看供应商对于企业提出的交货标准是否有抱怨情况、抱怨次数是多还是少，以及是否积极配合，配合度有多高
3	看供应商提交单据和报告是否及时，如不合格品单据、质量索赔单据等
4	看供应商是否愿意或者积极配合企业进行服务响应的改进提升工作等

6. 安全风险

采购方在综合评估供应商绩效时，还可以从安全风险入手。具体考核评估工作可参考表5-11的内容。

表 5-11　供应商安全风险考核

条目	考核内容
1	看供应商是否有环境评估验收报告
2	如果供应商生产的产品需要获得排污许可，则需要看供应商是否有排污许可证
3	看供应商是否有相关体系认证，如 ISO 14001、ISO 45001
4	看供应商的财务表现是否良好，有无贷款抵押情况
5	看供应商的生产工厂是否发生过安全事故，安全事故发生率有多少
6	看供应商是否有弄虚作假行为，如出具虚假财务报告
7	看供应商是否与企业签订了廉洁协议，且是否遵守协议的规定
8	看供应商是否发生过侵权行为等

实际采供合作中，采购方按照上述评估内容对供应商进行综合评估时，还需要规定对应的评估结果处理规则。比如，针对供应商的技术能力和质量控制能力的评估，如果评估结果较差，或者在这两方面企业对供应商进行过投诉，则可以将供应商等级做降级处理，具体降级多少，视情节轻重而定。

又或者，针对供应商的安全风险评估，结果较差或者发现供应商确实存在弄虚作假的行为，也可以对供应商等级做降级处理，具体降级多少视情节轻重而定；如果供应商违反了采供双方签订的廉洁协议，则采购方可以停止与供应商的合作业务，尽快完成货款清算。

5.2.4　将采购绩效考核制度化

从本章前面内容可知，采购方不仅要做采购人员绩效考核，还要做供应商绩效考核，就采购绩效考核这一工作来看，内容就比较复杂。为了帮助公司有效做好采购绩效考核工作，可以制定明确的考核制度，以指导采购人员和管理人员进行采购绩效考核。

下面来看某公司的采购部绩效考核制度，可参考使用。

实务案例 采购部绩效考核制度

一、绩效考核目的

为了不断提高员工的职业能力和工作绩效，提高员工在工作执行中的主动性和有效性，进而作为员工奖惩、职业发展规划的有效依据，促使员工与企业的共同成长。

二、绩效考核对象

采购部全体正式员工（部门经理除外）。

三、绩效考核周期

每月一次，每月 × 日之前将上月绩效考核结果交至行政部备案。

四、绩效考核细则

按照考核表对员工进行考核、评分，根据考核结果决定当月绩效奖金发放数量。各岗位绩效考核表见附表。

五、绩效考核奖惩

1. 绩效考核结果决定月绩效工资发放数量。

计算方法：采购助理月绩效工资基数 = 基本工资 ×20%

采购专员月绩效工资基数 = 基本工资 ×30%

全勤奖 =× 元，本月有请假则不予发放。

根据当月考核分数，在月绩效工资的基数上进行发放，具体如下。

（略）

采购助理：绩效工资实发数 = 月绩效工资基数 × 发放比例 + 全勤奖 × 元。

采购专员：绩效工资实发数 = 月绩效工资基数 × 发放比例 + 全勤奖 × 元。

2. 绩效考核作为平时奖惩依据。

（1）累计两个月得分 × 以下，警告一次。

（2）连续两个月或累计三个月以上得分 × 分以下，予以辞退。

3. 加减分项。

（1）连续三个月满勤，下个月绩效考核加 × 分；连续六个月满勤，下个月绩效加 × 分；连续十二个月满勤，下个月绩效加 × 分。

（2）连续三个月绩效考核 × 分以上，下个月绩效考核加 × 分。

（3）积极主动参加学习培训并向大家分享心得者，将学习体会以书面形式与大家分享，加 × 分 / 篇；做成 PPT，以演讲形式与大家分享的，加 × 分 / 次。

（4）在管理或技能方面有好的建议并运用到工作中，且降低成本或提高工作效率和工作质量，加 × 分 / 次。有现金奖励的，则不在绩效中加分。

（5）在完成本职工作后主动完成非主管要求或非本职工作，视情况加 × 分。

（6）当月加班加 × 分 / 小时（采购助理）。

（7）带新人阶段（直到新人转正）加 × 分 / 月。

（8）未能及时上交周报，一次扣 × 分。

六、本制度从 ×× 年 × 月 × 日开始执行。

从展示的采购部绩效考核制度来看，该考核制度主要针对采购人员，并没有关于供应商绩效考核的规定。实务中，企业可以单独制定供应商绩效考核制度，也可以与采购人员绩效考核制度合并，制定采购绩效考核制度。

上述制度范本仅供参考，企业可以学习该制度的结构，至于制度的具体规定和内容，由企业根据自身发展现状和经营目标确定，原则上以适应企业自身发展为宜。

5.3　采取措施防范采购风险

采购方在采购过程中可能面临的一些意外情况，都属于采购风险，包括人为风险、经济风险和自然风险。企业如何才能有效防范采购风险呢？如何识别风险，进而制定相应的防范措施呢？这些都是采购方需要解决的问题。

5.3.1　如何才能做好采购风险管理

采购企业要想做好采购风险管理，有三项工作不能忽视：一是采购风险识别；二是采购风险评估；三是采购风险内控。

1. 采购风险识别

采购风险的识别，实际上就是判断采购过程中面临的采购风险属于哪种类型。下面就从内外部因素入手来识别采购风险，具体内容见表5-12。

表 5-12 识别采购风险类型

风险类型		说明
外部风险	市场风险	由政府政策的变化等导致市场需求发生变化，从而引发企业采购活动无法及时调整的风险
	价格风险	一是由于供应商操纵投标环境，在投标前相互串通，有意抬高价格，使采购企业蒙受经济损失的风险；二是当采购企业认为价格合理时进行批量采购，但所采购物资可能出现跌价而引起的价格风险
	质量风险	供应商在货物质量、规格等方面不按采购方的要求提供货物，使得货物出现质量参差不齐、滥竽充数的风险
	数量风险	供应商为采购方提供的货物在数量上缺斤短两，不能满足企业生产所需数量，使企业面临停产风险
	商业发票风险	因供应商开具的商业发票性质与金额有误，给采购企业造成无法入账审批的风险
	违约风险	主要指供应商在交货时间和交货地点等方面违反合同约定，给采购方带来经济损失风险
内部风险	计划风险	一方面是因为市场需求发生变动，影响企业采购计划的准确性；另一方面是采购企业的采购计划管理技术不科学、不合理，采购人员对市场的分析不到位，对要进行的采购项目管理不科学等，导致采购活动与采购计划发生较大偏离
	验收风险	采购方负责验收的人员没有做好验收工作，导致不符合质量要求的货物入库，企业面临经济损失的风险
	库存管理风险	采购方没有做好存货管理工作，导致采购量不能及时供应生产需求，造成缺货损失而引发的风险；或者是导致采购量过多，物资积压，大量资金沉淀于库存中，形成存储损耗风险
	管理风险	采购企业在招聘和培训采购人员时，对应聘者的基本信息没有严格把关，对其能力的测试等也没有做到深入细致，导致招聘到的采购人员本身素质和能力良莠不齐，为企业带来法律和业务方面的责任风险，以及运营过程中可能出现的腐败风险
	技术进步风险	技术进步风险是指伴随着科学技术的发展而给供应链管理带来的风险。一方面是因为技术进步引起无形耗损，造成已购材料积压或质量不符合要求而形成损失；另一方面是因为新项目开发周期缩短，所购材料已退出市场或使用效率低下；还有一些原因可能是技术变革使维修备料变为呆滞物料

除了表5-12中列示的采购风险外，在采购活动中，采供双方都会面临的风险就是合同风险。无论是合同的哪一方，如果以虚假的合同主体身份与另一方订立合同，以伪造、假冒和作废的票据或其他虚假的产权证明作为合同担保，

或者在拟定合同的过程中合同条款模糊不清、盲目签约，又或者合同的签订违反法律规定，都会给另一方带去不可忽视的经营风险。

2. 采购风险评估

识别出采购风险后，采购企业就需要对采购风险进行评估。根据我国主流的风险识别标准，可以按照风险威胁程度、对公司发展的危害性以及对策的可操作性等进行采购风险识别。

比如，根据采购风险对公司发展的危害大小，评估采购风险的等级为Ⅰ级、Ⅱ级和Ⅲ级。

Ⅰ级为重要风险：这种风险的发生可能会给企业造成70%～80%的损失。

Ⅱ级为比较重要的风险：这种风险的发生可能会给企业造成10%～20%的损失。

Ⅲ级为次要风险：这种风险的发生可能会给企业造成0～10%的损失。

不同企业经营情况不同，因此对采购风险进行等级评估的结果也可能不同。下面来看看某公司采购部门所做的采购风险识别与评估工作。

实务案例　识别并评估采购风险

某公司根据 20×× 年上半年的采购工作情况，组织采购人员开会讨论公司可能存在的采购风险，同时对这些风险进行了等级评估。

经公司识别采购风险，主要有市场风险、计划风险、合同风险、库存风险、意外风险、违约风险、质量风险、数量风险、技术进步风险、责任风险、价格风险和商业发票风险。而经过评估，这些风险等级大致见表 5-13。

表 5-13　采购风险评估

风险等级	采购风险
Ⅰ级风险	市场风险、计划风险
Ⅱ级风险	合同风险、库存风险、意外风险、质量风险、数量风险、技术进步风险
Ⅲ级风险	违约风险、责任风险、价格风险、商业发票风险

该公司在划分采购风险等级时，Ⅰ级风险可能导致整个企业面临停产倒闭，

生产和运营不能正常进行；Ⅱ级风险可能对企业影响非常大，甚至面临重大经济损失，导致生产不能正常进行；Ⅲ级风险对于企业的影响较小，就算面临这样的风险，企业通常也可以正常运转。

企业应系统分析采购过程中存在的风险，采取针对性的措施，有效降低采购风险的发生率，使企业能顺利进行采购活动，为企业节省各项成本，提高采购效率。

3. 采购风险内控

严密的采购内部控制是企业防范采购风险的有效管理手段，虽然它对外部风险没有太明显的作用，但是能有效降低采购的内部风险。

有实力的企业可以建立独立的采购风险内部控制部门，制定内控手册并及时更新，定时评估采购风险内控的有效性，保证内控信息真实。

实力不够强劲的企业可以组建采购风险内控小组，制定采购风险内控制度并及时完善，定时评估采购风险内控的科学性和有效性。

实力较弱的企业可以请外部团队负责公司的采购风险内控工作，快速且有效地做好降低采购成本、提高采购效率等工作。

一般来说，企业的内控体系主要有以下三道防线：

第一道防线：采购部门一线业务员，即采购专员。

第二道防线：企业初中级管理者，如采购部门经理和其他部门经理。

第三道防线：企业高级管理者和内控内审人员，如公司总经理、内控人员和内审人员等。

通过以上三道防线，采购方就能保证采购风险控制工作顺利进行，降低采购风险给企业带来的损失和危害。

5.3.2 认识企业采购可能面临的风险

前面大致了解了作为采购企业可能面临的风险，以及这些风险的评估，但在实际经营过程中，哪些经济行为或者事项会给企业带来怎样的具体风险，难以详细描述。下面简单介绍一些企业在采购过程中可能面临的风险。

①采购预测不准，导致物料难以满足生产要求或超出预算。

②供应商群体产能下降，导致供应不及时，货物不符合订单要求。

③采购方呆滞物料增加。

④采购人员工作失误或和供应商之间存在不诚实甚至违法行为，比如采购人员与供应商相互串通，透露标底，使采购方遭受损失。

⑤采购人员工作能力不强，无法帮助部门及公司领导做好采购风险防范和降低风险的工作。

⑥企业领导过度自信，作出错误的决策，使采购活动不能正常进行。

⑦采购人员内部不够团结，无法及时作出采购决策，影响正常的采购流程，导致采购效率低下，甚至出现同事坑同事、员工坑公司的情况。

⑧供应商承诺给企业的赠品不能及时送达，也会影响企业的营销活动顺利开展，从而导致错失商机。

⑨采购方在给付货款、预付款等后，供应商消失匿迹。

⑩供应商本身是“皮包公司”，采购方与其签订的合同沦为空头合同，企业面临财物两空的风险。

⑪供应商故意设置合同陷阱，如无故终止合同、违反合同规定等都可能对企业造成损失。

上述采购风险都会影响采购预期目标的实现。

5.3.3 掌握常见的采购风险防范措施

对于采购方来说，识别和评估了采购风险以后，还不能切实做好采购风险防范，更重要且关键的是掌握常见的采购风险防范措施。实务中主要从以下四个方面来把握：

1. 建立制度

企业应建立并完善内部控制制度与工作程序，加强对员工，尤其是采购业务员的培训和职业教育，不断增强其法律观念，重视职业道德建设，做到依法、依章办事。

企业还要培养员工的团队精神，增强企业内部的采购风险防范能力，从根本上杜绝采购风险。

2. 加强监督

企业要做好采购监督工作，主要从两大方面入手。

（1）加强对物资采购招标与签约监督

首先，检查物资采购招标是否按照规范的程序进行，是否存在违反规定的行为，采购部门和人员是否对供应商进行调查，是否每年对供应商进行一次复审评定。

其次，加强签约监督。检查合同条款是否有悖于政策、法律，避免合同因内容违法、当事人主体不合格或超出经营范围而无效。对供应商进行资信调查，切实掌握对方的履约能力。对那些不讲效益、舍近求远等非正常采购情况进行严格审核。同时，审查合同条款是否齐全、当事人权利义务是否明确、手续是否完备、签章是否齐全等。

（2）加强对物资采购全过程、全方位的监督

全过程监督是指对采购活动的所有环节进行监督，包括计划、审批、询价、招标、签约、验收、核算、付款和领用等环节。全方位监督是指从内控审计、财务审计和制度考核三个方面进行监督。具体可以从以下五点入手：

①加强对物料需求计划和采购计划的审计。

②做好合同鉴证审计。

③做好对合同台账、合同汇总和信息反馈的审计。

④加强对物资采购合同执行情况的审计。

⑤加强对物资采购绩效考核的审计。

3. 规避采购风险

任何事情都有风险，采购活动亦然。规避采购风险的具体措施可以参考表5-14的内容。

表 5-14　规避采购风险的措施

条目	规避措施
1	做好年度采购预算和采购策略的规划
2	慎重选择供应商，重视供应商的筛选与评级
3	严格审查订货合同，尽量完善合同条款
4	拓宽获取采购信息的渠道，保持信息畅通
5	完善企业的风险控制体系，充分运用供应链管理来优化供应和需求
6	加强采购过程的跟踪和控制，发现问题及时采取措施处理，以降低采购风险

有的企业还会充分利用专业化的信息网站，助力采购人员的工作，使其更方便、准确地获取采购信息，以客观评价供应商及其提供的产品。有时，公司还会派遣专职驻厂员与重要的供应商沟通，或者经常对供应商进行质量检查，以降低对单一供应商的过分依赖。而且，他们还会运用相关系统与现货管理结合的方法，在项目开发前充分与所有原材料供应商沟通，使供应商清楚配合的方向与要求。

4. 降低采购风险

企业要降低采购风险，关键是要与供应商建立并保持良好的合作关系。

有的公司将采购划分为货源开发小组与采购小组。货源开发小组主要负责采购成本控制、风险防范、产品质量与供应商综合能力评估等工作。采购小组主要根据货源开发小组提供的信息，结合公司的生产状况和需求量进行采购，同时跟踪采购订单。

那么，怎么降低采购风险呢？来看以下内容：

（1）安排好采购计划，在时间上预留空间

对于企业的采购项目，在立项和审批上往往需要花费较长的时间，在采购项目尚未得到批准前，由于计划、资金不能落实，采购活动无法启动。而一旦获得批准，从预算到采购，直至验收入库，时间通常比较紧张，留给采购人员的时间得不到保障。

所以，企业需要科学制订采购计划，在具备一定条件时，先做询价工作和正式签约前的一些准备工作，一旦企业领导批准采购项目，就可以马上组织开展采购工作，给采购人员留足谈判和实施采购的时间。

（2）调研市场信息并做行情分析

市场经济环境下，供求矛盾和价格行情直接受到供求关系的影响。所以企业在采购前要对市场形势和行业变化进行深入研究，了解市场供需状况，调查可供选择的供应商的竞争力，尤其对他们正常交货时间和交货风险的潜在影响因素进行细致分析，做到心中有数，降低交货风险。

（3）做供应商资信调查

在开展采购活动之前，选择诚信度较高的供应商，这是保证合同顺利履行的前提。而供应商的诚信度一般表现在货真价实、信守合同承诺以及按期交货等方面。

那么，如何才能选择到诚信度较高的供应商呢？这就需要采购人员对潜在供应商进行资信调查，具体可以通过专业信用管理公司或行业协会等机构实施；也可以通过一些与供应商有过合作的第三方，如保险公司或外运公司等了解情况。必要时，还可以安排企业内部人员到供应商工厂所在地或对其产品实际用户进行考察调研。

5.3.4 合理运用保险转移采购风险

采购过程中，风险转移和保险责任是两个不容忽视的关键问题。明确风险转移与保险责任的明确规定对于保障采供双方利益至关重要。主要从两个方面入手。

1. 采购合同中明确约定风险转移条款

采购合同中约定风险转移条款需要涵盖以下因素：

风险责任：合同中应明确采供双方在采购过程中分别需要承担的风险责任。比如，采购方应承担货物运输途中的损失风险；供货方应承担产品质量问题的风险。明确风险责任可以避免纠纷和争议的发生。

明确风险转移时机：合同中应明确风险转移的时机，即风险在何时从一方转移给另一方。一般规定风险在货物交付或者验收合格后转移给采购方，明确风险转移时机也可以避免纠纷和争议。

明确风险转移条件：合同中应规定风险转移的条件，比如，货物在运输途中的损失应达到一定比例或者金额才能转移给采购方。风险转移条件的设定需充分考虑实际情况和风险大小，以保护采供双方利益。

明确风险转移方式：常见的风险转移方式包括保险、赔偿、返货等，采供双方应根据实际情况选择合适的方式转移风险，并在采购合同中明确约定。

合理分配风险：采购合同中制定风险转移条款时，应根据合同双方的实际情况和能力合理分配风险，如果一方在采购过程中承担过多风险，可能导致其无法承受损失或无法履行合同。

采购合同中明确约定了风险转移条款后，才能使双方在划分和承担风险责任时有据可依。

2. 利用保险转移采购风险

合理运用保险转移采购风险是一种有效方式，注意事项和具体操作见表5-15。

表5-15　利用保险转移采购风险的注意事项和具体操作

注意事项	具体操作
识别采购风险	常见的采购风险包括货物运输风险、供应商违约风险、产品质量风险和价格波动风险等。采购方应全面识别和评估这些风险，明确哪些风险可以通过保险进行转移，从而为选择合适的保险类型提供依据
选择合适的保险类型	①货物运输险：适用于采购的货物需要长途运输，尤其是跨境采购，可以有效转移运输过程中可能面临的自然灾害、意外事故等风险。 ②产品质量责任险：购买这类保险，当采购的货物存在质量问题时，可以将企业面临的客户索赔风险转移给保险公司。 ③供应商违约险：购买这类保险，可以在供应商因各种原因无法按时交付货物时，将风险转移给保险公司
合理确定保险金额与条款	企业投保时，应合理确定保险金额。保险金额一般根据采购货物的价值、预期损失等因素来确定。企业投保时应仔细阅读保险条款，明确保险责任范围、免赔额、赔偿限额等关键内容，确保所投保险能切实保障或转移采购风险

续上表

注意事项	具体操作
选择信誉良好的保险公司	保险公司的信誉和资金实力是保障理赔的关键。企业应选择信誉良好、财务状况稳定的保险公司，避免因保险公司的问题导致采购风险发生时理赔困难
持续监控和管理风险	保险只是采购风险转移的一种方式，企业还可以通过其他风险管理措施进一步降低采购风险，如优化供应链、加强供应商管理等，同时还应定期评估保险策略的有效性，根据实际情况调整保险方案

下面来看一个利用保险转移采购风险的实务案例。

实务案例 投保货物运输保险获得损失赔偿

我国某进出口公司A与境外某公司B签订了采购合同，进口一批大豆。货物在我国某保险公司投保并由市场监督管理局出具品质、质量检验证书。

货物运抵目的地后，A公司发现货物品质不符合合同规定，货物已经变质。经调查推定，货物变质可能是在运输途中发生的，于是公司向承运人和保险公司提出交涉。

根据双方签订的合同可知，货物在口岸装运时已经进行了检验，且出具了相关证书，表明货物在装船越过船舷以前是符合合同规定的。至于货物在装运港越过船舷以后发生的质量问题，与B公司没有关系。

保险公司根据采供合同的规定，以及A公司具体的投保情况，确认A公司向保险公司投保了海运一切险，且A公司收到的货物变质符合保险责任范围，经过相关程序向A公司支付了保险赔偿。

从案例可以看出，因为采供双方签订合同并投保了海运一切险，使得出口方将风险转移给了保险公司，由保险公司承担了损失，并向采购方支付了损失赔偿。

很显然，在该案例中，如果采供双方没有就此次合作投保海运保险，采购方在面对收到的货物变质的情况时，卖方很可能会扯皮而不承担损失赔偿责任，双方很容易产生纠纷和争议，最终，采购方很可能面临重大损失。

无论是进出口贸易，还是普通的内销，通过投保相应的保险，可以为自己增加一份保障，避免遭受钱货两失的风险。

企业需要明白，保险在采购风险管理中存在明显的优势，但也有一定局限性，见表5-16。

表 5-16　保险在采购风险管理中存在的优势与局限性

优劣势	简述
优势	①经济保障：保险公司提供的赔偿可以覆盖重大损失，减轻企业因采购风险而面临的财务压力。 ②风险管理：通过保险，企业可以更专注于核心业务，而不用担心意外事件带来的重大财务影响。 ③法律保障：某些保险产品，如产品责任险，可以帮助企业应对法律诉讼和赔偿要求
局限性	①成本：保险费用需要根据风险评估支付，可能会增加企业的运营成本。 ②覆盖范围：不是所有采购风险都可以通过保险转移，某些特定风险可能需要其他风险管理手段来补充保障

5.3.5　建立采购风险预警机制

为了降低采购风险，确保采购质量，控制采购成本，企业可以进行采购风险预警。有效的采购风险预警能帮助企业在采购过程中及时发现潜在风险，采取相应措施，确保采购目标的顺利实现。

建立采购风险预警机制是有效进行采购风险预警的前提条件，大致包括三个步骤，见表5-17。

表 5-17　建立采购风险预警机制的步骤

步骤	具体操作
确定采购风险指标	企业根据实际情况确定一系列采购风险指标，如供应商评估指标、交货期指标、成本指标等，以便对采购过程进行全面的风险评估
设定风险预警阈值	为每一个采购风险指标设定相应的预警阈值，一旦超过阈值，则发出预警信号
建立风险预警机制	利用信息系统等技术手段，将采购风险指标与预警阈值相结合，建立自动化的风险预警机制

需要注意的是，在确定采购风险指标之前，企业需全面梳理风险点，如需求计划风险、采购过程风险、供应商履约风险等，同时还要根据风险发生的可能性、影响程度等对各风险点进行评估，将其分为不同等级，以便在建立预

警指标体系时确定各风险点的权重和具体的预警措施。

建立风险预警机制的过程中，需要考虑以下五个要点：

（1）构建预警模型

企业可以利用大数据、人工智能等技术，构建风险监控预警模型，实时监测采购全环节的运转情况。

构建的预警模型应能获取供应商管理、合同管理和支付管理等多维度数据，实现对采购风险的全面监控。

（2）预警信息推送与处理

构建的采购风险预警机制，应能在风险指标触发预警时，实时将预警信息推送给相关部门和人员，确保对风险的及时响应。

在构建的采购风险预警机制中，应能根据预警级别采取不同的处理措施，如高风险预警，应立即启动调查和干预措施。

（3）具有监控与反馈功能

采购风险预警机制应通过信息化手段对采购过程进行全程监控，确保风险预警系统有效运行。

企业还需定期对预警机制的运行效果进行评估，根据实际情况调整预警指标和阈值，不断完善预警体系。

（4）加强组织与技术支持

企业应配置专门的风险控制岗位，可以分别管理采购风险、财务风险和运输风险等。其中，采购风险控制岗位负责采购风险预警机制的建设与运行。

企业需搭建采购风险智能监控平台，利用区块链、物联网等技术提升预警的准确性和有效性。

（5）强化供应商管理

在采购风险预警机制中，要包含对供应商进行全面评估的程序，包括财务状况、生产能力和交付能力等评估项目，从而选择可靠的供应商。

采购风险预警机制中应包括备用供应商资源池的建设，这样就可以确保在主要供应商出现供应问题时能及时切换到备用供应商，避免供应中断给企业带来不必要的损失。

采购风险预警机制建立好后，其运行按照以下步骤进行：

第一步，收集数据：企业收集采购相关数据，包括供应商的质量、交货期、价格、资质等信息。

第二步，分析数据：采购人员运用人工智能或者数据处理与分析工具，对采购数据进行分析，了解企业当前的采购状况，并与风险指标进行对比，找出潜在的风险因素。

第三步，预警提示：一旦发现潜在风险，企业应及时发出预警提示，其间可以借助相关预警模型自动发出预警提示，提醒内部有关部门采取措施降低采购风险。

第四步，应对风险：企业根据预警提示，采取相应的风险应对措施，减少风险对采购活动以及目标的不利影响。

5.3.6　对采购风险管理实效进行评估

对采购风险管理实效进行评估，实际上就是评价企业进行的采购风险管理工作的效果。比如，采购风险管理目标是否达到？需要完成的风险防控工作是否做到？需要采取的采购风险管理措施是否切实实施？

具体实施采购风险管理实效评估工作时，可以参考表5-18的内容。

表5-18　评估采购风险管理的实效

条目	评估内容
1	企业是否建立健全了采购组织结构，如采购部岗位设置是否科学合理
2	企业采购人员和管理人员是否具有较强的采购风险防范意识。具体可以通过问卷调查了解采购人员和管理人员在一个年度内对采购风险类型的熟知程度以及对风险类型的认知
3	企业是否建立健全了供应商选择与管理制度，主要看一个年度内该类制度是否从无到有，或者是否在不断完善制度内容
4	企业是否建立供应链管理体系和采购管理体系，是否运用先进的采购技术。可以查看企业在一个年度内是否引进了新的采购系统，或者引入了新的采购管理模式等

续上表

条目	评估内容
5	企业是否建立健全了采购作业标准和请示制度。主要看企业是否将采购作业标准以书面文件进行规范，请示制度实施后采购活动的出错率是否减小等
6	需要进行招标采购的企业，还要看企业是否做好了招投标过程的风险防范，主要考察采购人员及相关审核人员是否按照企业的规定对参与投标的供应商进行严格的资质审查，所选的供应商是否符合企业采购需求等
7	企业是否在签订合同与履行合同的过程中采取了积极的风险防范措施，比如是否组织并安排专人负责监督采购订单的执行进度、是否按期向供应商催要物资、是否有意识地监控供应商的供货情况、是否能确保所签合同的内容齐全且无经济纠纷的可能性、是否能与供应商进行良好的沟通、是否能快速处理供应商临时不能交货的问题、是否能切实降低供应商不能供货或者违反合同约定的情况发生等
8	企业是否建立健全了资金使用制度。可以看企业是否单独制定采购资金使用制度、是否明确规定了采购活动的资金使用规则、是否对采购活动的资金报销手续进行了明确规定等
9	企业是否建立健全了货物运输控制制度。可以看企业的货物运输控制制度是否从无到有，或者货物运输控制制度是否在不断完善，且指导采购人员提高货物采购与验收效率，降低采购不合格率等

总之，企业内部一切为了规避或降低采购风险的措施，都是考察企业进行采购风险管理实效的依据。从无到有的，或者措施的实施确实使企业规避了或者降低了采购风险的，说明采购风险管理实效好；反之，不作为，实施措施没有起到规避和降低采购风险的，说明采购风险管理实效差，企业需要总结原因，找出采购风险管理工作存在的问题，从而进一步调整风险管理策略，以期能达到规避和减少采购风险的目的。

第6章

采购环节的数据管理与分析

企业开展采购活动，涉及的数据信息较多。为了助力采购人员切实做好采购工作，需要采购人员掌握一些数据管理与分析方法，常用到的就是借助Excel工具对数据进行管理与分析操作。

6.1 在Excel中管理采购相关数据

与采购业务相关的数据并不少，采购方相关人员需要做好这些数据的管理工作，不可或缺的手段就是Excel数据管理。本章就来看看采购数据的一些简单管理操作。

可能有些采购人员没有接触过Excel数据处理，也没有用过Excel这一数据分析工具，一些简单的操作可能都不会。所以，在学习如何借助Excel管理和分析采购数据前，先来看看Excel的一些基本操作。

（1）新建工作簿

要管理和分析采购数据，首先需要创建工作簿，常用的方法有三种。一是在电脑桌面或者在电脑的目标位置的空白处右击，选择“新建”命令，在弹出的子菜单中选择Excel程序命令即可，其操作如图6-1所示。

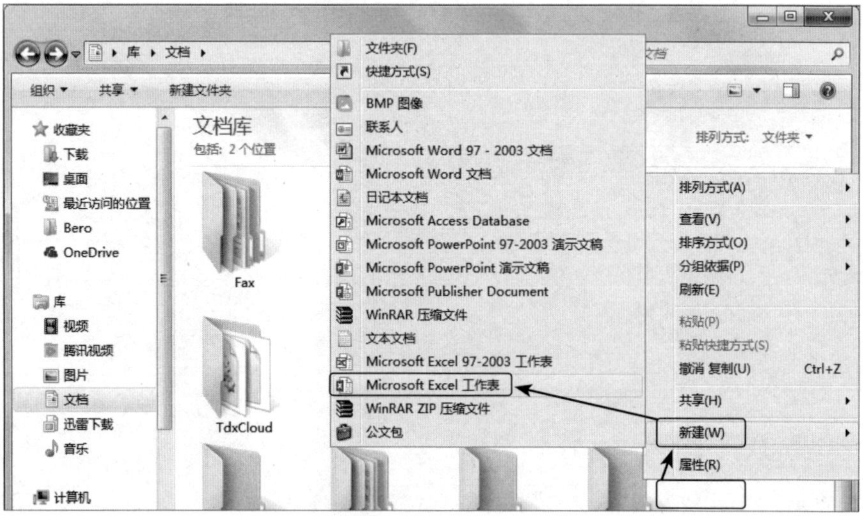

图6-1　通过右键快捷菜单新建Excel工作簿

二是在Excel程序中新建工作簿。这种方式又有两种操作，要么在启动Excel程序时新建工作簿，如图6-2所示；要么在已经打开一个工作簿的情况下，单击“文件”选项卡，在打开的Backstage视图界面中单击“新建”选项卡，再选择其中的“空白工作簿”选项，即可新建一个工作簿，如图6-3所示。

图6-2　启动Excel程序时新建工作簿

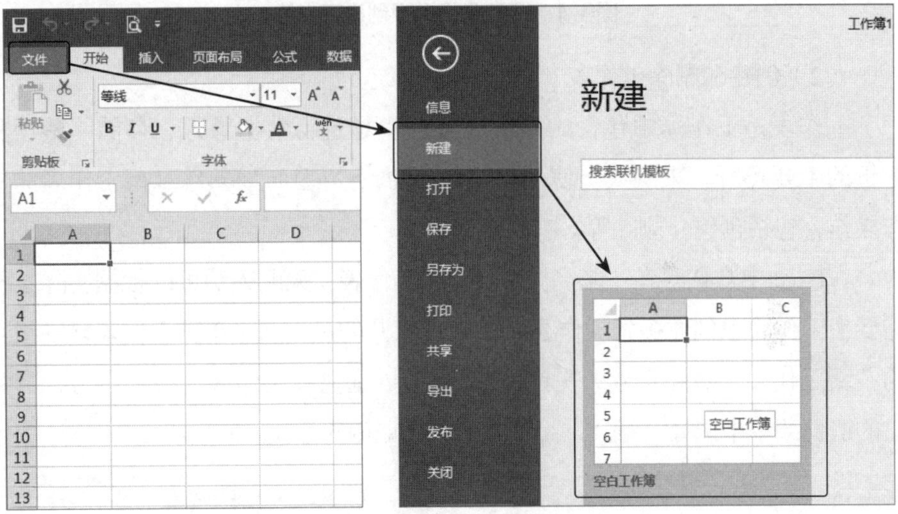

图6-3　在打开工作簿的情况下新建工作簿

三是根据Excel系统自带的模板快速新建有样式的工作簿。若自带的模板不能满足使用需求，还可以使用在线模板创建工作簿。具体操作是在“新建”选项卡界面或开始界面中选择合适的模板，在打开的对话框中单击“创建”按钮，即可新建选中类型的工作簿。也可以在“新建”选项卡界面顶部的“搜索联机模板”搜索框中输入要搜索的关键词，然后单击“搜索”按钮搜索在线模板，快速创建工作簿。图6-4是搜索联机模板创建工作簿的简单操作。

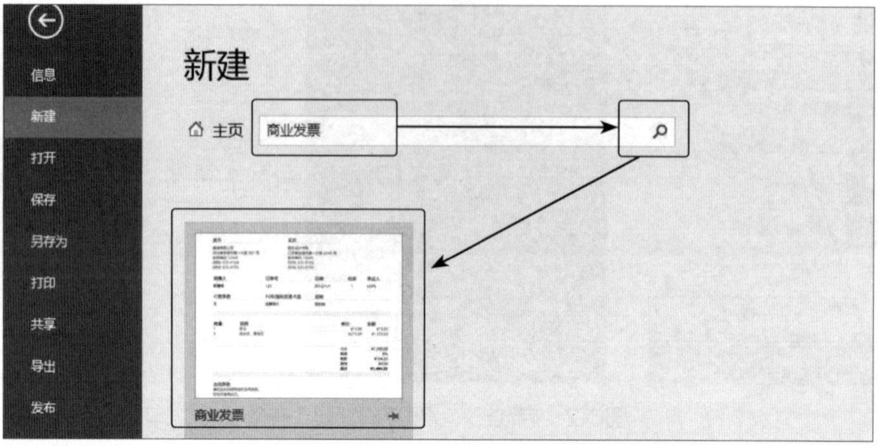

图6-4　搜索联机模板创建工作簿

（2）创建和删除工作表

工作表是工作簿中包含的基础对象，也是进行数据录入、存储、整理和分析的主要场所。采购人员使用Excel进行商务办公时要熟练掌握工作表的基本操作，包括创建、删除等。

在Excel中默认存在一张名为Sheet1的工作表，采购人员可以根据实际工作需要在工作簿中创建多张工作表。可以在打开的工作簿中单击工作表标签组中的“新工作表”按钮创建，见图6-5；也可以通过在工作表标签上右击，在弹出的快捷菜单中选择“插入”命令创建，如图6-6所示。

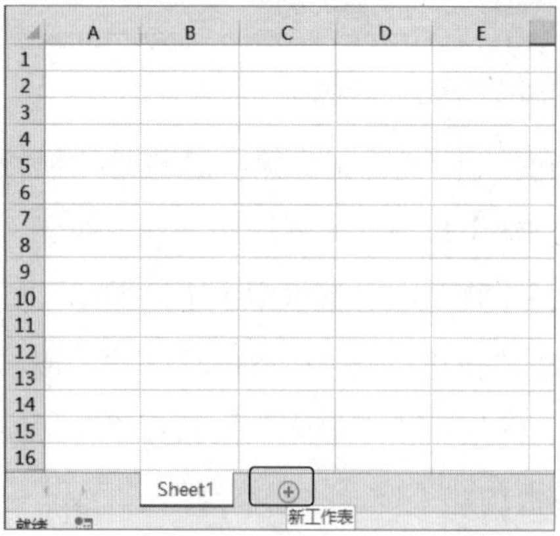

图6-5　单击“新工作表”按钮创建

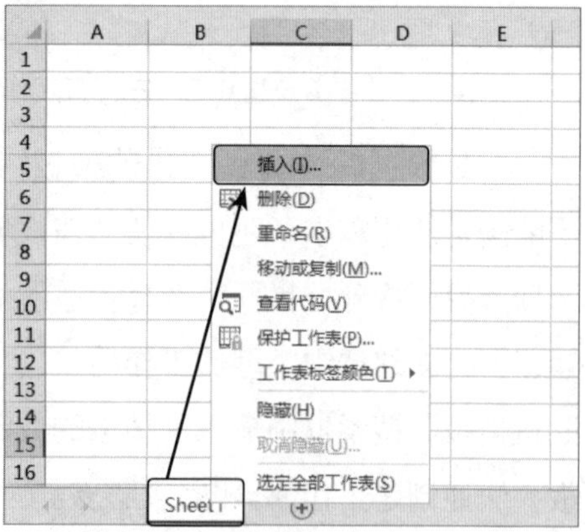

图6-6　通过快捷菜单创建工作表

删除工作表可以通过在“单元格”组中的“删除”下拉菜单中选择“删除工作表”选项完成，如图6-7所示，也可以通过在待删除工作表的右键快捷菜单中选择“删除”命令，如图6-8所示。

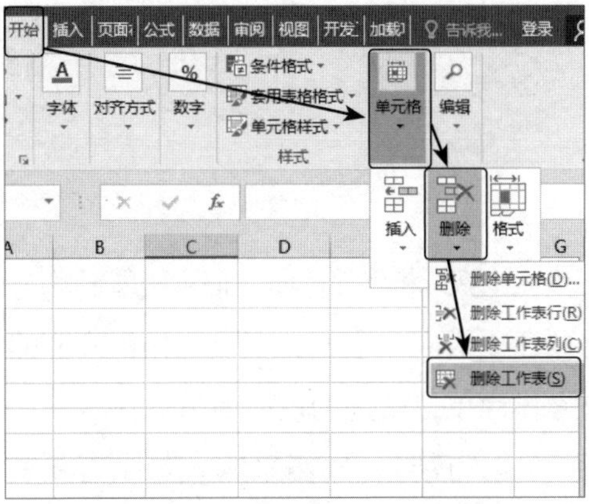

图6-7　通过“删除”下拉菜单删除

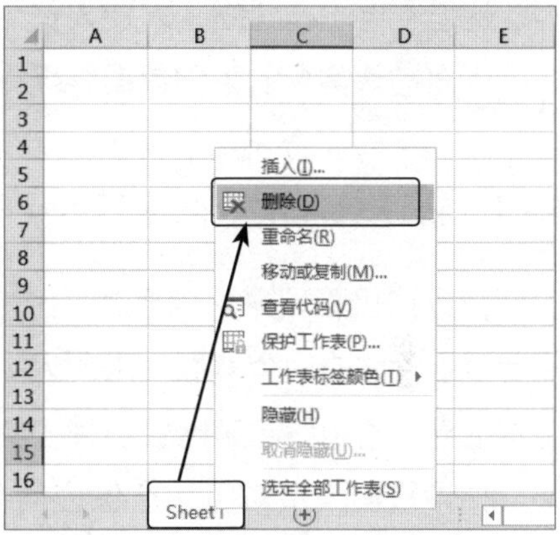

图6-8　通过快捷菜单删除工作表

（3）重命名工作表

默认情况下，工作簿中的工作表以Sheet1、Sheet2和Sheet3依次命名，若采购人员需要更改工作表名称，可以通过双击工作表标签或通过快捷菜单重命名。双击要重命名的工作表标签，工作表标签会变为可编辑状态，此时即可重命名，如图6-9所示。右击需要重命名的工作表标签，在弹出的快捷菜单中选择“重命名”命令也行，如图6-10所示。

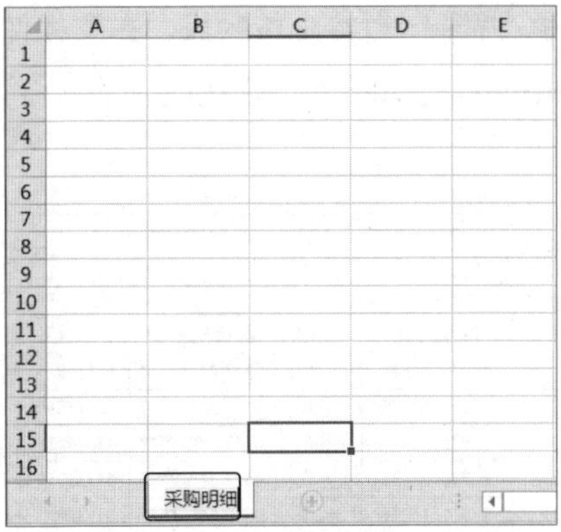

图6-9　双击工作表标签重命名

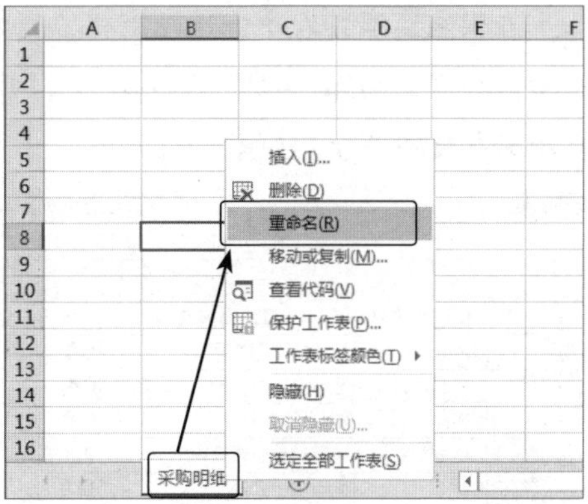

图6-10　通过快捷菜单重命名工作表

工作簿的重命名操作，主要通过“另存为”命令实现，即将当前工作簿另存一份，在保存时将工作簿名称改为需要的名称即可。

除此以外，Excel基本操作还有保存工作表、工作簿，移动和复制工作表等，这里不再一一介绍，采购人员可自行学习。

下面进入常见的采购数据整理操作的学习。

6.1.1 快速录入供应商序号

在数据化管理采购信息的工作中，与“货”相关的供应商信息是采购方需要重点关注的一个方面。采购人员需要建立供应商台账，记录合作供应商的基本信息，其中看起来比较烦琐，实则操作简单，就是为供应商录入序号。

如果采购人员对每一位供应商都手动输入序号，则当采购人员没有注意当前工作表中的最后一个序号是多少时，接着录入时就可能录入错误，最后导致统计的供应商数量有误。为了方便记录人员操作，且确保序号数据正确，可通过编写公式实现序号的自动填充，在后期录入供应商数据时，只需要录入供应商的信息即可。

下面以在Excel中通过函数实现供应商序号的自动录入为例，介绍大致的操作步骤。

实务案例 通过函数实现供应商序号自动录入

在供应商资料表中，选择有供应商数据的“序号”列单元格区域，在编辑栏中输入公式：=IF(B2="","",ROW()-1)，按【Ctrl+Enter】组合键，使序号列按公式自动填充数字序号，如图 6-11 所示。

图6-11 输入公式使序号列数字按公式自动获取

然后在资料表的最后一条记录下面录入供应商信息，如供应商代码 YP-02，此时程序会自动填充该条供应商记录的序号，如图 6-12 所示。

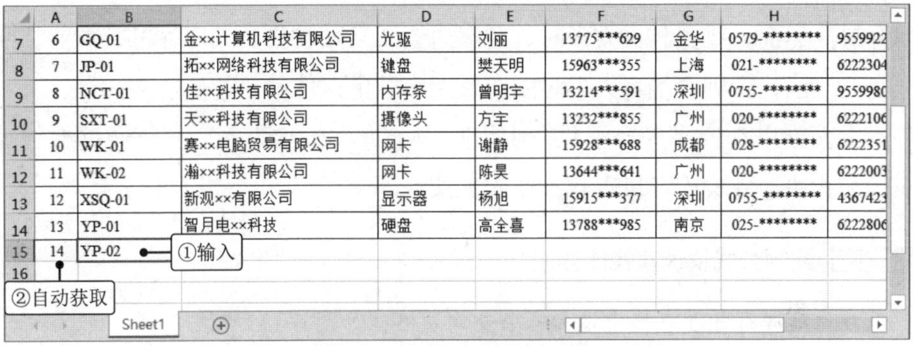

	A	B	C	D	E	F	G	H	
7	6	GQ-01	金××计算机科技有限公司	光驱	刘丽	13775***629	金华	0579-********	9559922
8	7	JP-01	拓××网络科技有限公司	键盘	樊天明	15963***355	上海	021-********	6222304
9	8	NCT-01	佳××科技有限公司	内存条	曾明宇	13214***591	深圳	0755-********	9559980
10	9	SXT-01	天××科技有限公司	摄像头	方宇	13232***855	广州	020-********	6222106
11	10	WK-01	赛××电脑贸易有限公司	网卡	谢静	15928***688	成都	028-********	6222351
12	11	WK-02	瀚××科技有限公司	网卡	陈昊	13644***641	广州	020-********	6222003
13	12	XSQ-01	新观××有限公司	显示器	杨旭	15915***377	深圳	0755-********	4367423
14	13	YP-01	智月电××科技	硬盘	高全喜	13788***985	南京	025-********	6222806
15	14	YP-02							
16									

图6-12　录入供应商数据自动填充序号

接着采购人员就可以继续录入供应商的其他详细信息，包括供应商名称、供应产品、联系人、联系方式、地址以及电话传真等。

TIPS *IF()函数和ROW()函数的使用说明*

本例中使用的=IF(B2="","",ROW()-1)公式中，B2单元格保存的是供应商代码数据，使用IF()函数判断该单元格是否为空，如果B2单元格为空，则表示没有添加数据，则序号列数据显示空；如果B2单元格不为空，则返回ROW()-1的计算结果。

在ROW()-1部分，ROW()函数用于返回当前行的行号，-1是因为序号列数据是从第二行开始的。所以在第15行添加的数据记录，供应商的序号应为14，即15-1。

而IF()函数是Excel中的一个常用函数，它能根据条件判断真假值，并根据逻辑计算的真假值返回不同的结果。其语法格式为：IF(logical_test,value_if_true,value_if_false)。其中，logical_test参数表示计算结果为TRUE或FALSE的任意值或表达式，即判断条件；value_if_true参数用于指定当设置的logical_test条件成立返回TRUE值时，IF()函数要返回的值；value_if_false用于指定当设置的logical_test条件不成立返回FALSE值时，IF()函数要返回的值。

ROW()函数用于获取指定单元格行号的索引编号，其语法格式为：ROW(reference)，其中，reference参数用于指定需要获取行号的单元格，该参数值也可以是指定的单元格区域，当该参数值为某一个单元格区域时，函数返回该单元格区域中第一个单元格的行号；如果要获取当前单元格的行号，直接省略该参数即可，如本例。

6.1.2 物资库存量查阅

企业要想更精准地控制采购数量，减少库存成本，就需要统计各物资的库存量。然而，物资种类太多时，要快速查阅某一种物资的库存量，需要掌握一定的方法，否则会消耗太多时间在查阅库存量这件简单的事情上。

下面就以在商品库存汇总表中添加一个查询表格为例，介绍通过编制对应的公式快速完成库存量查找工作的步骤。

实务案例 编制公式快速查找库存量

在月度库存管理表格中添加一个查询表格，如图 6-13 所示。

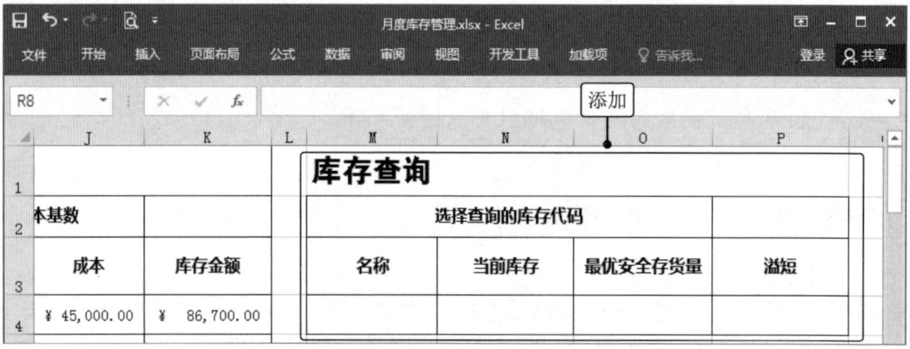

图6-13 在库存管理表格中添加查询表格

选择 P2 单元格，单击“数据”选项卡，在“数据工具”组中单击“数据验证”按钮，在打开的“数据验证”对话框中的“允许”下拉列表框中选择“序列”选项，单击“来源”参数框后的折叠按钮，如图 6-14 所示。

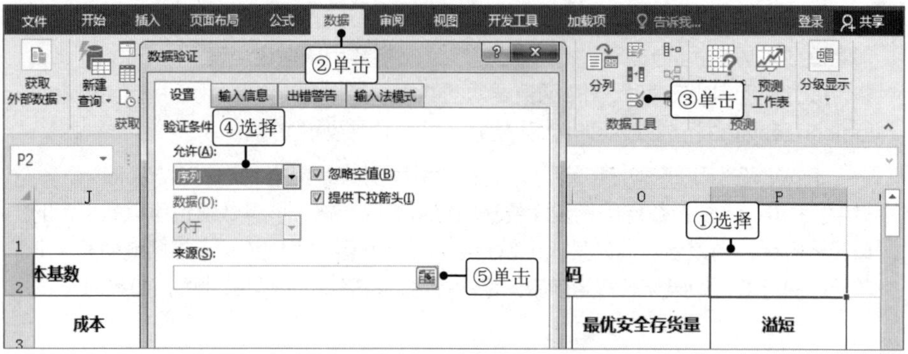

图6-14 设置数据验证条件

此时的“数据验证”对话框会自动折叠起来，采购人员选择商品库存代码所在列的数据单元格或单元格区域，单击折叠对话框的展开按钮，完整显示“数据验证”对话框，单击“确定”按钮，完成库存代码序列数据的引用，如图 6-15 所示。

图6-15　引用库存代码序列数据

选择 M4 单元格，在编辑栏中输入公式：=IF($P$2="","",LOOKUP($P$2,$A$4:$A$30,B4:B30))，按【Ctrl+Enter】组合键确认输入的公式，自动完成根据选择的库存代码查询该代码对应商品名称并返回该名称，如图 6-16 所示。

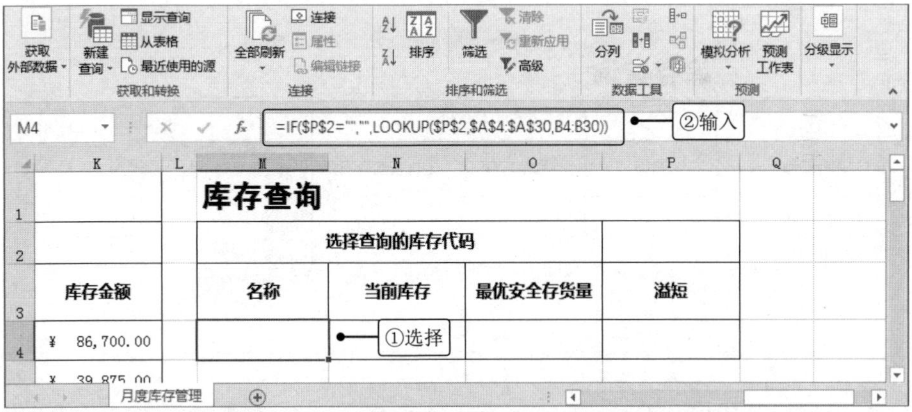

图6-16　输入公式完成商品名称自动查找的设置

如果库存管理表格中，当前库存、最优安全存货量和溢短数据之间是连续录入的，那么采购人员还可以采用快速输入公式的方法完成数据的查询。直接选择 N4:P4 单元格区域，在编辑栏中输入公式：=IF($P$2="","",LOOKUP($P$2,$A$4:$A$30,F4:F30))，按【Ctrl+Enter】组合键确认输入的公式，自动完成根据选择的库存代码查询该代码对应的当前库存、最优安全存货量和溢短数据，如图 6-17 所示。

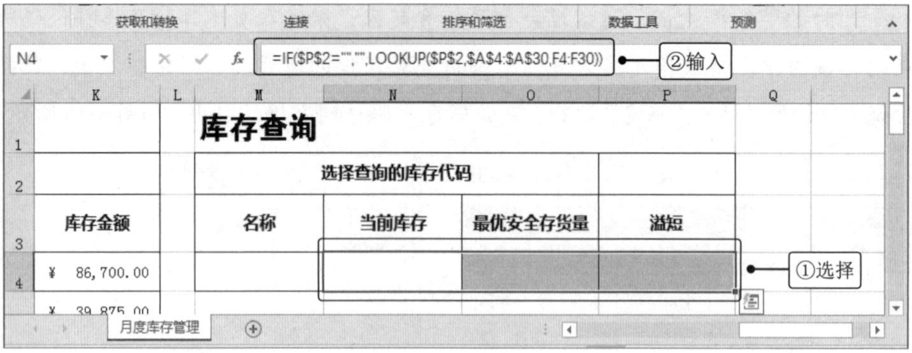

图6-17　输入公式完成数据自动查询并返回相应的值

这样就设置好了。采购人员如果要查询某种物资的库存情况，直接选择 P2 单元格，单击右侧的下拉按钮，在弹出的下拉列表框中即可查看到所有库存代码，选择要查询的物资的库存代码，程序自动执行查询公式，并在下方显示该物资的名称、当前库存、最优安全存货量和溢短数据，如图 6-18 所示。

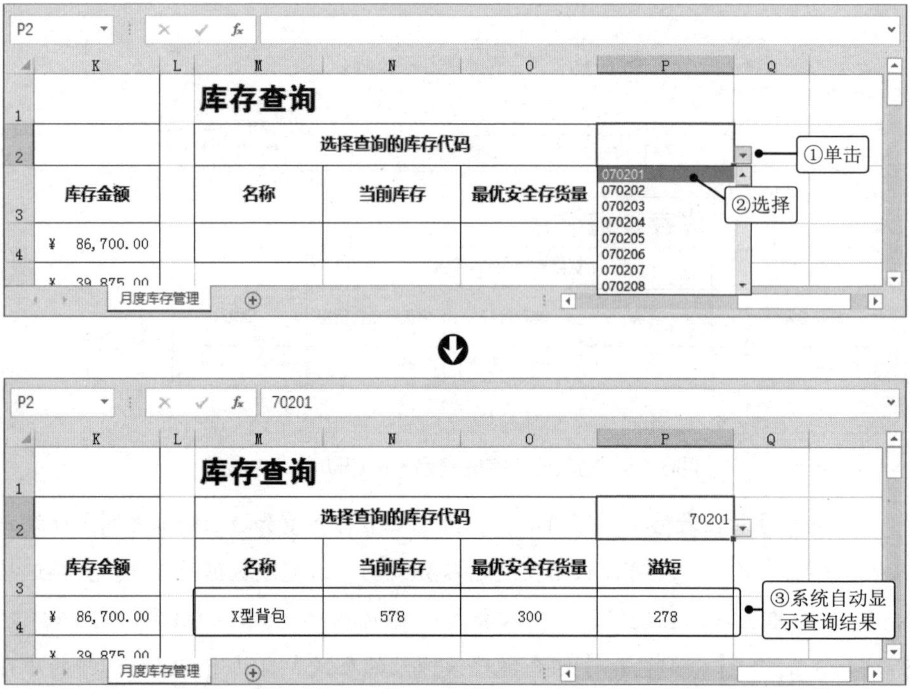

图6-18　选择库存代码查询物资的库存情况

TIPS *LOOKUP()函数的使用说明*

本例中使用了两个函数公式，这两个公式的使用原理是一样的。下面以其中一个公式为例进行说明。

在公式：IF($P$2="","",LOOKUP($P$2,$A$4:$A$30,B4:B30))中，P2单元格用于指定要选择查询的库存代码；A4:A30单元格区域用于指定需要在哪个单元格区域中查询指定的库存代码；B4:B30单元格区域用于指定当查询到库存代码后，返回当前库存代码所在行对应的其他数据。

该案例中由于指定的库存代码和查询区域是固定的，因此对应的单元格和单元格区域用的是绝对引用；而返回值是不同列的对应值，因此采用的是相对引用。这样设置可以在当查询返回的数据是连续多列时，通过复制公式的方法快速完成查询表格的制作。

因为LOOKUP()函数查不到数据时，函数将返回#N/A错误值，所以为了避免在查询结果单元格中显示错误值，这里用IF()函数首先对库存代码是否被选择做了判断，如果没有设置库存代码，则结果单元格返回空值，否则返回对应的查询结果。

Excel中，要在具体的某一列或某一行中查找某个数据，需要用到向量型的LOOKUP()函数，其语法结构为：LOOKUP(lookup_value,lookup_vector,result_vector)。其中，lookup_value参数用于指定查找哪个数据；lookup_vector参数用于指定lookup_value参数应该在哪个范围内进行查找，且该参数指定的数据范围必须是升序排列，否则查找出来的结果会出现错误；result_vector参数用于指定需要查找的相关数据的范围。

注意，LOOKUP()函数中的lookup_vector和result_vector参数必须是只包含单行或单列的区域，且它们指定的区域大小必须相同，否则无法正常查找。另外，如果lookup_vector参数指定了多行或者多列，或者两者兼有，只要查找范围为该区域的第一行或第一列数据，也能查找出结果。

6.1.3　统计在途物资情况

为了严格控制采购物资的到货时间，防止所购物资延期到货给生产活动造成不利影响，采购人员要时刻关注所购物资的运输情况，尤其是在途物资。

比如，在采购明细表中，要求采购人员将运输状态为“在途”的采购信息记录数量统计出来，其大致操作步骤如下：

实务案例 统计运输状态为“在途”的采购记录

在物资采购明细表中选择“运输状态”列任意空白单元格，在编辑栏中输入公式：=COUNTIF(H4：H10," 在途 ")，按【Ctrl+Enter】组合键确认输入的公式，程序将自动统计出在途物资的记录总数，如图 6-19 所示。

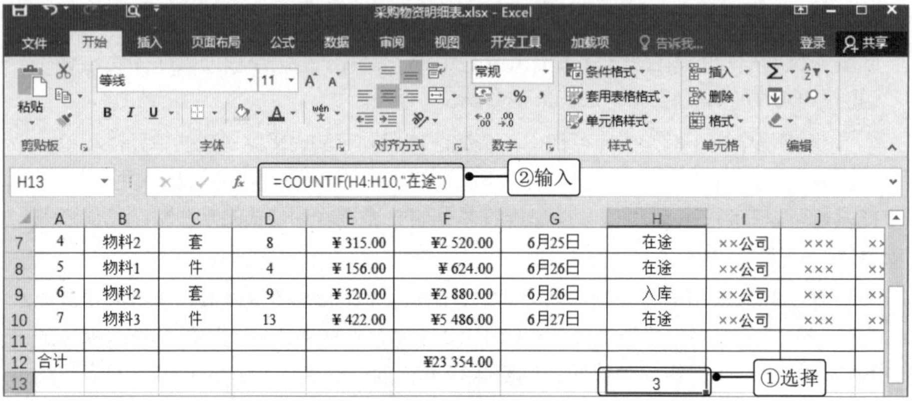

图6-19　统计在途物资的记录总数

如果数据管理人员需要查看具体的在途物资的名称、规格、单价、金额、购买日期和厂家信息等，可以进行运输状态分析筛选操作。直接选择“运输状态”列的 H3:H12 单元格区域，单击“数据”选项卡，在“排序和筛选”工作组中单击“筛选”按钮，此时会出现筛选器按钮，单击该按钮，在弹出的筛选器中取消选中“全选”复选框，选中“在途”选项左侧的复选框，单击“确定”按钮，如图 6-20 所示。

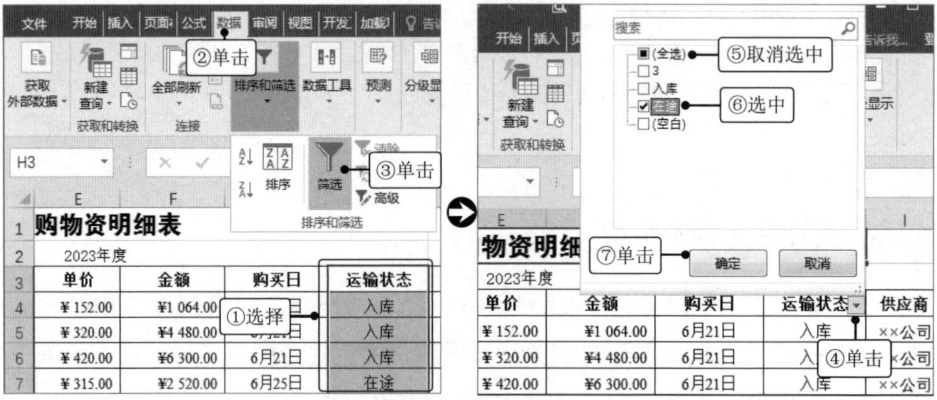

图6-20　筛选统计在途物资

返回工作表，即可查看到公司在途物资的明细情况，如图 6-21 所示。

A1　采购物资明细表

采购物资明细表

2023年度

序号	物料名称	规格型号	采购数量	单价	金额	购买日	运输状态	供应商
4	物料2	套	8	¥315.00	¥2 520.00	6月25日	在途	××公司
5	物料1	件	4	¥156.00	¥624.00	6月26日	在途	××公司
7	物料3	件	13	¥422.00	¥5 486.00	6月27日	在途	××公司

图6-21　查看筛选统计出的在途物资明细情况

筛选统计出在途物资的数量后，想让采购物资明细表恢复到原貌，可以再次单击“数据”选项卡“排序和筛选”组中的“筛选”按钮退出筛选状态即可。

TIPS　*COUNTIF()函数的使用说明*

本例中使用的COUNTIF()函数，是对指定区域中符合特定条件的单元格计数的一个函数，其语法结构为：COUNTIF（range，criteria）。其中，range参数用于指定要计算其中非空单元格数目的区域。criteria参数用于指定以数字、表达式或文本形式定义的条件。

COUNTIF()函数不仅可以用来求各种类型单元格的个数，还能用来求大于或小于某个值的单元格个数；也能用来求等于或包含某个或n个特定字符的单元格个数；甚至可以用于两个条件求个数的情况。

6.1.4　标识出待签订合同

采购人员与供应商沟通谈判后，就需要着手签订采购合同。而实际工作中，有时沟通谈判后并不会立即签订合同。如果不对这类待签订合同进行记录，或者记录了这些待签订合同后不做标识，那么采购人员很可能因为时间过长而忘记签订合同这件事情，进而影响公司的正常生产活动。

为了帮助采购人员实时控制待签订的采购合同，可以借助Excel中的条件格式功能，将待签订的合同进行标识，以此提醒采购人员跟进采购合同的签订工作。下面以在Excel中对采购合同台账中记录的待签订合同进行标识为例，介绍大致的操作步骤。

实务案例　在采购合同台账中标识待签订合同

在采购合同明细表中选择所有合同记录，如这里选择 A3 : I14 单元格区域，在“开始”选项卡“样式”组中单击“条件格式”按钮，在弹出的下拉菜单中选择“新建规则”命令，如图 6-22 所示。

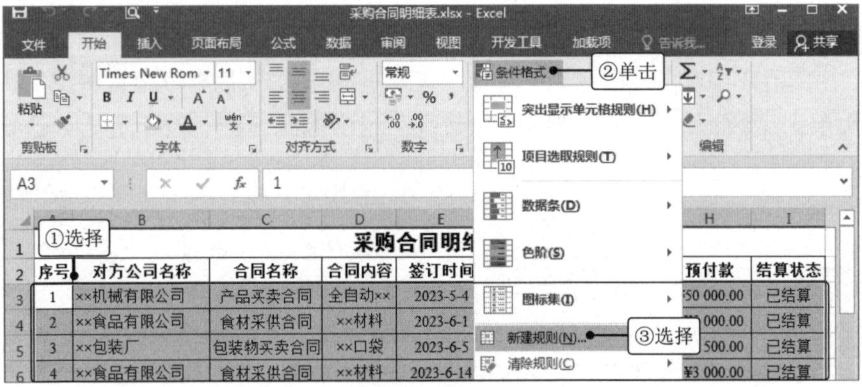

图6-22　选择“新建规则”命令

在打开的“新建格式规则”对话框中选择“使用公式确定要设置格式的单元格”选项，并在下方“为符合此公式的值设置格式”参数框中输入公式：=$E3="待签订"，单击“格式”按钮，在打开的“设置单元格格式”对话框中单击“填充”选项卡，选择待签订合同的标记颜色，见图 6-23，确认后单击“确定”按钮。

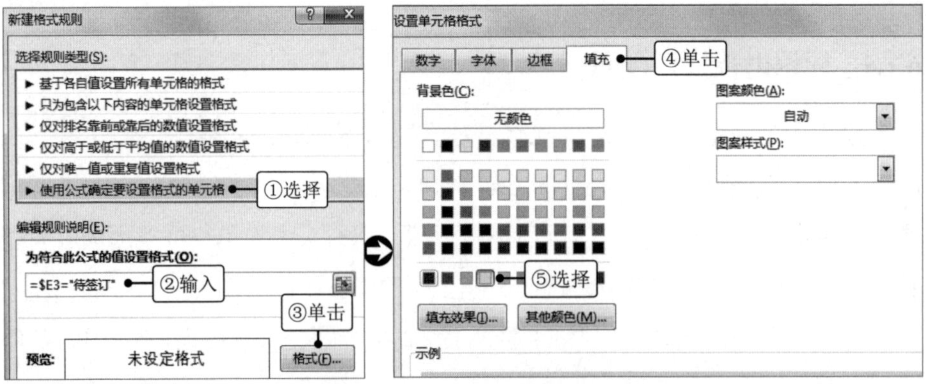

图6-23　输入公式设置条件格式

返回“新建格式规则”对话框，可以看到预览状态中的标识颜色变为所选的颜色，此时单击“确定”按钮，返回工作表，即可看到采购合同状态为“待签订”的记录已经标识出来了，如图 6-24 所示。

图6-24　确认并查看标识待签订合同的效果

TIPS　*绝对引用符号和相对引用符号*

在本例使用公式：=$E3="待签订"，其中$符号表示绝对引用，即查找“待签订”文本所在的列必须为E列，所以为$E；而查找的范围不仅限于第三行，所以引用的行数3为相对引用，直接为3，而没有符号$。

6.1.5　分类汇总合同金额

采购人员要协助财务部门做好货款结算工作，为了防止超过信用期付款给企业带来经济损失，采购人员需要对已结算合同和待结算合同的金额进行分类汇总，这样可以快速找到尚未结算货款的合同明细，从而指导财务人员及时向供应商付款。

这里的分类汇总合同金额，并不是进行简单的求和计算，而是将相同结算状态的合同数据归类在一起，然后进行计数、求和等运算。

注意，在Excel中对数据源中的数据进行分类汇总之前，有一个非常重要的前提：数据表必须按分类字段进行排序。排序的目的是将具有相同分类的记录整理到一起，从而方便分类统计。换句话说，只有将类别相同的记录排列在一起，才能真正实现归类汇总数据。

下面以在Excel中对采购合同明细按照已结算和待结算类别进行分类并汇总合同金额为例，介绍大致的操作。

实务案例 分类汇总已结算和待结算合同金额

在采购合同明细表中选择“结算状态”列中的任意数据单元格，在“数据”选项卡“排序和筛选”组中单击“升序”按钮将表格数据按照该列数据的升序排列（这里选择降序排列和升序排列的意义一样，其目的都是将相同结算状态的采购合同记录归类显示），如图 6-25 所示。

图6-25 按照结算状态的升序排列表格

在“分级显示”组中单击“分类汇总”按钮，如图 6-26 所示。

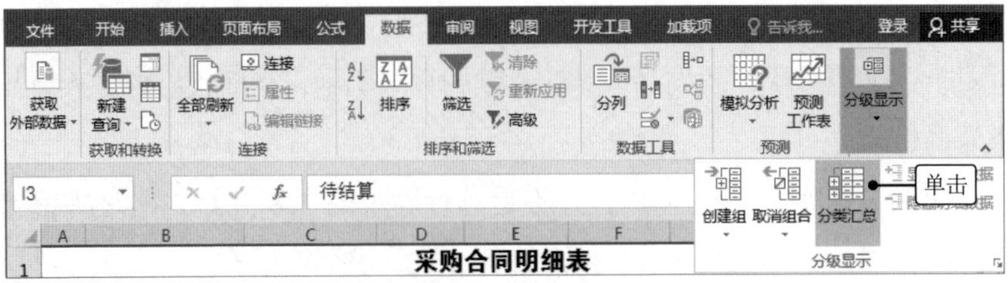

图6-26 单击“分类汇总”按钮

在打开的“分类汇总”对话框的“分类字段”下拉列表中选择“结算状态”选项（表示按照结算状态中的数据对表格进行分类汇总），在“汇总方式”下拉列表框中选择“求和”选项（表示统计各种结算状态的合同金额有多少条），在“选定汇总项”列表框中选中“合同金额”复选框（表示根据该列数据中分类的数据进行求和运算），单击“确定”按钮，如图 6-27 所示。

图6-27　按照结算状态分类汇总合同金额

在返回的工作表中即可查看到程序按照结算状态将表格的合同数据进行了分类汇总，在每个类别下方有一行汇总行，并在汇总行的合同金额列中按结算状态统计了该分类的合同金额总额，如图 6-28 所示。

5	9	××食品经营部	食材采供合同	××材料	待签订	待定	¥2 000.00	¥1 000.00	待结算
6	10	××食品经销商	食材采购合同	××材料	待签订	待定	¥1 000.00	¥0.00	待结算
7	12	××食品有限公司	食品采购合同	××原料	待签订	待定	¥2 500.00	¥0.00	待结算
8							¥17 500.00		待结算 汇总
9	1	××机械有限公司	产品买卖合同	全自动××	2023-5-4	2023-5-4	¥100 000.00	¥50 000.00	已结算
10	2	××食品有限公司	食材采供合同	××材料	2023-6-1	2023-6-1	¥5 000.00	¥5 000.00	已结算
11	3	××包装厂	包装物买卖合同	××口袋	2023-6-5	2023-6-5	¥1 000.00	¥500.00	已结算
12	4	××食品有限公司	食材采供合同	××材料	2023-6-14	2023-6-14	¥6 000.00	¥3 000.00	已结算
13	5	××食品有限公司	食材采供合同	××材料	2023-6-20	2023-6-20	¥3 000.00	¥3 000.00	已结算
14	8	××食品批发商	食材采购合同	××材料	2023-6-30	2023-7-3	¥3 500.00	¥3 500.00	已结算
15	11	××包装厂	包装物买卖合同	××口袋	2023-7-3	2023-7-3	¥1 250.00	¥1 250.00	已结算
16							¥119 750.00		已结算 汇总
17							¥137 250.00		总计
18									
19									

查看

图6-28　查看分类汇总情况

在工作表左侧的窗格中单击 2 按钮折叠明细数据，就可以看到总共划分了多少个类别，以及各类别的统计数据，如图 6-29 所示。

	A	B	C	D	E	F	G	H	I
1	采购合同明细表								
2	序号	对方公司名称	合同名称	合同内容	签订时间	生效时间	合同金额	预付款	结算状态
8							¥17 500.00		待结算 汇总
16							¥119 750.00		已结算 汇总
17							¥137 250.00		总计
18									
19									

图6-29　查看分类汇总的类别统计数据

注意，采购人员在对表格进行分类汇总后，根据显示数据的详细情况分为三个级别的汇总，不同的汇总级别，其显示的数据内容不同。

级别3：显示的数据最详细，如图6-28所示，在该图中可以查看到各级结算状态的具体采购信息。

级别2：显示汇总字段的汇总数据，如图6-29所示，从该图中可以非常明显地查看到企业当前待结算状态的合同金额为17 500.00元，已结算状态的合同金额为119 750.00元，总合同金额为137 250.00元。

级别1：只显示所有关键字的汇总数据，如图6-30所示，从中只能查看到企业目前的合同总额为137 250.00元。

	A	B	C	D	E	F	G	H	I
1	采购合同明细表								
2	序号	对方公司名称	合同名称	合同内容	签订时间	生效时间	合同金额	预付款	结算状态
17							¥137 250.00		总计
18									
19									
20									
21									

图6-30　分类汇总级别1显示效果

6.1.6　筛选获取的物资行情数据

俗话说，货比三家不吃亏。专业的采购团队或采购人员会收集并整理所需物资的行情信息，然后通过筛选、比较和分析，找到物美价廉的物资，与对应的供应商建立合作关系，从而为企业降低采购成本助力。

那么，采购人员要如何利用手里已经获取的物资行情数据，为企业选出优质的供应商呢？这就涉及满足多条件的筛选工作，满足的条件越多，越能选出符合企业采购要求的供应商。

但是，要对表格中的数据进行多条件筛选，需要使用高级筛选来实现。这与自动筛选和自定义筛选不同，高级筛选的筛选条件是由用户，也就是由采购数据整理与分析的人员在编辑区中输入的。

因此，要使用高级筛选，采购数据整理与分析人员就需要掌握高级筛选的条件编写规则。

①条件区域的第一行必须为条件的列标签，且列标签必须与数据源相应的表头保持一致，否则无法筛选。

②如果筛选条件有两个或两个以上，则可以在条件区域相应列标签下的单元格依次输入条件，各条件之间为“或”逻辑关系。条件区域中同一行的条件之间为“与”逻辑关系。

下面以在Excel中对主要材料市场调查情况表进行数据筛选为例，看看大致的操作步骤。

实务案例　对主要材料市场调查情况进行数据筛选

在主要材料市场调查情况表的空白单元格区域输入筛选条件的列标（注意保证列标与数据源的表头一致），在对应的列标下的单元格中输入筛选条件，选择数据源中包含数据的任意一个单元格，单击“排序和筛选”组中的“高级”按钮，如图 6-31 所示。

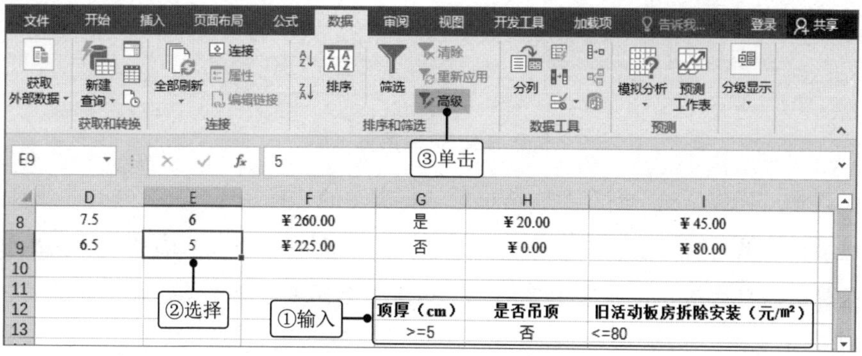

图6-31　输入筛选条件的列标

在打开的“高级筛选”对话框中单击“列表区域”参数框右侧的折叠按钮，选择需要查找的数据区域，单击展开按钮，如图 6-32 所示。

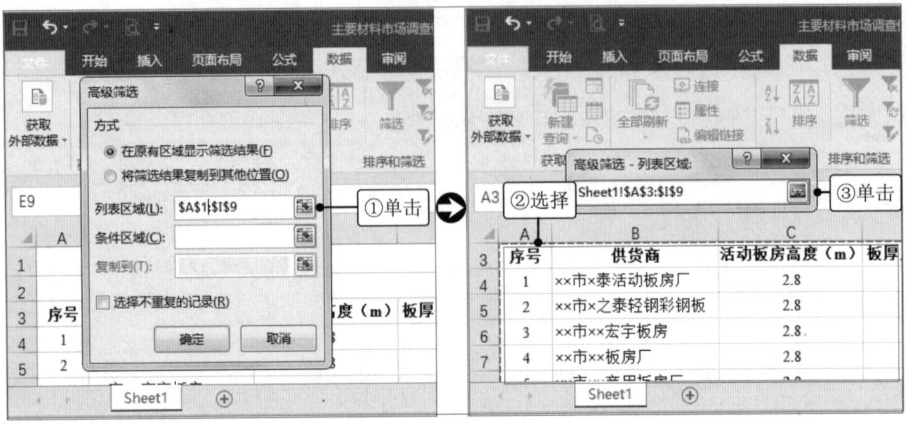

图6-32　选择列表区域

在返回的对话框中单击“条件区域”参数框右侧的折叠按钮，选择筛选条件所在的单元格区域，单击展开按钮，如图 6-33 所示。

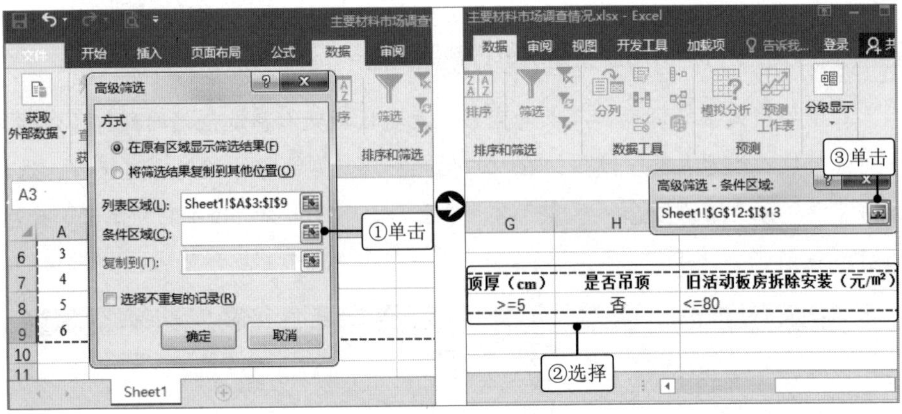

图6-33　选择条件区域

返回“高级筛选”对话框，选中对话框上方的“将筛选结果复制到其他位置”单选按钮，此时下方会多一个参数框，单击“复制到”参数框右侧的折叠按钮，在条件区域下方选择任意空白单元格，如这里选择 A15 单元格，单击展开按钮，如图 6-34 所示。

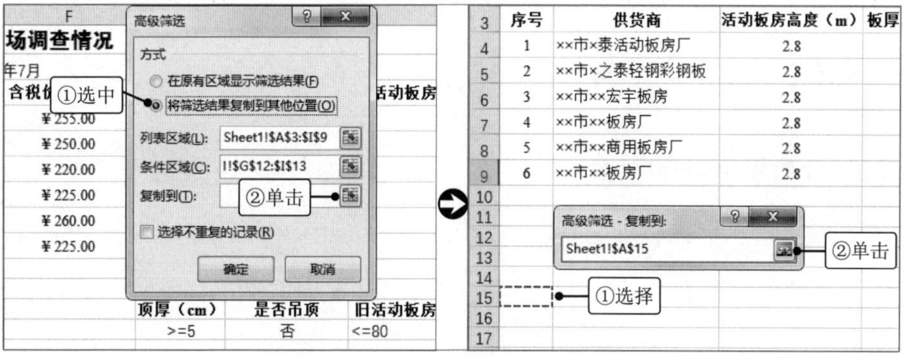

图6-34　选择筛选结果复制到的位置

返回到对话框，单击“确定”按钮，此时可以查看到筛选结果复制到了所选的位置，见图 6-35。这里设置的条件刚好筛选出一条材料行情记录，实际工作中，根据筛选条件选出的材料行情记录可能不止一条，此时为了更精准地找到目标供应商，还可以在筛选结果中进行对比分析。

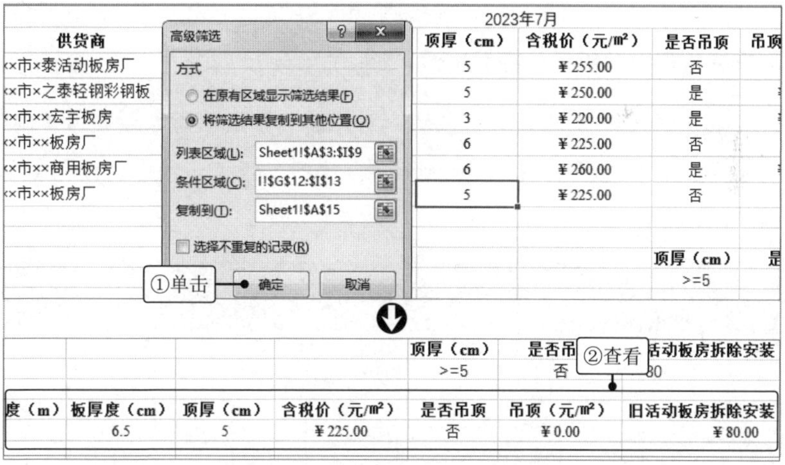

图6-35　根据筛选条件显示出符合要求的材料行情数据

6.2　用Excel+AI工具分析采购信息数据

对于采购部门及员工来说，只是简单进行采购数据整理还不够，还应对采购数据进行必要的分析，帮助采购人员选择到合适的供应商，既保证采购物资的质量，也能有效控制成本。

6.2.1 分析供应商的报价

采购人员分析供应商的报价，可以从两个方面进行：一是分析不同供应商对同一商品的报价；二是分析某个供应商提供的某种商品在不同月份的报价走势。

1. 分析不同供应商对同一商品的报价

采购人员对不同供应商的同一商品的报价进行分析，可以看出某种商品的市场价格行情，有利于企业选择具备物美价廉特质的供应商。

下面以某公司采购部制作的产品报价表为例，介绍针对同一商品报价的分析操作。

实务案例 插入柱形图分析某一商品报价

在产品报价表中将供应商名称表头和对应的三个供应商名称数据复制到工作表的空白区域，然后选择C2:C7单元格区域，按【Ctrl+C】组合键执行复制操作，如图6-36所示。

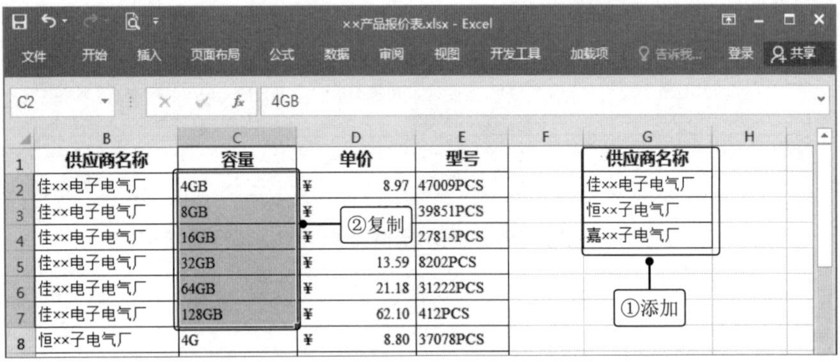

图6-36 复制供应商名称表头和供应商名称

选择H1单元格，在“开始”选项卡“剪贴板”组中单击“粘贴”按钮下方的下拉按钮，选择“转置”命令，程序自行将复制的纵向单元格区域的内容横向粘贴到 H1：M1 单元格区域，如图 6-37 所示。

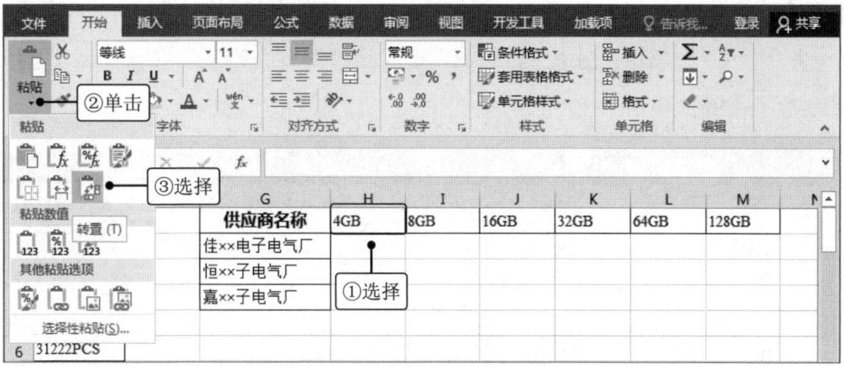

图6-37　复制、粘贴商品容量

选择 D2:D7 单元格区域，按【Ctrl+C】组合键复制选择的单元格区域，选择 H2 单元格，右击，在弹出的快捷菜单中选择“转置”命令，即可完成第一个供应商提供的某商品各类容量的单价整理，用相同的方法将其他供应商提供的各类容量的产品单价整理到 H2:M4 单元格区域，完成数据的整理操作，如图 6-38 所示。

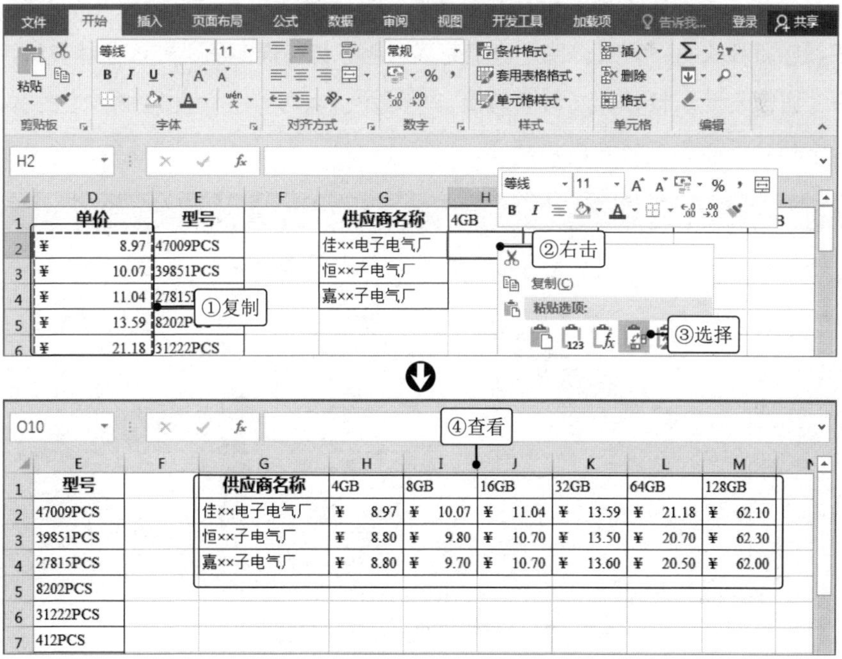

图6-38　复制、粘贴产品报价数据

为了更直观地了解三个供应商对同一商品不同型号的报价高低情况，可以根据整理后的表格数据绘制柱形图。选择数据表中的数据区域，即 G1:M4 单元格区域，单击“插入”选项卡“图表”组中的“插入柱形图或条形图”下拉按钮，选择“簇状柱形图”选项，如图 6-39 所示。

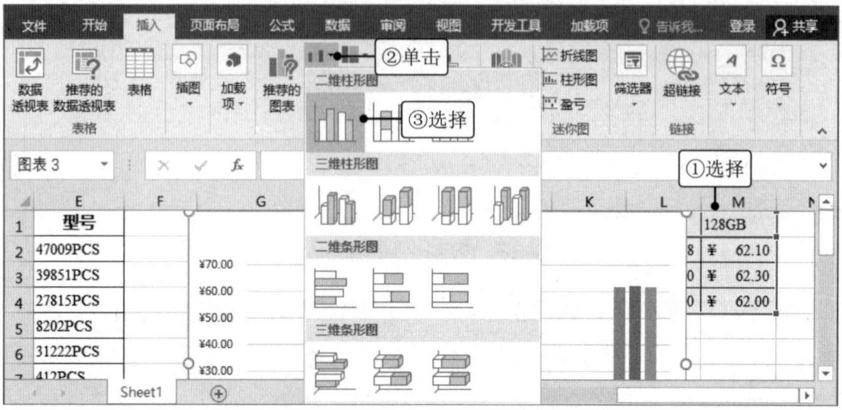

图6-39 插入簇状柱形图

在工作表中即可看到一张柱状图图表，可大致看出最左侧柱状几乎都比其他两个颜色的柱状高一点点，但是为了更准确地分析报价高低，可以选择数据系列，单击“图表元素”按钮，在打开的面板中选中“数据标签”复选框，为图表数据系列添加数据标签，如图 6-40 所示。

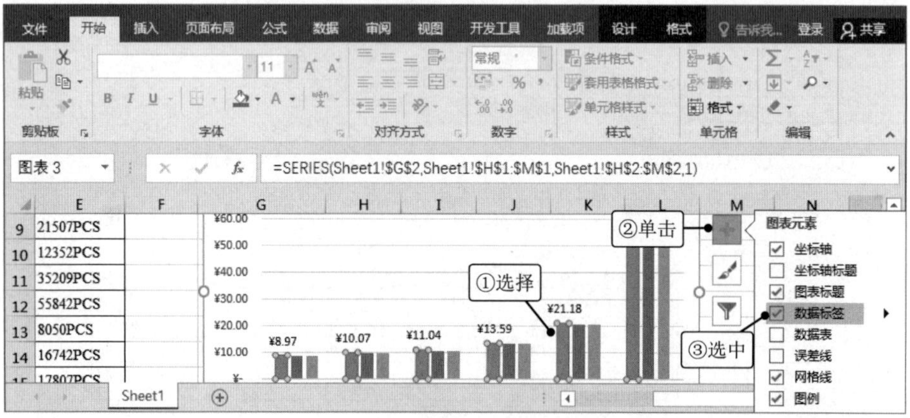

图6-40 为图表数据系列添加数据标签

按照相同的方法为其他数据系列添加数据标签，拖动数据标签调整其位置使所有标签清晰显示，然后修改图表标题，其最终效果如图 6-41 所示。

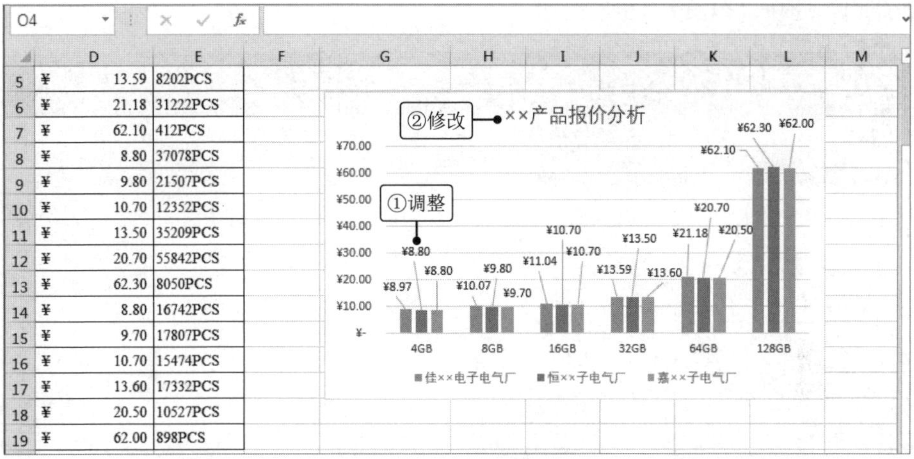

图6-41　为其他数据系列添加数据标签并修改图表标题

关于数据标签格式的设置这里不作详细说明，感兴趣的采购数据分析员可自行学习。

这样一来，就可以很清晰地看到，佳××电子电气厂的报价普遍高于其他两个供应商，而嘉××子电气厂的报价普遍低于其他两个供应商。

如果不考虑供货产品不合格率，单从报价来看，企业可以选择嘉××子电气厂。但实际工作中，采购人员需要综合衡量价格因素和不合格率等风险因素，才能为企业选出合适的供应商。

2. 分析某个供应商提供的某种商品在不同月份的报价

分析某个供应商提供的某种商品在不同月份的报价，可以了解到该供应商提供的某种商品的价格变化趋势，从而提前作出后期是否选择该供应商供货的决定。

下面在某供应商提供的某产品年度报价表中借助折线图来分析商品的报价走势，其操作步骤如下。

实务案例　借助折线图分析商品的报价走势

在供应商产品年度报价统计表中选择数据区域（包括表头），在“插入”选项卡“图表”组中单击“插入折线图或面积图”下拉按钮，选择“带数据标记的折线图”选项，如图 6-42 所示。

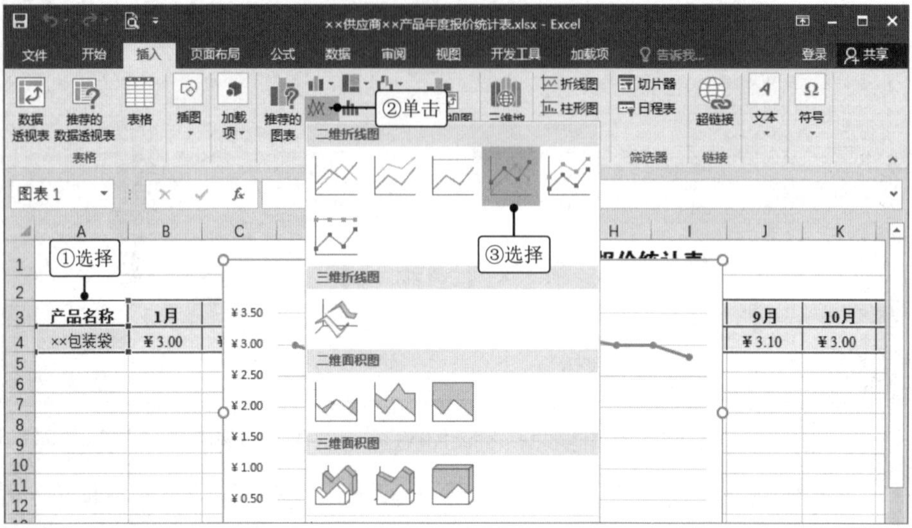

图6-42　选择“带数据标记的折线图”选项

返回工作表，即可查看到插入的带标记的折线图，为图表修改合适的标题，如图 6-43 所示。采购数据分析员可以直观看到该供应商针对某种商品的报价在一年内的变化趋势，大致呈波浪状态，即降价和涨价交替出现。

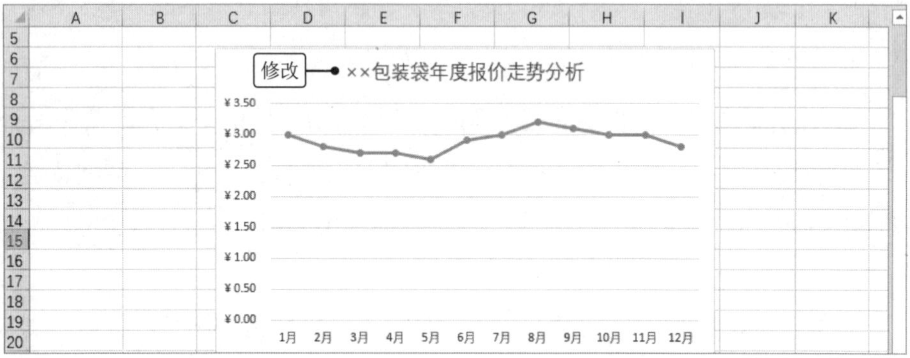

图6-43　查看用折线图展示的包装袋年度报价走势

那么，根据折线图呈现的报价变化趋势，可以预测下一年度年初该包装袋的报价可能会上涨。

6.2.2　对供应商进行等级评定

企业生产经营过程中，原材料的好坏直接影响产出产品的质量，从而影响公司的经营状况。因此，对于与企业合作的供应商，相关人员需要定期对供应商进行分析与评级，供货质量好、发货速度快且及时的供应商，企业要做好长期合作关系的维护。

下面通过实例介绍如何根据供货产品不合格率和发货速度来对供应商进行等级评定，从而找出不靠谱的供应商。

实务案例　根据供货产品不合格率和发货速度给供应商评级

已知某公司采购部门对于与公司合作的供应商的重要程度等级的评定依据见表 6-1。

表 6-1　供应商重要程度等级评定依据

等级	含义	评定依据	处理办法
1 级	重要合作对象	供货产品不合格率小于或等于 5%，且发货速度为“下单后 3 天内发货”的供应商；或者供货产品不合格率小于或等于 5%，且发货速度为“下单后 7 天内发货”的供应商	一旦对供应商的评级结果为 1 级，那么可与该供应商保持长期合作关系
2 级	一般合作对象	供货产品不合格率在 5%（不含）～ 10%（不含），且发货速度为“下单后 3 天内发货”的供应商；或者供货产品不合格率在 5%（不含）～ 10%（不含），且发货速度为“下单后 7 天内发货”的供应商	一旦对供应商的评级结果为 2 级，那么处理办法是在暂时没有其他更好的合作供应商时予以考虑合作
3 级	可终止合作的对象	供货产品不合格率达到 10% 及以上的供应商；或者发货速度为“下单后 7 天以后发货”的供应商	可视企业经营情况终止与其合作

在供应商重要程度评级表格的等级评定结果列中选择第一个空白单元格，在编辑栏中输入公式：=IF(OR(AND(I2<=5%,J2=" 下单后 3 天内发货 "),AND(I2<=5%,J2=" 下单后 7 天内发货 ")),"1 级 ",IF(OR(AND(AND(I2>5%,I2<10%),J2=" 下单后 3 天内发货 "),AND(AND(I2>5%,I2<10%),J2=" 下单后 7 天内发货 ")),"2 级 ","3 级 "))，按【Ctrl+Enter】组合键确认公式，对第一个供应商进行重要程度等级评定，如图 6-44 所示。

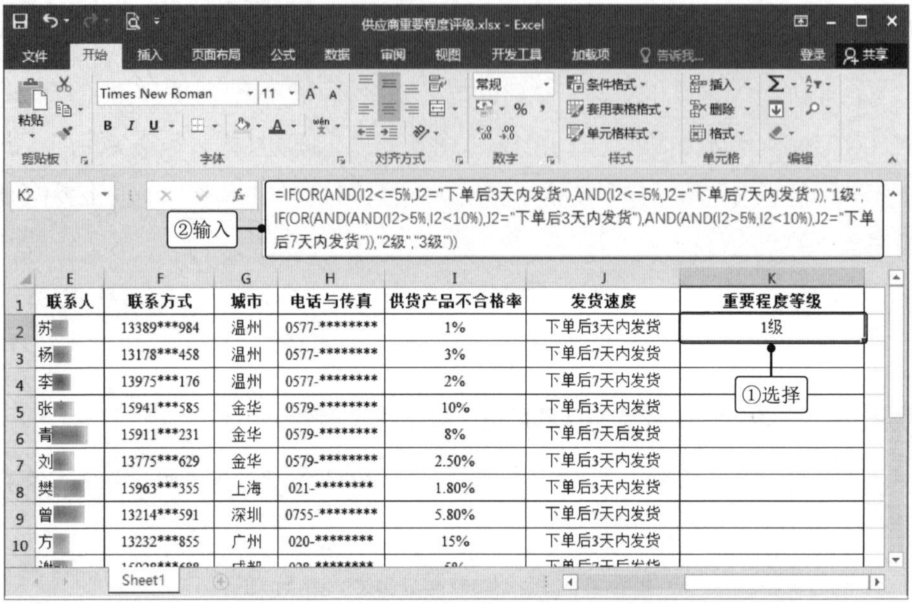

图6-44　对第一条记录的供应商进行重要程度评级

双击 K2 单元格右下角的控制柄，程序自动填充公式，对其他供应商进行重要程度等级评定，如图 6-45 所示。

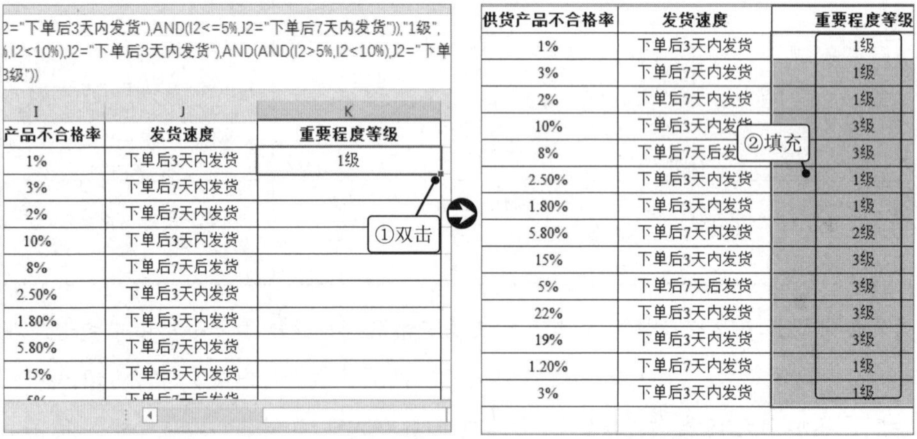

图6-45　填充公式评定其他供应商的重要程度等级

对重要程度评级后，管理者和采购部门对每位供应商的重要程度信息一目了然，后期选择相关产品的进货渠道时就可参考评级结果。

注意，评级结果为可终止合作的供应商，企业也不要过于武断，只有在保证供应商数量充足的情况下，才能终止合作，否则没有其他可选择的供应商时贸然终止合作，很可能导致企业供货渠道断链，影响生产活动。

TIPS *关于本例使用的运算公式说明*

本例使用的运算公式虽然复杂，但原理简单，就是利用IF()函数的嵌套结构判断供应商等级评定依据。为了方便理解，可以将公式简化成：=IF([判断第一种评定条件是否成立],"1级"，IF([判断第二种评定条件是否成立],"2级","3级"))。

[判断第一种评定条件是否成立]：这部分表示OR(AND(I2<=5%,J2="下单后3天内发货"),AND(I2<=5%,J2="下单后7天内发货"))，其中，AND(I2<=5%,J2="下单后3天内发货")表示供货产品不合格率小于等于5%且发货速度为“下单后3天内发货”；AND(I2<=5%,J2="下单后7天内发货")表示供货产品不合格率小于等于5%且发货速度为“下单后7天内发货”。

[判断第二种评定条件是否成立]：这部分表示OR(AND(AND(I2>5%,I2<10%),J2="下单后3天内发货"),AND(AND(I2>5%,I2<10%),J2="下单后7天内发货"))，其中，AND(AND(I2>5%,I2<10%),J2="下单后3天内发货")表示供货产品不合格率在5%（不含）~10%（不含）且发货速度为“下单后3天内发货”；AND(AND(I2>5%,I2<10%),J2="下单后7天内发货")表示供货产品不合格率在5%（不含）~10%（不含）且发货速度为“下单后7天内发货”。

AND()函数主要用于对数据进行并集运算，也称逻辑与运算。当指定的所有条件都成立时，该函数返回逻辑真值TRUE；只要有一个条件不成立，函数就返回逻辑假值FALSE，其语法结构为：AND(logical1,logical2,...)。

OR()函数主要用于对数据进行交集运算，也称逻辑或运算。当指定的所有条件中有一个条件成立时，该函数返回逻辑真值TRUE；当所有条件都不成立时，函数才返回逻辑假值FALSE，其语法结构为：OR(logical1,logical2,...)。

AND()函数和OR()函数的参数相似，参数的作用和注意事项也相似。在使用过程中注意以下两点：

①logical1,logical2,...参数可以是逻辑值，也可以是逻辑表达式。

②使用AND()函数和OR()函数时，如果数组或引用的参数中包含文本或空白单元格，这些值将被忽略。如果指定的单元格区域内包含非逻辑值，则将返回错误值#VALUE。

6.2.3 业务总金额与未付款总金额统计比较

采购业务总金额与未付款总金额进行比较，可以帮助采购人员了解到企业自身的付款能力。比如看未付款总金额占采购业务总额的比重，如果比重高，说明企业采购未付款金额较多，可能影响企业的信誉，此时企业需要积极采取措施及时向供应商付款；如果比重低，说明企业采购未付款金额较少，企业有足够的付款能力。

下面以统计业务总金额和未付款总金额，并核算未付款总金额占业务总金额的比重为例，介绍大致操作步骤。

实务案例 **统计分析业务总金额与未付款总金额**

在记录了合同金额的表格中（如采购合同台账、采购合同明细表等）的空白区域添加一个表格，表头分别为“合同总金额”、“未付款金额”和“未付款占比”，选择 L3 单元格，在编辑栏中输入公式：=SUM(G3:G14)，按【Ctrl+Enter】组合键确认公式，计算出合同总金额，如图 6-46 所示。

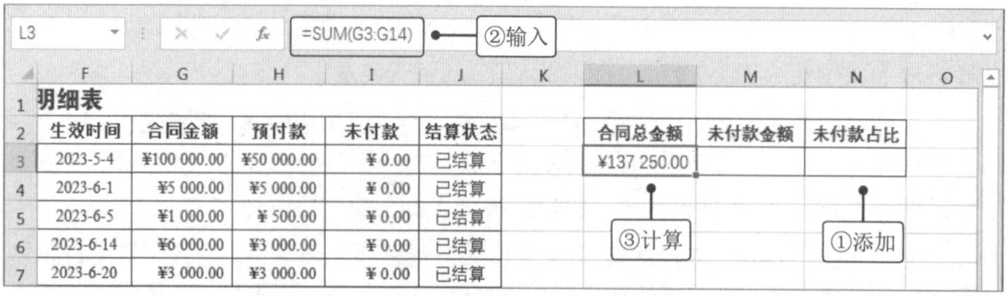

图6-46 计算出合同总金额

选择 M3 单元格，在编辑栏中输入公式：=SUM(I3:I14)，按【Ctrl+Enter】组合键确认，计算出未付款金额总数，如图 6-47 所示。

图6-47 计算出未付款金额

选择 N3 单元格，在编辑栏中输入公式："M3/L3*100%"，按【Ctrl+Enter】组合键确认，计算出总的未付款金额占合同总金额的比重，如图 6-48 所示。

图6-48　计算出未付款金额占合同总金额的比重

为了使比重数据更直观，可以更改显示格式。保持 N3 单元格的选择状态，在"开始"选项卡"数字"组中单击"数字格式"下拉按钮，在弹出的下拉菜单中选择"百分比"选项，返回工作表即可看到保留两位小数的百分比，如图 6-49 所示。

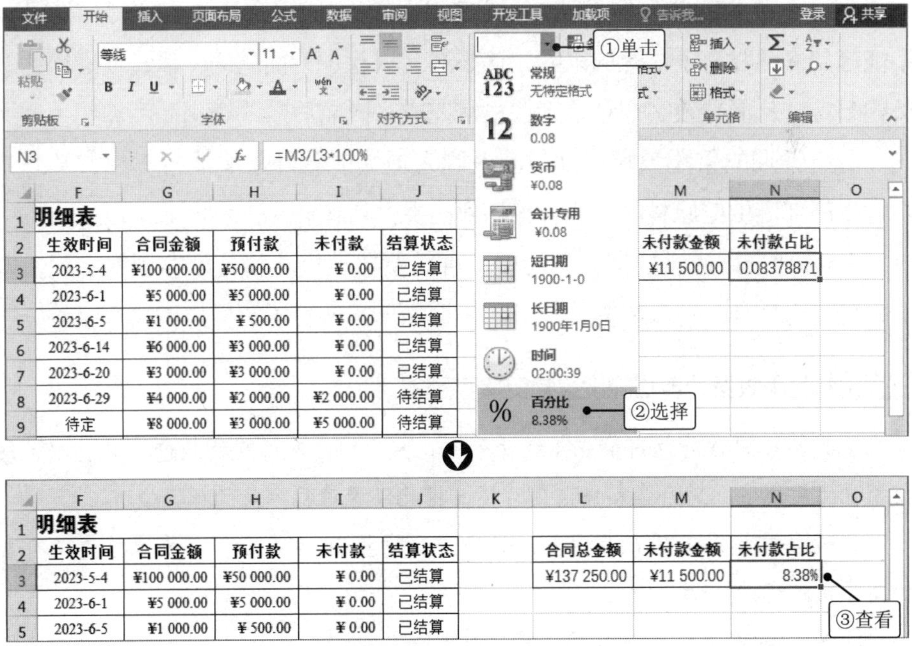

图6-49　更改数字格式

从统计分析结果可知未付款金额占合同总金额的8.38%，比重较小，说明公司有较强的付款能力，能及时向供应商支付货款。

实际工作中，采购合同台账还可以记录供应商是否开票这一信息，并对未开票涉及的合同总金额进行分析，方法与分析未付款占合同总金额比重类似。为什么会涉及未开票金额的分析呢？因为对于采购方来说，要收到供应商开具的销货发票，且是增值税专用发票，才能用于抵扣销项税额，否则采购方会面临经济损失。

实际操作时，先统计出合同总金额，然后统计出未开票的合同总金额，最后算出未开票的合同总金额占合同总金额的比重。这样就可以分析出采购方没有收到供应商开具的增值税专用发票的合同总金额有多少，可据此督促采购人员向供应商催要发票。

6.2.4 分析近期采购需求

为什么企业需要分析近期的采购需求呢？因为采购工作需要提前准备，不能等到库存没有了才开始采购，这必然会引起生产活动的停滞，或者销售业务的断链，从而导致客户订单无法正常完成，影响后续的销售活动。

分析近期的采购需求可以帮助采购人员提前做好采购准备工作，及时为企业生产部门供应原材料，或为销售部门提供待售产品。

在Excel中，通过数据计算功能，可以便捷地设置物资库存预警提醒，以此来确定近期是否有采购需求。下面来看具体实例，了解操作步骤。

实务案例 利用数据计算功能设置物资库存预警

已知某公司作为电商企业，经营了多款不同功能和外观的箱包，且整理了每款箱包的最优安全库存量和当前库存量，据此设置库存不足的预警提醒。

假设当前库存量用 P 表示，最优安全存货量用 M 表示，且要求将急需补货的商品信息突出显示。

① $80\%M \leqslant P \leqslant M$，提醒“需要补充存货”。

② $P<80\%M$，提醒“急需补充存货”。

在库存量台账表单中选择 M2:M16 单元格区域，在编辑栏中输入公式：=IF

(L2>K2,"",IF(AND(L2<K2,L2>=K2*80%),"需要补充存货","急需补充存货"))，按【Ctrl+Enter】组合键确认公式，自动显示每款箱包的库存预警信息，如图 6-50 所示。

M2　=IF(L2>K2,"",IF(AND(L2<K2,L2>=K2*80%),"需要补充存货","急需补充存货"))　②输入

	H	I	J	K	L	M
1	供应商	联系人	联系电话	最优安全存货量	当前库存量	补充存货提醒
2	深圳市××制造有限公司	吴[redacted]	1354078****	800	765	需要补充存货
3	金华市××箱包制造有限公司	刘[redacted]	1874589****	300	468	
4	义乌市××承意手袋厂	赵[redacted]	1397854****	260	160	急需补充存货
5	保定市××箱包实力工厂	胡[redacted]	1823657****	160	192	

①选择

图6-50　自动显示商品的库存预警信息

其中，急需补充存货的商品对公司来说会影响正常运营，因此需特别引起重视。所以，可以采用 Excel 提供的条件格式功能来突出显示急需补充存货的商品库存信息，如图 6-51 所示。相关设置操作可参考 6.1.4 节。

	H	I	J	K	L	M
1	供应商	联系人	联系电话	最优安全存货量	当前库存量	补充存货提醒
2	深圳市××制造有限公司	吴[redacted]	1354078****	800	765	需要补充存货
3	金华市××箱包制造有限公司	刘[redacted]	1874589****	300	468	
4	义乌市××承意手袋厂	赵[redacted]	1397854****	260	160	急需补充存货
5	保定市××箱包实力工厂	胡[redacted]	1823657****	160	192	
6	东莞市××皮具源头厂家	毛[redacted]	1373541****	70	40	急需补充存货
7	东莞市××包具有限公司	董[redacted]	1394865****	180	231	

图6-51　突出显示效果

本例中，为了便于理解学习，最优安全存货量和当前库存量都是已知的，而实际工作中采购数据分析员需要从库存管理体系中引入当前库存量数据，最优安全存货量则是综合各种影响因素确定的一个当前库存标准。

确定最优安全存货量时，相关人员需要先了解企业过去的销售量和消费群体分布情况，并评估公司存货的年置存成本占存货价值的比重；然后根据公司销售量分布状况，计算库存短缺的预期成本和安全库存的仓管成本；最后将预期短缺成本和安全库存仓管成本相加，就可得到安全存货的总成本，从而得

出最优安全存货量。

注意，最优安全存货量并不是一个统一的标准，即使是同一家公司，也会因为库存需求预测、存货运输时间等因素的不确定而使最优安全存货量发生变化。所以，实务中，最优安全存货量是需要公司根据实际情况进行灵活调整的。

TIPS *IF()函数的嵌套结构说明*

本例使用的是IF()函数的嵌套结构，通过“L2>K2”部分判断当前存货量是否在最优安全存货量之上，如果是，则不用补充存货，公式返回空值；否则在嵌套结构中继续判断当前库存量是否在最优安全存货量的80%~100%这个区间，如果是，则提醒采购人员需要考虑补充存货了；否则表示当前库存量已经影响到正常生产经营，急需补货了。

6.2.5 科学灵活地控制商品采购数量

公司在采购物资时，不仅要根据物资库存情况和当前市场价格的高低制订采购计划，还要考虑到产成品或商品的市场销售淡旺季情况。很显然，销售旺季需要多采购，备足物资，避免供不应求；销售淡季需要减少采购量，避免物资积压造成浪费，从而有效控制不合理的采购投入。

采购数据分析员可以通过历史销售数据来判断市场的销售淡旺季，下面介绍判断市场销售淡旺季、确定合理采购数据的相关操作。

实务案例 分析销售淡旺季确定采购数量

在合理控制采购数量工作表中将月份及其对应的销售量数据复制粘贴到D列和E列，删除复制列中的内容，将表头分别修改为“最大值”和“最小值”，以便在制作图表过程中可以更清晰查看到淡旺季销售量最高的月份。然后选择最大值列的D2:D13单元格区域，在编辑栏中输入公式：=IF(C2=MAX($C$2:$C$13),C2,NA())，按【Ctrl+Enter】组合键确认，完成2020年销售量最大的数据获取，如图6-52所示。

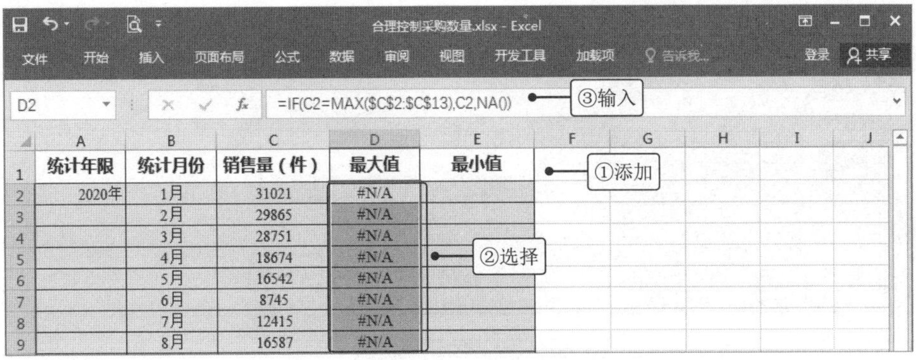

图6-52　获取2020年销售量最大的数据

选择最小值列的 E2:E13 单元格区域，在编辑栏中输入公式：=IF(C2=MIN($C$2:$C$13),C2,NA())，按【Ctrl+Enter】组合键确认，完成 2020 年销售量最小的数据获取。用相同的方法分别获取 2021 年和 2022 年全年销量的最大值和最小值，完成辅助列数据的引入，如图 6-53 所示。

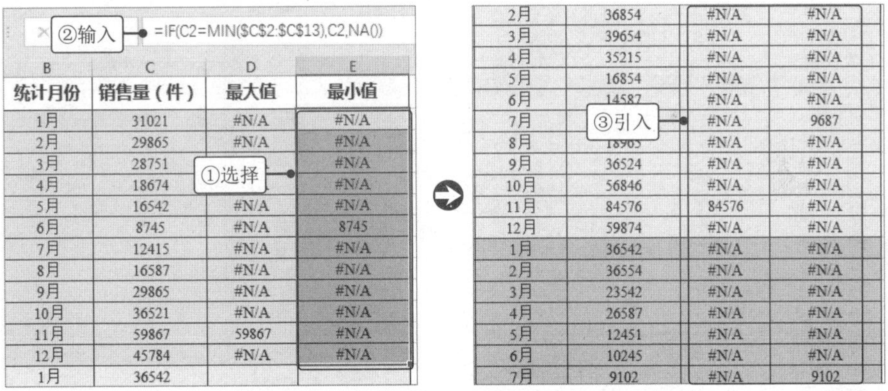

图6-53　完成辅助列数据的引入

为了更直观地分析销售淡旺季，下面用折线图呈现近三年的销售量；同时，为了突出最大值和最小值，方便查看最大销量和最小销量对应的月份，这里用柱形图展示。在同一个图表中既有折线图又有柱形图时，需要创建组合图。具体操作是：选择所有表格内容，即 A1:E37 单元格区域，在“插入”选项卡“图表”组中单击“插入组合图”下拉按钮，在弹出的下拉菜单中选择“创建自定义组合图”命令，如图 6-54 所示。

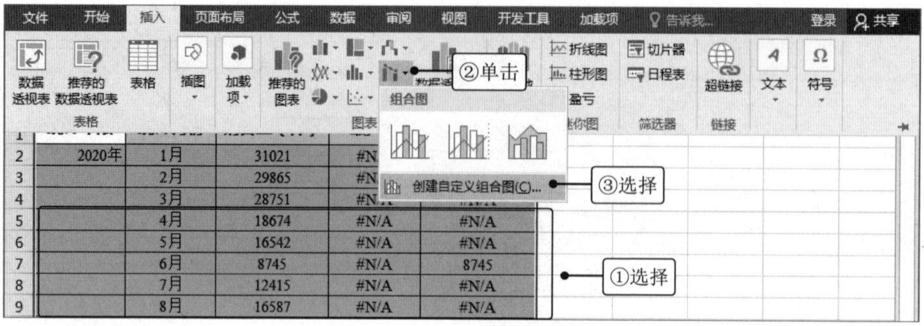

图6-54　创建组合图

在打开的“插入图表”对话框中选择销售量对应的图表类型的下拉列表框右侧下拉按钮，选择“折线图”选项，将“最小值”数据系列的图表类型更改为“簇状柱形图”，单击“确定”按钮创建组合图，如图 6-55 所示。

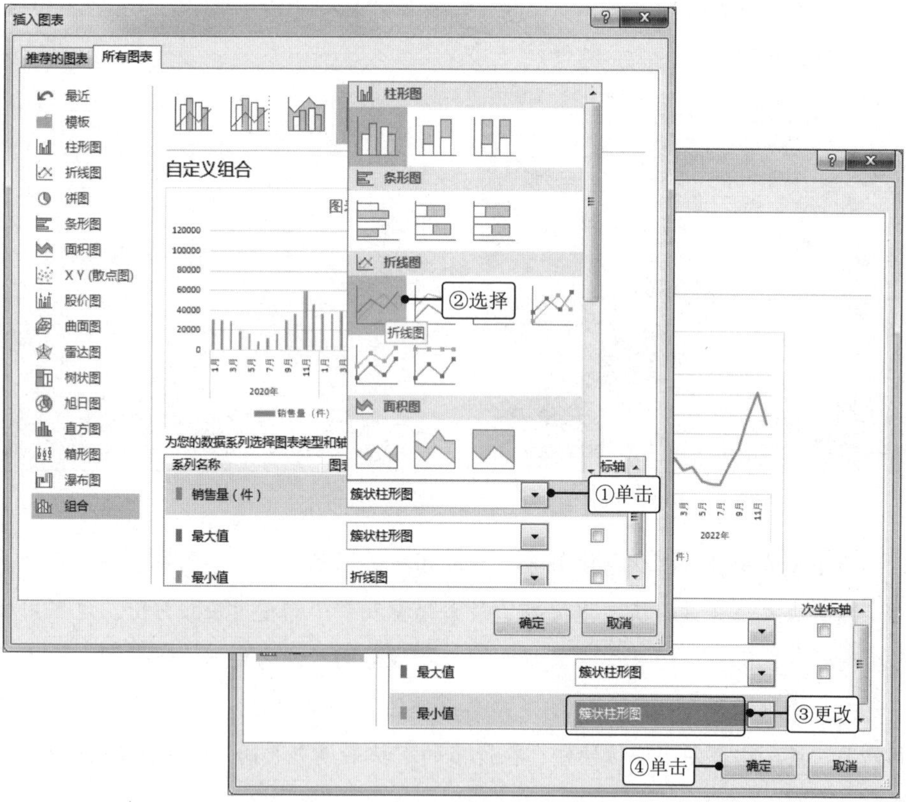

图6-55　完成组合图的创建

选择创建的图表，为其命名，见图 6-56。最后，为了使图表更美观，采购数据分析员可以自行更改字体格式和图表格式。

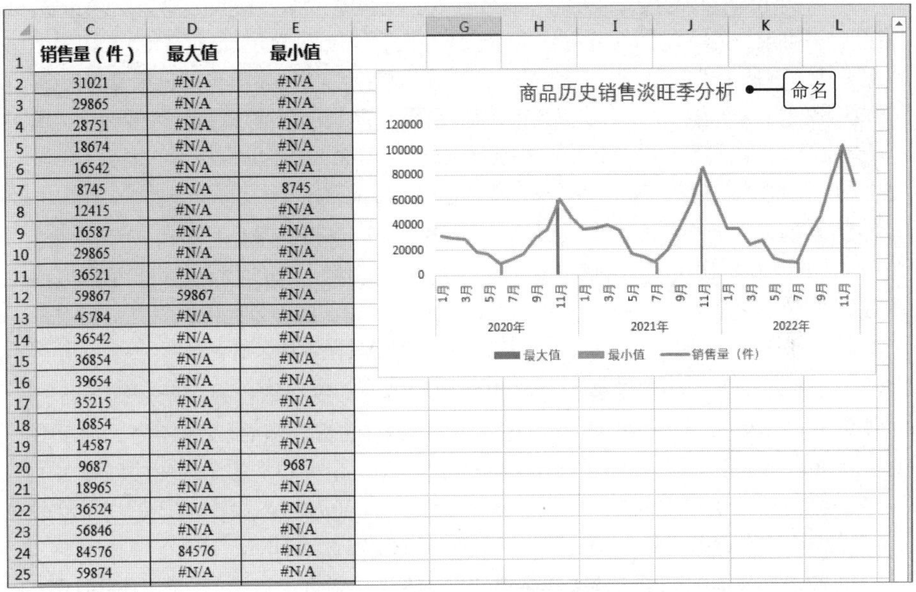

	C	D	E
1	销售量（件）	最大值	最小值
2	31021	#N/A	#N/A
3	29865	#N/A	#N/A
4	28751	#N/A	#N/A
5	18674	#N/A	#N/A
6	16542	#N/A	#N/A
7	8745	#N/A	8745
8	12415	#N/A	#N/A
9	16587	#N/A	#N/A
10	29865	#N/A	#N/A
11	36521	#N/A	#N/A
12	59867	59867	#N/A
13	45784	#N/A	#N/A
14	36542	#N/A	#N/A
15	36854	#N/A	#N/A
16	39654	#N/A	#N/A
17	35215	#N/A	#N/A
18	16854	#N/A	#N/A
19	14587	#N/A	#N/A
20	9687	#N/A	9687
21	18965	#N/A	#N/A
22	36524	#N/A	#N/A
23	56846	#N/A	#N/A
24	84576	84576	#N/A
25	59874	#N/A	#N/A

图6-56　为创建的组合图命名

从图6-56中可以看到，各年的销量呈现出规律的变化，旺季出现在每年的10～12月，且最大销量都出现在每年11月；而淡季出现在每年5～7月，且最小销量基本上都在六七月份。

根据淡旺季分析结果，企业可以在制订采购计划时，在10～12月多采购物资，而在5～7月少采购物资。

那么，具体的采购数量该怎么把控呢？从图表中可以得到一些参考。首先，从最小销量看，这三年基本上都维持在10 000件左右，变化不大，因此后续5～7月的采购数量应以库存量10 000件左右确定。其次，从最大销量看，这三年出现了逐年增长的态势，且差量均在20 000件左右，因此后续在旺季的采购数量可在上一年度的基础上多备20 000件左右的库存。

注意，在确定采购数量时，企业当前的库存量也是一个非常重要的参数，采购数据分析员不能忽视。

TIPS 获取最大值和最小值公式的说明

本例使用的获取最大值和最小值的公式，其原理一样。下面以获取最大值的公式进行说明。在=IF(C2=MAX($C$2:$C$13),C2,NA())公式中，MAX($C$2:$C$13)部分用于获取2020年1月～12月的最大销量，将获得的结果与当前行销量（即C2单元格的数据）进行比较。如果当前销量是最大值，则IF()函数判断条件成立，单元格显示C2单元格的值；如果条件判断不成立，则说明当前单元格中的销量不是最大的，则整个公式输出NA()函数返回的#N/A错误值。

本例中，由于最值数据均以柱形图形式展示，因此IF()函数条件判断不成立时，返回值也可以设置为空值或0，最终的图表效果是一样的。但如果最值是以折线图中的点来显示，则只能用NA()函数返回#N/A错误值，才能确保其他月份没有数据的情况下，不显示数据点。所以本例使用的公式是通用公式。

在Excel中，如果需要单独将表格中的最值数据提取出来进行其他运算，就需要使用统计函数中的MAX()函数和MIN()函数，其语法结构为：MAX(number1,number2,…)，MIN(number1,number2,…)。从语法结构可以看出，MAX()函数和MIN()函数的参数是一样的，都为number参数，该参数主要用于指定一组数据或单元格区域的引用，其个数的取值范围为1～255。

如果要避免因为单元格中存在空值的情况造成数据计算错误，可以通过NA()函数返回一个#N/A错误值来替代空值，其语法结构为：NA()。该函数没有参数，直接使用即可。

6.2.6 对竞争对手进行优势分析

所谓知己知彼才能百战百胜，企业在生产经营过程中，必须对竞争对手进行优势分析，其中包括采购价格和采购周期等的分析。

下面以在Excel中根据竞争对手及本公司相关数据制作百分比堆积柱形图为例，介绍分析竞争对手优势的相关操作。

实务案例 制作百分比堆积柱形图分析竞争对手的优势

在竞争对手优势分析工作表中选择数据区域（注意要包括整个数据序列的表头），在“插入”选项卡“图表”组中的“插入柱形图或条形图”下拉菜单中选择“百分比堆积柱形图”选项，如图6-57所示。

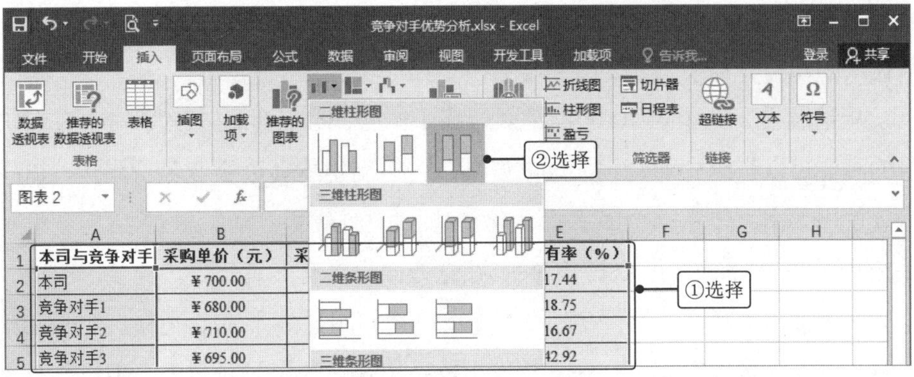

图6-57　选择“百分比堆积柱形图”选项

选择创建的图表，更改图表标题，如图 6-58 所示。另外，采购数据分析员还可以根据使用需要设置图表和标签格式等。

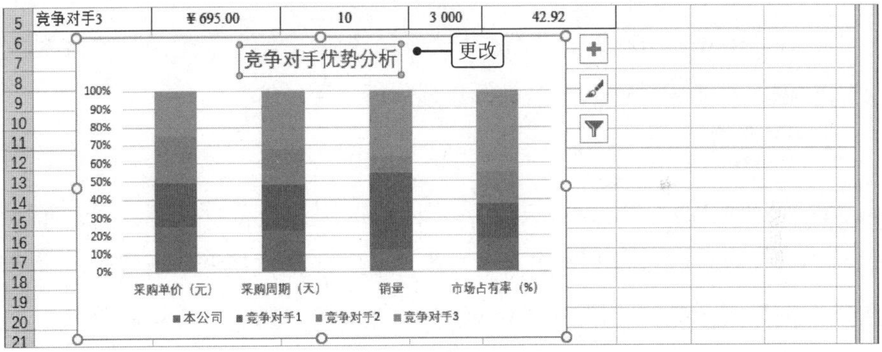

图6-58　更改图表标题

从图6-58可以明显看出，本公司与三家竞争对手在采购单价方面差异不大；而在采购周期方面，竞争对手3的采购周期明显高于本公司和其他两家竞争对手；销量方面，竞争对手1和竞争对手3的销量明显高于本公司和竞争对手2；市场占有率方面，竞争对手3明显高于本公司和其他两家竞争对手。

如何分析优势呢？从表格内容可以看出，竞争对手1的采购价格略低于本公司和其他两家竞争对手，而采购价格低可以帮助企业获取更大的利润空间，单从这个因素看，竞争对手1更具优势。

从采购周期看，竞争对手2的采购周期短于本公司和其他两家竞争对手，采购周期越短，越利于企业控制库存，并能及时获取物资用于生产或销售，单从这个因素看，竞争对手2更具优势。

从销量看，竞争对手1的销量明显高于本公司和其他两家竞争对手，而销量的高低可以看出企业营销活动的好坏，销量高也能促进企业存货周转，提高资金使用效率，单从这个因素看，竞争对手1更具优势。而竞争对手3与竞争对手1的销量相差不大，所以竞争对手3在这方面也具有一定优势。

从市场占有率看，竞争对手3的市场占有率明显高于本公司和其他两家竞争对手，而市场占有率能在一定程度上反映出企业的市场竞争力，市场占有率高，企业竞争力一般较强，单从这个因素看，竞争对手3更具优势。

6.2.7 Tableau与PowerBI进行采购数据分析

Tableau与PowerBI都是商业智能与数据可视化工具，无论是采购数据，还是财务数据，都能通过这些工具进行数据分析。

1. Tableau

Tableau由Tableau Software开发，可以帮助用户查看并理解数据，通过简单的拖曳操作就可以快速创建各种直观的图表，包括柱状图、折线图、饼图和地图等，清晰展示数据之间的关系和趋势。图6-59为Tableau的官网首页。

图6-59 Tableau官网首页

Tableau的主要优势是其可视化能力，用户可以将各种数据源，如数据库、Excel文件中的数据接入Tableau，通过简单的拖曳操作快速创建图表。另外，Tableau还支持交互式操作，用户可以进行筛选、排序和钻取等操作，进一步分析数据。

在数据处理方面，Tableau可以合并数据列、计算新的字段等，让数据以更合适的形式用于可视化展示。

另外，用户可以通过Tableau Public在博客与网站中分享数据，单击“Tableau Public”超链接，即可进入相关页面，如图6-60所示。

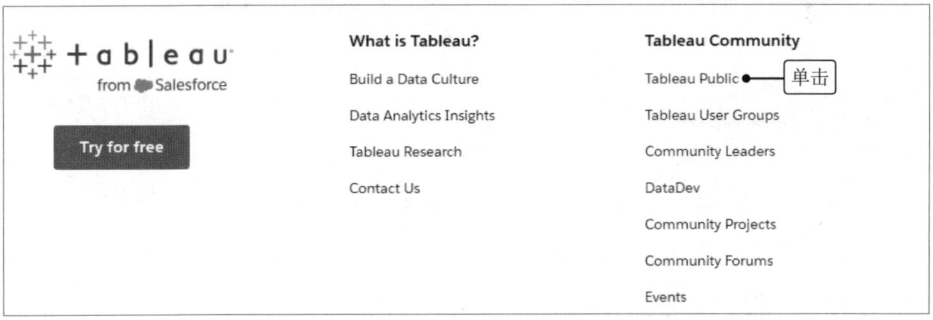

图6-60　通过Tableau Public分享数据

在跳转的页面中单击“HOW DO I GET STARTED ON TABLEAU PUBLIC?”超链接，如图6-61所示。在打开的页面中即可根据需要查看如何通过Tableau Public分享数据，如图6-62所示。

图6-61　查看如何分享数据

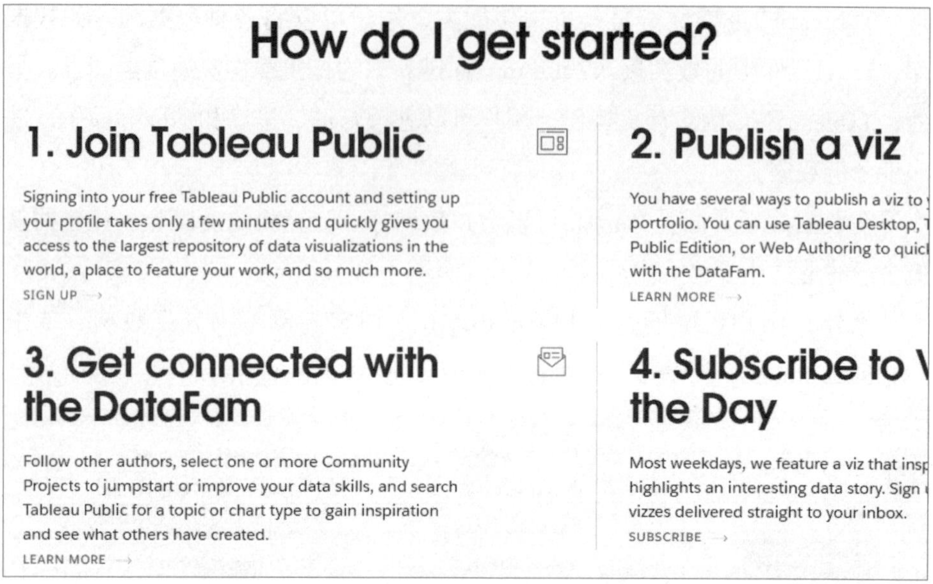

图6-62　查看通过Tableau Public分享数据的操作步骤

如果企业需要使用Tableau分析数据，可以免费试用或者直接购买，单击相应的按钮，根据页面提示进行操作即可，如图6-63所示。

图6-63　免费试用或直接购买

企业运用Tableau进行采购数据分析时，有三大软件应用程序提供支持。

（1）Tableau Desktop

Tableau Desktop可以帮助采购人员生动地分析实际存在的任何结构化的采购数据，并在几分钟内生成美观的图表、坐标图、仪表盘与报告。该程序不限制处理的数据大小，适用于多种数据文件与数据库，利用简便的拖放式界面就可以自定义视图、布局、形状和颜色等。

（2）Tableau Server

Tableau Server将Tableau Desktop 中最新的交互式数据可视化内容、仪表盘、报告与工作簿的共享变得迅速简便。利用企业级的安全性与性能支持大型部署，可以在几分钟内完成，且易于维护。

用户可以将Tableau视图嵌入其他Web应用程序中，在无须IT的情况下生成数千份报告。另外，该程序可以提取选项，帮助企业管理采购业务或者其他关键业务数据库上的负载。

该程序也不限制公司处理的数据大小，能在几秒钟内将最新的交互式分析至于Web上。为系统自定义视图并与其进行交互的用户提供Interactor许可证，为只需要查看与监视视图的用户提供Viewer许可证。

（3）Tableau Reader

Tableau Reader是计算机应用程序，帮助用户查看内置于Tableau Desktop的分析视角与可视化内容。

Desktop用户创建交互式数据可视化内容并发布为工作簿打包文件，利用Reader，企业内部同事之间可以使用按过滤、排序以及调查得到的数据结果进行交流，达到采购人员与团队及工作组共享分析视角的目的。

可以通过首页进入相应的软件应用程序，只需单击相应的超链接，如图6-64所示。

图6-64 软件应用程序入口

那么，Tableau与Excel的区别在哪里呢？具体见表6-2。

表 6-2 Tableau 与 Excel 的区别

区别	Tableau	Excel
功能定位	一款专业的数据可视化工具，专注于将复杂的数据转化为直观的图表、仪表盘和报告。支持快速的数据链接、数据清晰和可视化分析	一款电子表格软件，主要用于数据整理、计算、分析及可视化展示。提供了强大的公式与函数功能，能处理复杂的数学运算和逻辑判断
适用范围	适合处理大规模数据，如数百万甚至上亿行数据，适用于企业级数据分析、商业智能（BI）以及数据驱动的决策支持	适合处理较小规模的数据，通常在几万行以内，适用于日常的数据整理、财务分析、简单的统计分析等
数据处理能力	支持连接多种数据源，如 Excel、SQL Server、Hadoop 等，并通过内置的数据引擎快速处理和分析数据，支持复杂的数据计算与聚合操作，能高效处理复杂的数据清洗任务，如数据合并、数据拆分、数据转换等	主要依赖于公式与函数，如 LOOKUP、SUMIF、PivotTable 等实现数据处理功能，在处理大规模数据时可能遇到性能瓶颈。提供基本的数据清洗功能，如查找替换、排序、筛选等，但对于复杂的数据清洗任务可能不够高效
可视化能力	提供非常丰富的可视化类型，包括地图、仪表盘、热力图、树形图等，支持高度自定义的可视化设计，能满足各种复杂的数据展示需求。其交互性非常强，用户可以通过筛选器、参数、工具提示等功能实现动态交互，实时探索数据	提供了丰富的图表类型，如柱状图、折线图、饼图、散点图等，但可视化效果是比较基础的，缺乏高级交互功能，其交互性较弱，用户通常需要手动调整图表参数或者使用 VBA 编程来实现更复杂的交互
用户友好性	用户需要花费较长的时间学习其功能和操作方式，但操作方式比较简单，通过简单的拖曳即可创建复杂的可视化图表	用户可以在短时间内培训上手，操作方式比较灵活
数据共享与协作	支持将可视化报告发布到 Tableau Server 或 Tableau Online，用户可以通过浏览器访问和交互这些报告，支持多人实时协作、权限管理、注释和评论等	通常以本地文本形式存储，数据共享需要通过邮件或者文件共享平台实现，协作功能相对有限，多人协作时容易出现版本冲突
性能与效率	专为处理大规模数据而生，能快速加载和分析数百万甚至上亿行数据，且数据处理和分析效率非常高，尤其在可视化分析方面，能快速生成复杂的图表和仪表盘	在处理大规模数据时可能出现性能瓶颈，尤其当数据量超过几万行时，操作速度会明显变慢，数据处理与分析效率也较低，尤其在复杂的计算和数据清洗任务中

2. Power BI

Power BI是一套商业分析工具，可链接数百个数据源，简化数据准备并提供即时分析；生成报表并进行发布，供组织在Web和移动设备上使用。无论用户的数据是简单的Excel电子表格，还是基于云和本地混合数据仓库的集合，Power BI都能让用户轻松连接到数据源，直观看到或发现重要内容，与任何希望的人进行共享。

Power BI也可以进行丰富的建模和实时分析，以及自定义开发。用户可以创建个性化仪表板，获取针对具体业务的全方位独特见解。

Power BI的使用场景主要在表6-3中所列。

表 6-3　Power BI 的使用场景

使用场景	说明
在财务管理中使用 Power BI 找到关键数据	Power BI 可以帮助用户获取外部、本地的各种财务数据，利用拖放可视化工具，完善客户对财务状况的分析
帮助市场营销活动管理数据	借助 Power BI，用户可以监控并分析当前市场状况，从而把营销资源投入更有效率的渠道上
在销售活动中预测市场机会，达成业绩目标，提高利润	Power BI 可以帮助用户管理公司的各种销售渠道，用户只需要通过 Power BI 仪表板内的微软 Dynamics CRM 系统或 Salesforce 官网就能实现
掌握人力资源相关信息	Power BI 能帮助用户收集和检测所有重要数据，仪表板帮助用户追踪合规性、人员编制和其他信息，保护公司和员工数据
IT 领域提高工作效率	通过 Power BI，用户可以创建各类仪表板，检测并分析从 Active Directory 到 Zendesk 等各种服务，还能将其与 SSAS 服务包无缝集成，获取企业级别的商业智能解决方案
在运维工作中以数据为向导	Power BI 能够监测包括 Excel 表、本地数据库和云服务等所有来源的数据，为用户的产品、绩效、申报额分析等提供更多可能

Power BI的功能主要有以下四个方面：

使用AI发现见解：使用高级数据分析工具、AI功能和用户友好报表创建工具，将数据转换为视觉对象。用户可以观看引导式教程学习如何操作。

汇集所有数据：从任何源创建数据集并将其添加到OneLake数据中心，为数据创建事实来源。

将见解转化为影响：通过将见解注入用户每天使用的应用，如Microsoft 365中的应用，帮助用户作出更好的决策。

为每个数据团队提供支持：在Power BI体验中激活Microsoft Fabric，从而重新塑造组织访问、管理和处理数据的方式，以对话语言的形式达到数秒内创建报表、生成DAX计算、创建摘要并获取答案的效果。

用户可以选择免费使用Power BI，也可以选择购买使用，单击相应的按钮即可，如图6-65所示。

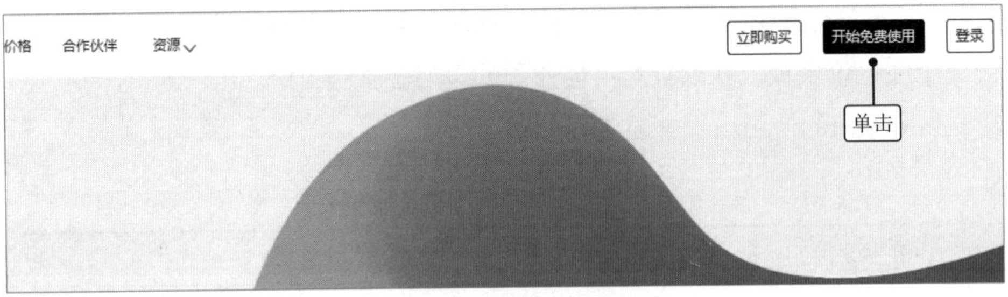

图6-65　单击相关按钮

进入免费使用页面，需输入用户的电子邮件，以便Power BI检查用户是否需要创建新账户，单击“提交”按钮就表示允许PowerBI获取用户和租户详细信息，随后便可获取账户使用Power BI，如图6-66所示。

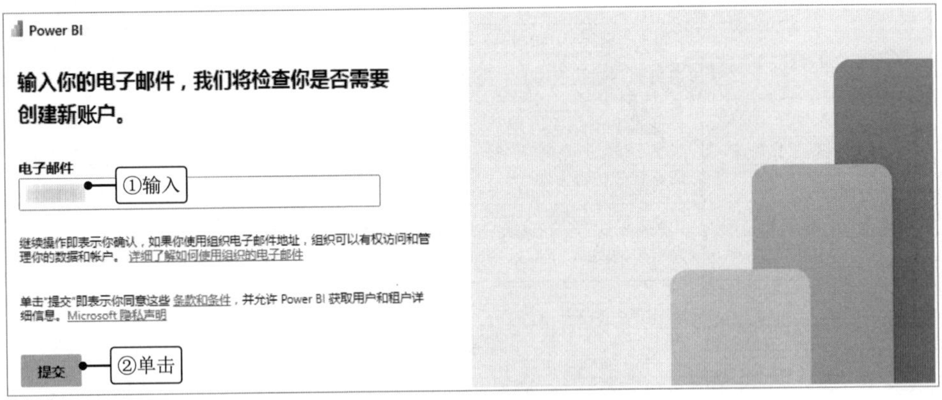

图6-66　输入电子邮件获取账户

登录账号即可使用Power BI完成数据分析与处理等操作。

Power BI与Excel的区别类似于Tableau与Excel的区别，这里不再赘述。

6.2.8　主要的AI+Excel数据处理与分析工具

主要的AI+Excel数据处理与分析工具有Excel+Python、ChatExcel、Excel Formularizer等。

（1）Excel+Python

Excel+Python是指Python用户使用开发的Python库，在熟悉的、安全的

Excel环境中清理、探索和分析数据，无须安装任何软件。将熟悉的Excel公式和函数与Python的自定义计算和绘图功能相结合。主要有三种产品可供选择，如图6-67所示。这些产品都需要付费使用，也可以选择在免费试用期使用。

图6-67　Excel+Python的三款产品

（2）ChatExcel

ChatExcel主要有三款产品，即酷表ChatExcel、AI VOC和AI智能客服。酷表ChatExcel可以实现仅通过聊天AI即可处理Excel和数据分析；AI VOC可以挖掘数据，对话式获取产品/消费者/市场洞察；AI智能客服可以提供智能化、个性化的服务。

利用酷表ChatExcel，一句话搞定表格计算和操作，替代文本函数和统计函数，处理文本串，快速统计。还支持多种格式转换为Excel，拥有海量数据表格模板，随开随用；可以进行高性能数据分析，能够在多种业务场景和需求下展示可视化图表，如实际业绩/预测数据图表用折线图，展示现状时用柱状图等。

（3）Excel Formularizer

用户使用Excel Formularizer之前，需要根据实际使用情况选择相应的助手开始，还要选择模型和平台。用户每个月有50次免费使用的机会。

用户需要先注册账号，然后才能使用Excel Formularizer提供的数据分析与处理功能。

实务案例 酷表 ChatExcel 分析采购数据

公司采购人员进入 ChatExcel 官网首页，输入手机号登录，登录成功即可注册账号。注册后，进入用户界面，单击“我常用的 ChatExcel 表格”即可进入操作界面，如图 6-68 所示。

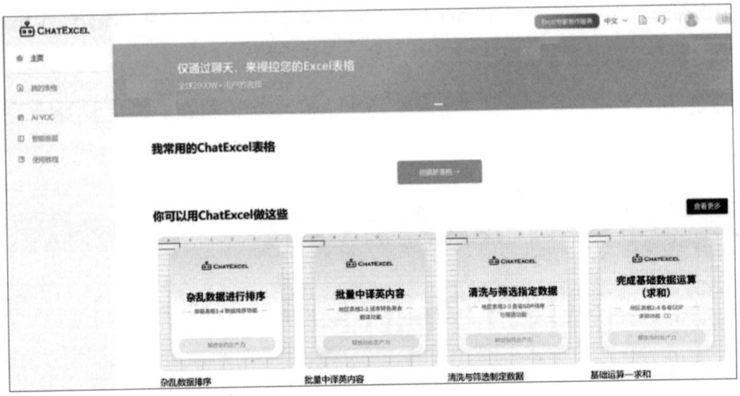

图6-68 ChatExcel的操作界面

然后，采购人员可以通过“上传文件”功能导入采购数据，接着就可以使用自然语言向 ChatExcel 发问，比如“计算过去三个月的采购数据”，如图 6-69 所示。

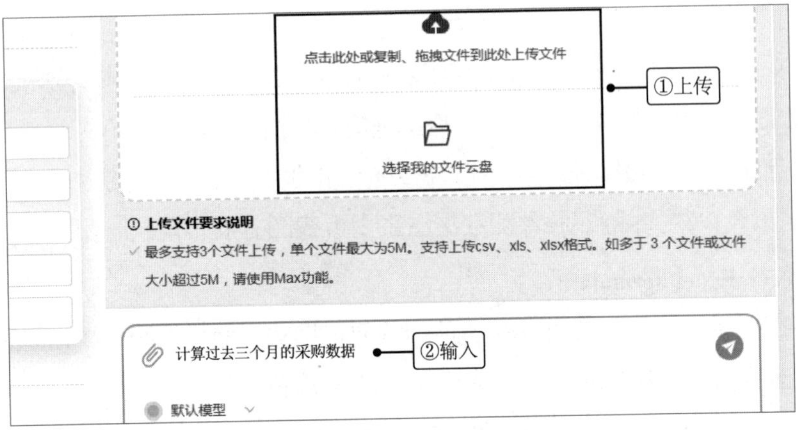

图6-69 向ChatExcel发问

采购人员可以将处理好的 Excel 文件从 ChatExcel 平台下载到电脑本地使用。

第7章

供应链其他数据处理与分析

采购活动是供应链管理中的一环，因此，采购人员还需要了解供应链管理中其他数据的处理与分析操作，如采购订单执行情况、设置物料不足预警及供应商到货及时率与到货合格率等分析。

7.1 供应链其他环节的数据管理

采购只是供应链管理中的一环，因此，采购企业除了要做好采购环节的数据管理和分析，也要了解供应链管理中其他环节的数据管理操作，以便提高采购管理效率。

7.1.1 快速查看指定时间段的订单情况

作为采购方，企业不仅要负责采购相关事宜，还需承担与供应商有关的多项工作，比如督促供应商执行采购订单。为了能及时督促供应商供货，采购人员需要学会查看指定时间段的订单执行情况。要实现这个目的，除了运用第6章介绍的高级筛选功能，还可以用Excel提供的透视功能来完成。

下面以在订单表中快速查看5月中旬的订单为例，介绍大致的操作步骤。

实务案例 从订单表中快速查看 5 月中旬的订单

在订单工作表第一行空白区域任意选择一个单元格，输入“旬”文本，然后在其下方选择一个单元格，在编辑栏中输入公式：=IF(DAY(A2)<11," 上旬 ",IF(DAY(A2)<21," 中旬 "," 下旬 "))，按【Ctrl+Enter】组合键，拖动或双击控制柄填充该列其他数据项，如图 7-1 所示。

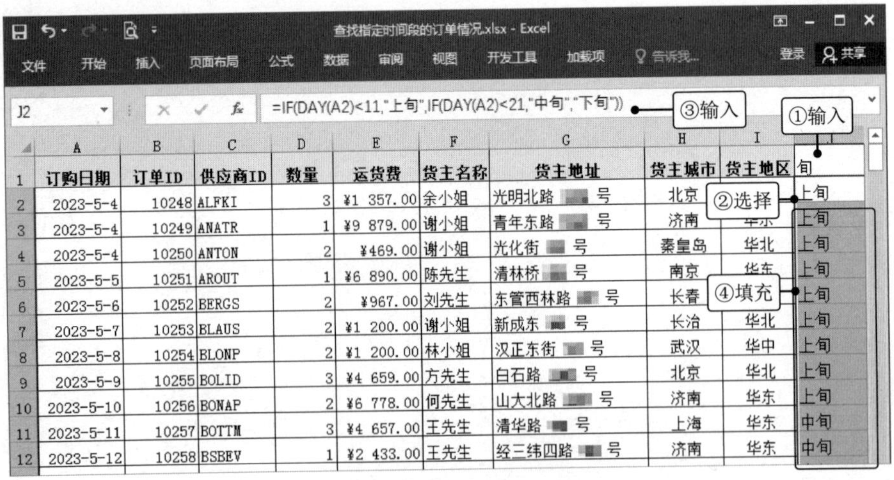

图7-1 添加辅助列

以表格 A1:J22 单元格区域为数据源，选择该区域，单击“插入”选项卡“表格”组中的“插入数据透视表”按钮，如图 7-2 所示。

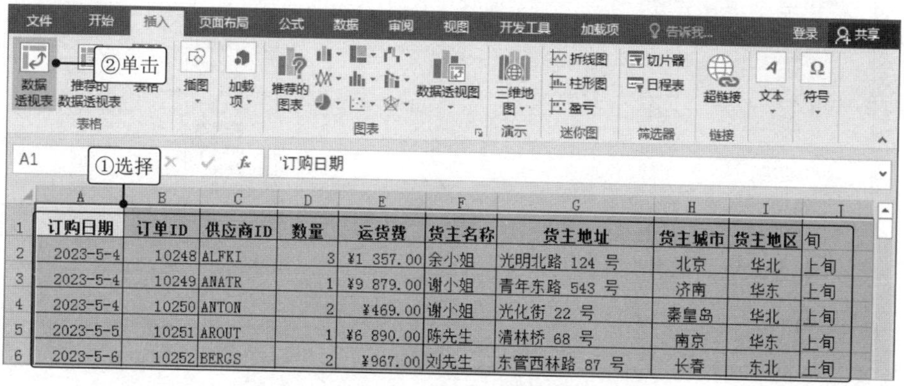

图7-2 单击“插入数据透视表”按钮

在打开的“创建数据透视表”对话框中保持默认选择的表 / 区域，选中放置数据透视表的位置对应的单选按钮，单击“确定”按钮，如图 7-3 所示。

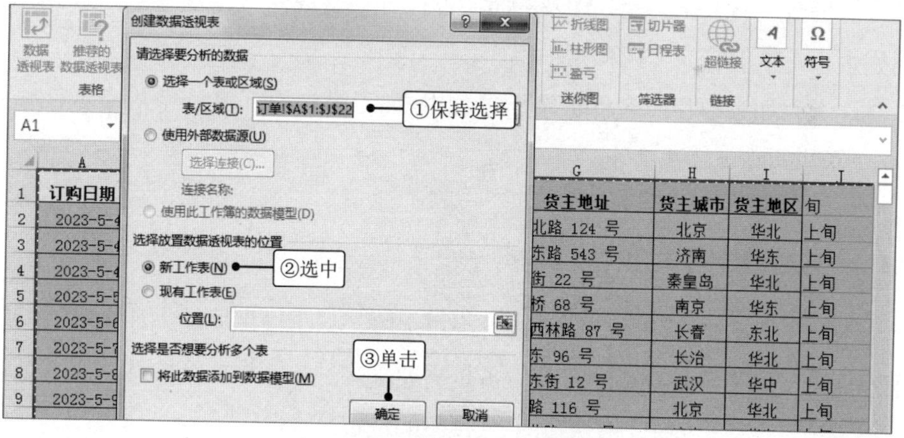

图7-3 选择数据透视表的放置位置

在新工作表右侧会打开“数据透视表字段”窗格，在“选择要添加到报表的字段”下拉列表框中选择要添加的字段，在列、行、值区域进行布局，保证列字段为∑数值，行字段为旬、货主名称，∑值字段为求和项（运货费）、求和项（数量）以及求和项（订单 ID），在左侧工作表中即可查看到按照布局要求统计的数据，如图 7-4 所示。当然，采购数据管理员也可根据实际需要自行调整布局。

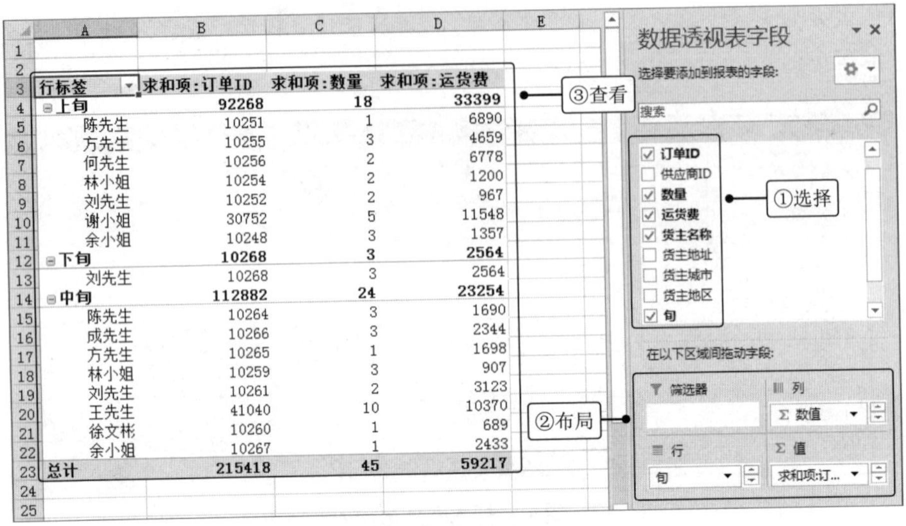

图7-4　对数据透视表进行布局

从图7-4中可以看出，5月中旬的采购订单共八笔，总计金额为112 882.00元，运货费共23 254.00元，涉及的货主有陈先生、成先生、方先生、林小姐、刘先生、王先生、徐文彬和余小姐。

注意，如果要在原表格记录上单独查看5月中旬的订单情况，可参考本书第6章介绍的高级筛选功能。

7.1.2　设置物料不足预警

实际上在本书6.2.4节介绍过物料不足提醒，只不过那里是统计物资的近期采购需求，采购人员获得的提醒大多是需要采购、急需采购等信息，而不是物料不足预警，这里简单介绍物料不足预警的设置。

实务案例　设置物料不足预警

假设某公司是生产箱包的企业，从外单位购进毛线和布匹等原材料用于生产。仓库管理员编制了物料库存明细，包括最优安全库存量和当前库存量信息，同时添加了“物料不足预警”序列。

当前库存量用P表示，最优安全库存量用Q表示，要求将库存不足信息突出显示，当$P<50\%Q$时，判定为物料库存不足。

在物料库存明细表中选择“物料不足预警”序列的单元格区域，在编辑栏中输入公式 =IF(K2<50%*J2," 物料不足 ",""），按【Ctrl+Enter】组合键确认，自动显示每种物料的库存预警信息，如图 7-5 所示。

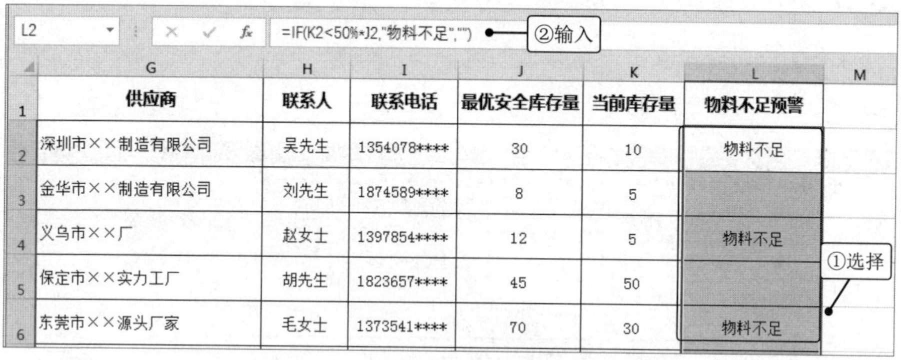

	G	H	I	J	K	L	M
1	供应商	联系人	联系电话	最优安全库存量	当前库存量	物料不足预警	
2	深圳市××制造有限公司	吴先生	1354078****	30	10	物料不足	
3	金华市××制造有限公司	刘先生	1874589****	8	5		
4	义乌市××厂	赵女士	1397854****	12	5	物料不足	
5	保定市××实力工厂	胡先生	1823657****	45	50		
6	东莞市××源头厂家	毛女士	1373541****	70	30	物料不足	

图7-5　自动显示每种物料的库存预警信息

从图 7-5 不难看到，物料不足预警只是有了提醒信息，但从视觉效果上来看并不醒目，很容易被仓库管理员忽视。那么，可以对预警信息为“物料不足”的单元格设置填充色，以突出显示物料不足的相关信息，如图 7-6 所示。相关操作可参考 6.1.4 节的内容。

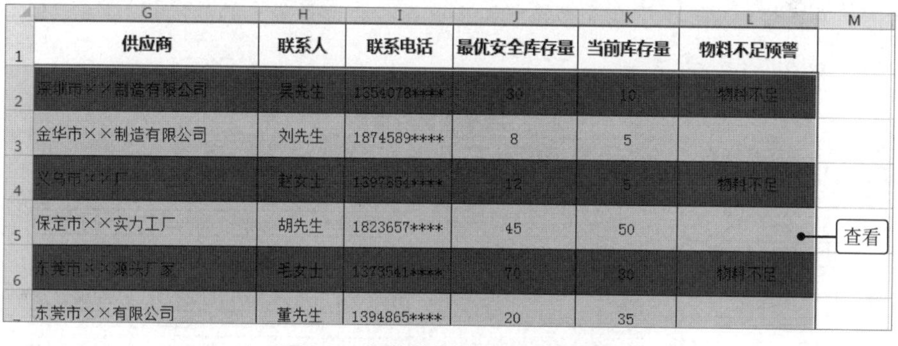

	G	H	I	J	K	L	M
1	供应商	联系人	联系电话	最优安全库存量	当前库存量	物料不足预警	
2	深圳市××制造有限公司	吴先生	1354078****	30	10	物料不足	
3	金华市××制造有限公司	刘先生	1874589****	8	5		
4	义乌市××厂	赵女士	1397854****	12	5	物料不足	
5	保定市××实力工厂	胡先生	1823657****	45	50		
6	东莞市××源头厂家	毛女士	1373541****	70	30	物料不足	
	东莞市××有限公司	董先生	1394865****	20	35		

图7-6　预警信息突出显示的效果

7.1.3　统计近两个月的订单数据

有时，采购人员需要了解近一个月或近两个月，甚至近三个月的采购订单情况，从而知晓采购成本有多少、采购是否频繁等信息。此时，可以结合使用Excel提供的筛选和计算功能达到目的。

下面就以在Excel中统计公司近两个月的采购订单数据为例，介绍大致的操作步骤。

实务案例　统计公司近两个月的采购订单数据

在采购合同台账表中选择数据区域，在“数据”选项卡“排序和筛选”组中单击“筛选”按钮，如图 7-7 所示。

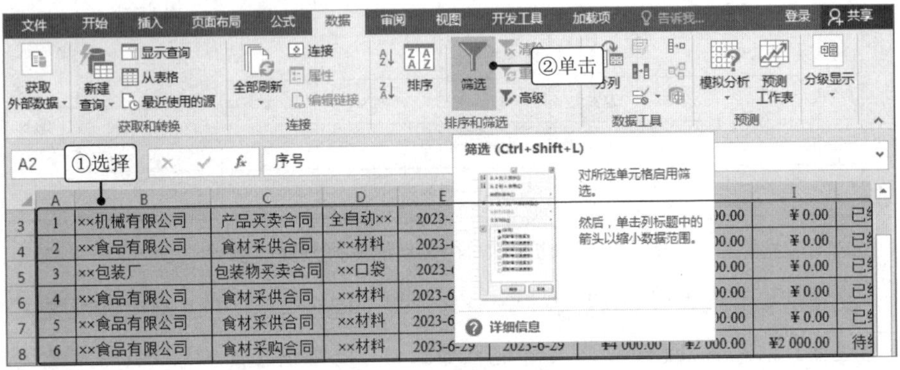

图7-7　进入筛选状态

返回工作表即可看到所有序列都处于可筛选状态。单击“签订时间”单元格右侧的筛选按钮，在打开的筛选器中仅选中五月和六月对应的复选框，单击“确定”按钮，如图 7-8 所示。

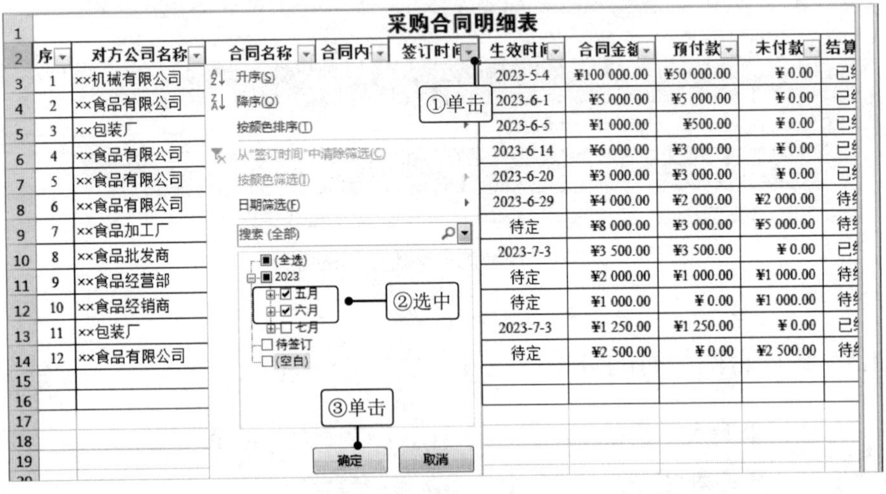

图7-8　进行月份筛选

在返回的工作表中即可看到合同签订时间为 5 月和 6 月的采购订单详情，如图 7-9 所示。

	A	B	C	D	E	F	G	H	I	
1	采购合同明细表									
2	序	对方公司名称	合同名称	合同内	签订时间	生效时间	合同金额	预付款	未付款	结算
3	1	××机械有限公司	产品买卖合同	全自动××	2023-5-4	2023-5-4	¥100 000.00	¥50 000.00	¥0.00	已
4	2	××食品有限公司	食材采供合同	××材料	2023-6-1	2023-6-1	¥5 000.00	¥5 000.00	¥0.00	已
5	3	××包装厂	包装物买卖合同	××口袋	2023-6-5	2023-6-5	¥1 000.00	¥500.00	¥0.00	已
6	4	××食品有限公司	食材采供合同	××材料	2023-6-14	2023-6-14	¥6 000.00	¥3 000.00	¥0.00	已
7	5	××食品有限公司	食材采供合同	××材料	2023-6-20	2023-6-20	¥3 000.00	¥3 000.00	¥0.00	已
8	6	××食品有限公司	食材采购合同	××材料	2023-6-29	2023-6-29	¥4 000.00	¥2 000.00	¥2 000.00	待
10	8	××食品批发商	食材采购合同	××材料	2023-6-30	2023-7-3	¥3 500.00	¥3 500.00	¥0.00	已

图7-9　查看筛选结果

如果要统计出订单金额总数，还可以在“合同金额”列下方空白区域选择任意单元格，在编辑栏中输入公式：=SUBTOTAL(9,G3:G14)，按【Ctrl+Enter】组合键确认即可，如图 7-10 所示。

	A	B	C	D	E	F	G	H	I
1	采购合同明细表								
2	序	对方公司名称	合同名称	合同内	签订时间	生效时间	合同金额	预付款	未付款
3	1	××机械有限公司	产品买卖合同	全自动××	2023-5-4	2023-5-4	¥100 000.00	¥50 000.00	¥0.00
4	2	××食品有限公司	食材采供合同	××材料	2023-6-1	2023-6-1	¥5 000.00	¥5 000.00	¥0.00
5	3	××包装厂	包装物买卖合同	××口袋	2023-6-5	2023-6-5	¥1 000.00	¥500.00	¥0.00
6	4	××食品有限公司	食材采供合同	××材料	2023-6-14	2023-6-14	¥6 000.00	¥3 000.00	¥0.00
7	5	××食品有限公司	食材采供合同	××材料	2023-6-20	2023-6-20	¥3 000.00	¥3 000.00	¥0.00
8	6	××食品有限公司	食材采购合同	××材料	2023-6-29	2023-6-29	¥4 000.00	¥2 000.00	¥2 000.00
10	8	××食品批发商	食材采购合同	××材料	2023-6-30	2023-7-3	¥3 500.00	¥3 500.00	¥0.00
17									
18							¥122 500.00		

图7-10　算出5月和6月的订单金额总数

TIPS *关于SUBTOTAL()函数的使用说明*

本例中使用的SUBTOTAL()函数用于返回列表或数据库中的分类汇总。其语法结构为：SUBTOTAL(function_num,ref1,ref2,...)。其中，Function_num参数为1到11（包含隐藏值）或者101到111（忽略隐藏值）之间的数字；ref1和ref2参数为要对其进行分类汇总计算的第1至29个命名区域或引用，且必须是对单元格区域的引用。

7.1.4 物联网技术在供应链中的应用

物联网技术是指通过感知技术、通知技术和云计算技术连接不同的物体，并使其能相互交互、协同工作，实现信息共享和智能化管理的技术。物联网架构主要有三层，分别是信息感应层、网状结构和输出层。感应层的主要作用是收集各种信息信号；网状结构主要包括有线网络、无线网络和互联网三个部分；输出层将输出的信息与特定行业相结合。

物联网技术在供应链中的应用又分为四个主要方面，物流管理、供应商管理、库存管理和跨境物流管理。从物联网技术在供应链中的实际应用操作来看，主要是数据采集与传输，简单介绍见表7-1。

表 7-1 物联网在供应链数据采集与传输中的应用

应用方面		具体应用
数据采集	监测货物状态	在货物上安装传感器，实时采集货物的温度、湿度和震动等状态信息，一旦出现异常，系统会立即报警并采取相应措施，避免货物损失
	监控库存水平	利用 RFID 标签和传感器，实时监控库存水平。比如，智能货架和自动化仓库管理系统能自动更新库存数据，动态调整库存，避免库存过剩或短缺
	跟踪运输过程	在运输工具上安装 GPS 设备和其他传感器，实时监控和分析车辆位置、速度和燃油消耗等数据，运输管理系统再基于这些数据优化路线规划，减少运输时间和成本，提高运输效率
	监测设备运行状态	通过传感器和物联网平台，实时监控生产设备的运行状态，预测潜在故障，提前安排维护，避免设备突然停机造成生产中断
数据传输	无线通信技术	物联网设备通常采用无线通信技术，如 Wi-Fi、蓝牙、ZigBee、NB-IoT 等，将采集到的数据传输到云端或本地服务器
	物联网平台	采集到的数据通过物联网平台进行集中管理和分析，实现数据实时更新、共享和协同
	数据安全与隐私保护	在数据传输过程中采用加密算法和身份认真机制，确保数据的安全性和隐私性，防止数据在传输过程中被窃取或篡改，保障供应链信息安全

物联网技术在供应链数据采集与传输方面的应用，提高了供应链的透明度、工作效率和响应速度。通过采集实时数据并分析，企业也可以更好地预测需求、优化资源配置、降低库存和运输成本。

7.2 借助Excel+AI工具分析供应链管理的其他数据

供应链管理中的相关数据不仅需要采购人员细心保存和管理，必要时，还需要采购人员或相关责任人学会如何分析这些数据。比如，优化库存管理、分析存储物料的可用量以及分析供应商的到货及时率等。学会分析这些数据，不仅可以帮助企业做好采购管理，也能在供应链管理中提高自我工作能力。

7.2.1 根据物料的库存周期优化库存管理

当库存不足时，需要及时采购，以免延误正在进行中的生产活动或者正在执行的销售合同，而库存充足的原材料或者待售商品又能支撑生产活动或者销售业务多久呢？这就涉及库存可用周数的统计与分析了。

比如，公司生产某种产品所需的某种材料库存有500件，根据过去一个月的出库量来看共250件，因此该材料的剩余库存可用时间为两个月。换句话说，再过两个月，这种材料的库存就会全部用完。

根据这个预估的库存时间，仓管人员可以优化库存数据。对于库存不足的要及时补货；针对待售商品，若库存时间较长，可以考虑推出各种营销活动来快速消耗库存。

因此，预估物资的库存时间是一项非常重要的工作。下面具体介绍如何使用Excel预估各种物资的库存可用周数。

假设采购数据分析员或仓管人员计算所需的当前库存量和上月出库统计数据都是从库存管理表中整理获得的。这里要计算库存可用周数，直接使用下列公式计算：

库存可用周数=当前库存量÷（上月出库统计÷4）

另外，为了更直观地查看库存可用周数在一个月以内和两个月以上的物资，更好地制订采购和销售计划，要求将符合这两个时间条件的库存可用周数数据突出显示出来，以期引起经营管理者的注意和重视。

实务案例 突出显示库存可用周数不同的情形

在物资库存可用周数预估表中选择“库存可用周数”列的单元格区域（不包括表头），在编辑栏中输入公式 =IF(ISERROR(INT(D2/(E2/4))),"",INT(D2/(E2/4)))，按【Ctrl+Enter】组合键确认公式，程序自动计算出每种物资的库存可用周数，如图 7-11 所示。

图7-11 输入公式算出每种物资的库存可用周数

保持单元格区域的选择状态，在“开始”选项卡“样式”组中的“条件格式”下拉菜单中选择“突出显示单元格规则 / 小于”命令，如图 7-12 所示。这一步是使用条件格式功能的突出显示规则中的小于规则来实现将库存可用周数在一个月以内的数据突出显示。

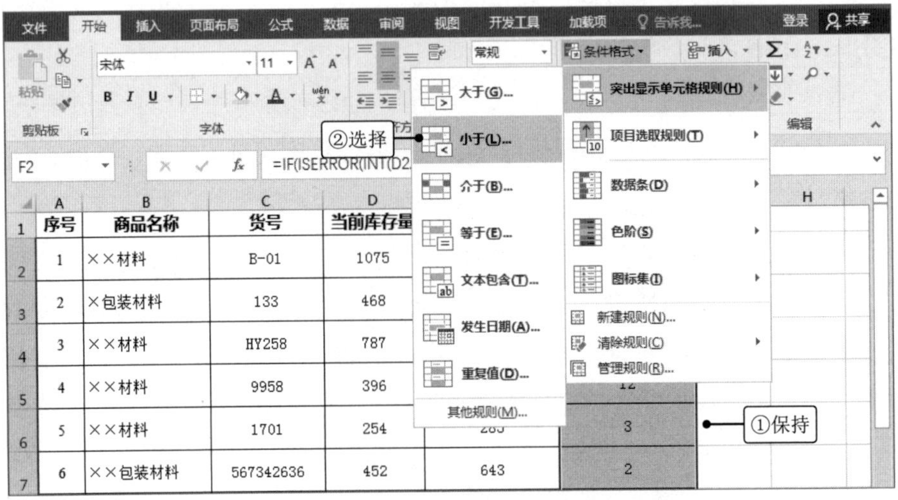

图7-12 选择“小于”命令设置突出显示规则

在打开的“小于”对话框左侧的参数框中输入“4”，保持“设置为”下拉列表框中的“浅红填充色深红色文本”选项，此时可以预览到程序自动在 F 列中将数值小于 4 的单元格以指定的填充色和文本效果进行突出显示，单击“确定”按钮，如图 7-13 所示。

图7-13　为符合条件的单元格设置填充色和文本效果

继续保持单元格区域的选择状态，在“条件格式”下拉菜单中选择“突出显示单元格规则 / 大于”命令，在打开的“大于”对话框左侧参数框中输入“8”，在右侧的“设置为”下拉列表框中选择“绿填充色深绿色文本”选项，单击“确定”按钮，如图 7-14 所示。

图7-14　突出显示库存可用周数在两个月以上的数据

返回工作表即可看到最终的设置效果。以浅红色填充的单元格就是库存可用周数不足一个月的，尤其是其中仅供一两周使用的物资库存，公司应及时安排采购，以确保生产活动或者销售业务正常进行。以浅绿色填充的单元格就是库存可用周数在两个月以上的物资，虽然这类物资可供使用周数较长，但企业也应综合其他因素考虑未来采购情况和销售计划。

需要特别注意，本例计算的库存可用周数是一个比较粗略的预测数据，它没有考虑季节变化、节假日促销等因素对物资耗用的影响，所以计算结果只能作为参考，不能作为采购计划的唯一或主要确定依据。

TIPS *本例使用公式与函数的说明*

在=IF(ISERROR(INT(D2/(E2/4))),"",INT(D2/(E2/4)))公式中，D2单元格代表当前库存量，E2单元格代表上月出库统计，D2/(E2/4)部分就是库存可用周数的计算，这里使用INT()函数对计算结果进行了取整运算，得到库存可用周数的整数。

由于这里涉及除法运算，可能出现被除数为0的情况，这样就会使计算的库存可用周数显示为#DIV/0!错误值，为了规避这个错误值的显示，这里用ISERROR()函数对库存可用周数计算结果进行判断，如果存在错误值，则ISERROR()函数返回空值，否则返回具体的库存可用周数。

在Excel中，使用INT()函数可以将数字向下舍入到最近的整数，其语法结构为：INT(number)。从语法结构看，该函数只有一个number参数，它主要用于指定需要进行取整的实数，可以是具体的数值数据，也可以是包含数值的单元格引用。

而使用ISERROR()函数，主要是对计算结果是否存在错误值进行判断，其语法结构为：ISERROR(value)。从语法结构可以看到，该函数只有一个value参数，该参数主要用于指定需要进行检测的单元格引用。当指定的单元格引用存在错误值，函数返回TRUE值，否则返回FALSE值。

7.2.2 计算分析供应商的发货及时率

采购人员分析供应商的发货及时率，可以知道供应商的供货能力。发货及时率越高，说明与该供应商合作时公司不易发生供货中断的情况，进而使生产所需或销售供货所需不受影响。通过分析供应商的发货及时率，也可以帮助企业淘汰一些供货不及时或在供货时间上不讲信用的低质供应商。

下面就来看看如何借助Excel计算分析供应商的发货及时率。

实务案例 借助 Excel 计算分析供应商的发货及时率

在供应商供货及时率分析表格中选择“发货及时率”列的单元格区域，在编辑栏中输入公式 =(J2-K2)/J2×100%，按【Ctrl+Enter】组合键确认，算出各物料的发货及时率，如图 7-15 所示。

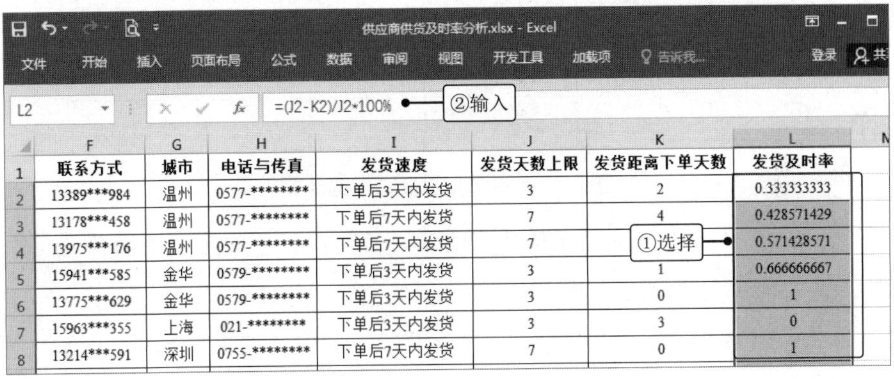

图7-15 输入公式算出发货及时率

保持单元格区域的选择状态，在“开始”选项卡“数字”组中单击“数字格式”下拉按钮，选择“百分比”命令，如图 7-16 所示。将发货及时率的显示效果改为百分比显示。

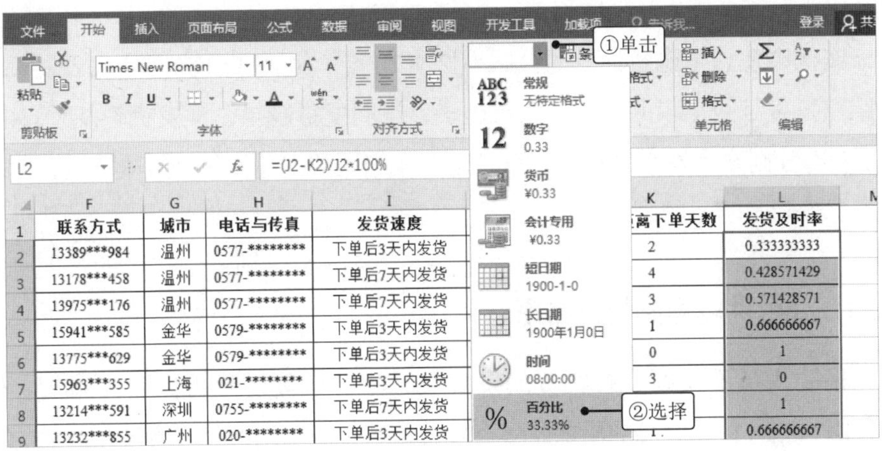

图7-16 修改单元格数据的显示格式

在返回的工作表中即可看到最终效果，如图 7-17 所示。

	F	G	H	I	J	K	L
1	联系方式	城市	电话与传真	发货速度	发货天数上限	发货距离下单天数	发货及时率
2	13389***984	温州	0577-********	下单后3天内发货	3	2	33.33%
3	13178***458	温州	0577-********	下单后7天内发货	7	4	42.86%
4	13975***176	温州	0577-********	下单后7天内发货	7	3	57.14%
5	15941***585	金华	0579-********	下单后3天内发货	3	1	66.67%
6	13775***629	金华	0579-********	下单后3天内发货	3	0	100.00%
7	15963***355	上海	021-********	下单后3天内发货	3	3	0.00%
8	13214***591	深圳	0755-********	下单后7天内发货	7	0	100.00%
9	13232***855	广州	020-********	下单后3天内发货	3	1	66.67%
10	13644***641	广州	020-********	下单后3天内发货	3	2	-33.33%
11	15915***377	深圳	0755-********	下单后3天内发货	3	0	100.00%
12	13788***985	南京	025-********	下单后7天内发货	7	5	28.57%
13	13548***452	成都	028-********	下单后3天内发货	3	3	0.00%

图7-17　完成发货及时率的计算

从图7-17中可以看到，有发货及时率为100%的，也有发货及时率为0的，甚至有发货及时率为负的，即-33.33%。

发货及时率为100%，说明供应商提供货物的发货时间距离公司下单的天数为0，即公司下单当天供应商就发货；发货及时率为0，说明供应商提供货物的发货时间刚好处于发货速度规定的时间上限；发货及时率为负数时，说明供应商提供货物的发货时间超过了其承诺的发货期限，如最后一项记录，供应商承诺下单后3天内发货，结果下单后第4天才发货，超过了3天这一发货期限，且超过天数越多，发货及时率越小。

案例中使用了比较简单的公式=(J2-K2)/J2×100%(J2-K2)部分代表发货时间距离发货时间上限的天数，天数越多，说明发货越早，即发货越及时。(J2-K2)/J2部分则表示发货时距离发货时间上限的天数占总发货期限的比重，比重越高，发货及时率越高。

7.2.3　分析供应商到货合格率

采购人员不仅要分析物资的发货及时率，还需要分析供应商到货合格率，因为原材料或商品的质量好坏直接关系着生产出的产品或者待售产品的质量好坏。为了提高公司的产品质量，采购人员需要协助企业做好到货合格率统计分析，从而发现一些不利于企业发展的合作供应商，为企业作出是否继续与该供应商合作的决策提供有力依据。

下面来看如何通过Excel计算出各供应商的供货不合格率，具体操作如下。

实务案例 计算供应商的不合格率并分析

在供应商到货合格率分析表中统计了供货总数以及经验收确定的不合格数。添加“供货产品不合格率”列，选择该序列的单元格区域，在编辑栏中输入公式=J2/I2×100%，按【Ctrl+Enter】组合键确认公式，算出各供应商提供货物的不合格率，如图 7-18 所示。

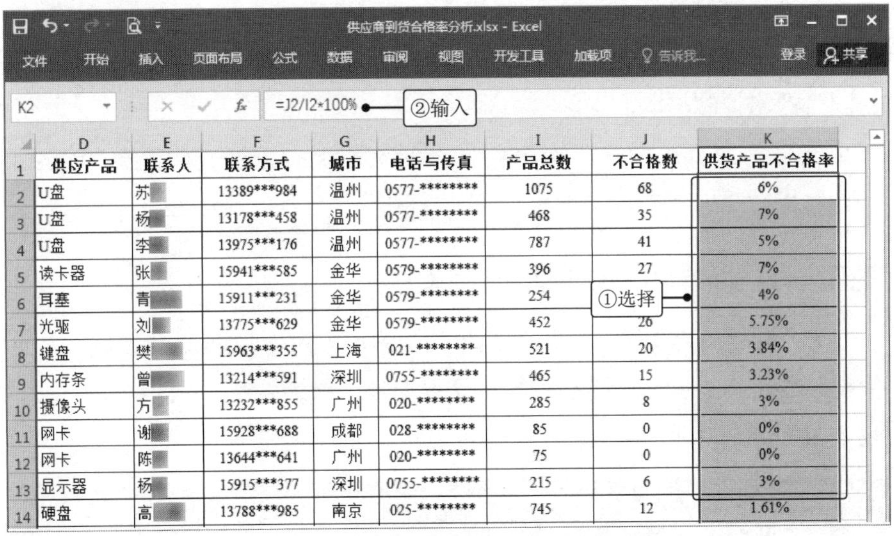

	D	E	F	G	H	I	J	K
1	供应产品	联系人	联系方式	城市	电话与传真	产品总数	不合格数	供货产品不合格率
2	U盘	苏	13389***984	温州	0577-********	1075	68	6%
3	U盘	杨	13178***458	温州	0577-********	468	35	7%
4	U盘	李	13975***176	温州	0577-********	787	41	5%
5	读卡器	张	15941***585	金华	0579-********	396	27	7%
6	耳塞	青	15911***231	金华	0579-********	254		4%
7	光驱	刘	13775***629	金华	0579-********	452	26	5.75%
8	键盘	樊	15963***355	上海	021-********	521	20	3.84%
9	内存条	曾	13214***591	深圳	0755-********	465	15	3.23%
10	摄像头	方	13232***855	广州	020-********	285	8	3%
11	网卡	谢	15928***688	成都	028-********	85	0	0%
12	网卡	陈	13644***641	广州	020-********	75	0	0%
13	显示器	杨	15915***377	深圳	0755-********	215	6	3%
14	硬盘	高	13788***985	南京	025-********	745	12	1.61%

图7-18 输入公式算出供货产品不合格率

注意，这里表格中的“供货产品不合格率”列的数据格式是提前设置好的，所以算出来的数据直接以百分比形式显示。如果事先没有设置数据格式，采购人员可参考上一小节的内容进行设置。

本例中使用了公式=J2/I2×100%，J2/I2×100%部分代表不合格数占产品总数的比重，比重越大，说明不合格率越高，对于这类供应商，企业需要慎重考虑，是否终止与其合作，毕竟材料或产品的不合格率高了，就会显著影响企业的生产质量和销售质量。

当然，在判定供应商的供货不合格率时，还需要结合实际情况判断，比如行业平均不合格率。有时采购人员觉得某供应商的供货不合格率有点儿高，但与同行业平均不合格率相比更低，此时该供应商也依然具有合作优势。如果觉得某供应商的供货不合格率比较低，但与同行业平均不合格率相比更高，此时也不能判定该供应商的供货不合格率低，反而企业与其合作存在明显的质量保障劣势。

7.2.4 客户订单的同比增量分析

由企业销售人员分析出客户订单的同比增量情况后，采购人员可根据该分析结果制订采购计划，合理控制采购数量，降低仓储成本，提高资金使用效率，同时严格控制采购成本。

那么，客户订单的同比增量分析该怎么做呢？下面介绍简单的Excel操作，核算增量和增长率。

实务案例 计算分析客户订单的增量和增长率

在客户订单同比增量分析表中选择“2021 年增量”列的单元格区域，在编辑栏中输入公式 =C2-B2，按【Ctrl+Enter】组合键，确认公式，算出各客户 2021 年相较于 2020 年的订单增量数，如图 7-19 所示。

图7-19 算出2021年的客户订单增量

选择“2021 年增长率”列的单元格区域，在编辑栏中输入公式 =D2/B2×

100%，按【Ctrl+Enter】组合键，确认公式，算出各客户 2021 年订单增长率，再将该列数据格式设置为百分比，如图 7-20 所示。

客户	2020年销量	2021年销量	2021年增量	2021年增长率	2022年销量	2022年增量
A	364 502	73 396	-291 106	-79.86%	73 096	
B	47 425	74 869	27 444	57.87%		
C	25 287	31 441	6 154	24.34%		
D	29 002	28 652	- 350	-1.21%	38 956	
E	66 386	93 370	26 984	40.65%	121 730	
F	105 651	144 450	38 799	36.72%	172 332	

图7-20　算出各客户订单的2021年增长率

按相同方法算出各客户订单 2022 年的增量数和增长率，如图 7-21 所示。

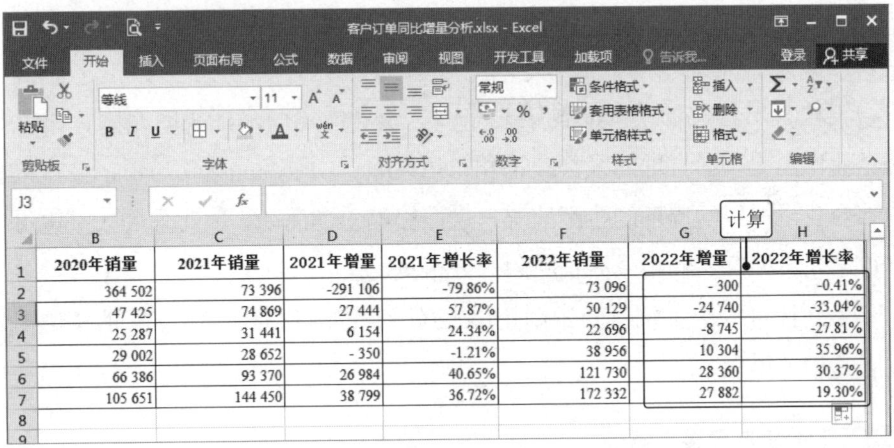

2020年销量	2021年销量	2021年增量	2021年增长率	2022年销量	2022年增量	2022年增长率
364 502	73 396	-291 106	-79.86%	73 096	- 300	-0.41%
47 425	74 869	27 444	57.87%	50 129	-24 740	-33.04%
25 287	31 441	6 154	24.34%	22 696	-8 745	-27.81%
29 002	28 652	- 350	-1.21%	38 956	10 304	35.96%
66 386	93 370	26 984	40.65%	121 730	28 360	30.37%
105 651	144 450	38 799	36.72%	172 332	27 882	19.30%

图7-21　算出各客户订单2022年增量数和增长率

从图7-21中可以看到，有些客户订单的销量在逐年递减，从增长率为负数就可以知道，如第一个客户；有些客户订单的销量呈现增加与减少的交替，如第二个和第三个客户，2021年相较于2020年是增长的，但2022年相较于2021年是减少的（第四个客户订单量变化刚好与第二个和第三个客户相反）；而有的客户订单的销量呈现逐年递增，从增长率均为正数就可以知道，如第五个和第六个客户。

由此可以看出，第二个、第三个和第四个客户在本公司的订单情况并不稳定，时而减少订单量，时而增加订单量。针对这类客户，企业需要密切关注其经营动态，预测其后期的订单量。

第一个客户在本公司的订单量逐年下降，此时企业需要及时询问客户情况，了解其在本公司采购意愿降低的原因，据此制定相应的应对措施，以维护好供需双方的合作关系。

第五个和第六个客户在本公司的订单量逐年上升，此时企业需要做好这类客户的回访工作，了解其对产品的认可度以及具体认可的方面，以督促供货企业发挥优势，稳定供货。

本案例中，先用简单公式=C2-B2算出各客户订单的增量数，然后用公式=D2/B2×100%算出各客户订单的增长率。

7.2.5 畅销与滞销产品原因分析

销售人员分析畅销商品畅销的原因，或者滞销商品滞销的原因，可以帮助企业作出更科学合理的经营决策和销售策略。由于商品畅销与否，会直接影响到企业下一经营周期的生产情况，进而影响采购活动，因此采购人员也可以自行学习掌握产品畅销或滞销原因的分析技能。

下面通过一个案例，介绍利用Excel分析产品畅销与否以及畅销或滞销的原因的相关操作。

实务案例 分析产品是否畅销

假设公司统计了经营产品的目标销售额和实际销售额，完成率通过以下公式计算。

销售完成率＝实际销售额 ÷ 目标销售额 ×100%

①销售完成率大于70%时，可以判定该产品为畅销商品。

②销售完成率小于50%时，可以判定该产品为滞销商品。

③销售完成率小于或等于70%，同时大于或等于50%时，可以判定该产品为正常销售商品。

在畅销与滞销产品分析表中选择 D3 单元格，在编辑栏中输入公式 =C3/B3×100%，按【Ctrl+Enter】组合键确认公式，双击或拖动该单元格右下角的控制柄，填充公式计算其他产品的完成率，如图 7-22 所示。

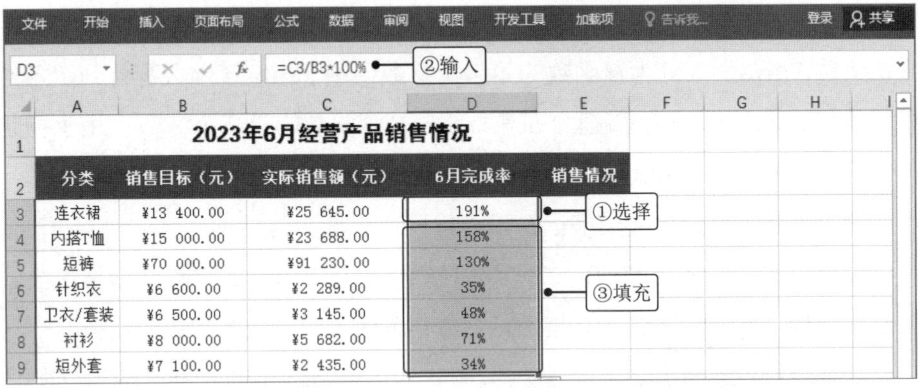

图7-22　输入公式算出各产品的6月销售完成率

选择 E3 单元格，在编辑栏中输入公式：=IF(D3>70%," 畅销 ",IF(D3<50%," 滞销 "," 正常 "))，按【Ctrl+Enter】组合键确认公式，程序自动判断该产品是属于畅销商品还是滞销商品，填充公式，判断其他产品畅销与否，如图 7-23 所示。

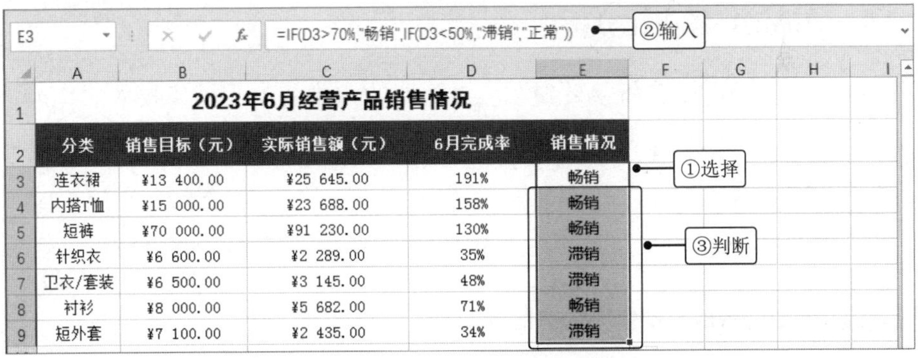

图7-23　输入公式判断商品的畅销与否

从图7-23中可以看到，连衣裙、内搭T恤、短裤和衬衫是畅销商品，而针织衣、卫衣/套装以及短外套被判定为滞销商品。为什么呢？很显然，该数据是2023年6月的销售数据，6月处于天气比较炎热的时期，这段时间内，夏装的销量会明显增加，而春秋装和冬装的销量会明显下降，这是判定这些商品畅销或滞销的主要原因。

当然，也不能排除还有其他原因影响产品的销量，实际工作中销售人员还可寻找并分析产品畅销或滞销的其他原因。

案例中使用的IF()函数，D3>70%部分为该函数的第一个参数，用于指定判定条件；"畅销"部分为该函数的第二个参数，用于指定该函数符合判定条件返回的值；IF(D3<50%,"滞销","正常")部分是该函数的第三个参数，用于指定条件不成立返回FALSE值时返回的值。

这里需要数据分析人员牢记，该函数只有三个参数。

另外，案例中使用的=IF(D3>70%,"畅销",IF(D3<50%,"滞销","正常"))公式为嵌套结构，即嵌套函数，它是指将函数作为另一个函数的参数使用。

需要特别注意的是，在嵌套函数中，作为参数的函数，其函数返回的类型必须与参数的类型相同，即参数类型为数值，则函数返回的类型也应为数值；或者参数类型为单元格应用，则函数返回的类型也应为单元格引用，否则Excel将显示#VALUE错误值。

7.2.6 成品销售额占比分析

成品销售额占比分析主要说明企业经营收入中各产品销售收入的构成情况，也可以借此分析出企业经营收入主要来自哪种或哪些产品，进而评价各产品为企业带来的经济效益。

下面来看具体的实例，学习Excel中如何进行成品销售额占比分析。

实务案例 计算分析成品销售额的占比情况

在成品销售额占比分析表的“商品名称”列的空白区域任选一个单元格，输入“总计”文本，然后选择同行的“累计销售总金额”列对应的单元格，在编辑栏中输入公式 =SUM(H2：H16)，按【Ctrl+Enter】组合键，确认公式，算出各产品销售总金额，如图 7-24 所示。

	B	C	D	F	G	H
4	干湿分离游泳包	HY258	1287	7	¥59.00	¥413.00
5	pvc透明防水瑜伽游泳包	9958	896	485	¥145.00	¥70 325.00
6	休闲旅游旅行时尚背包	1701#登山包	254	154	¥598.00	¥92 092.00
7	健身运动包	567342636	452	305	¥98.00	¥29 890.00
8	户外旅行防水尼龙折叠收纳包	LZFJBB1-9-13	1021	895	¥18.60	¥16 647.00
9	户外运动军迷背包	205	965	487	¥29.90	¥14 561.30
10	手提包篮球瑜伽包	QYTT10	785	374	¥99.00	¥37 026.00
11	户外马拉松大水壶运动腰包	3	485	350	¥48.00	¥16 800.00
12	户外运动手机臂包	GSA16001	175	167	¥98.00	¥16 366.00
13	大容量跑步手臂包	GSA14004-M	315	284	¥69.00	¥19 596.00
14	潜水料运动腰包	SYT369784	1245	875	¥35.00	¥30 625.00
15	野营登山旅行双肩包	063#	175	86	¥289.00	¥24 854.00
16	pvc防水包漂流登山沙滩游泳包	TM0316008	116	76	¥328.00	¥24 928.00
17	总计					¥422 503.30

图7-24　算出各产品总销售金额

选择 I2 单元格，在编辑栏中输入公式 =H2/$H$17×100%，按【Ctrl+Enter】组合键，确认公式，算出第一个产品销售额占总销售额的百分比，如图 7-25 所示。

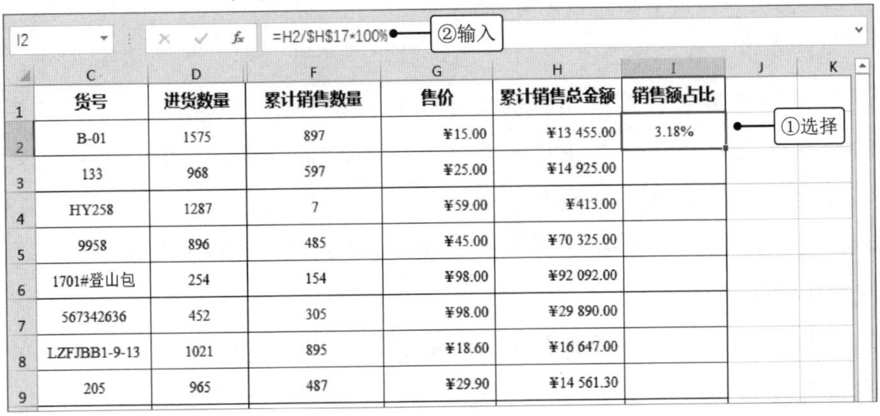

	C	D	F	G	H	I	J	K
1	货号	进货数量	累计销售数量	售价	累计销售总金额	销售额占比		
2	B-01	1575	897	¥15.00	¥13 455.00	3.18%		
3	133	968	597	¥25.00	¥14 925.00			
4	HY258	1287	7	¥59.00	¥413.00			
5	9958	896	485	¥45.00	¥70 325.00			
6	1701#登山包	254	154	¥98.00	¥92 092.00			
7	567342636	452	305	¥98.00	¥29 890.00			
8	LZFJBB1-9-13	1021	895	¥18.60	¥16 647.00			
9	205	965	487	¥29.90	¥14 561.30			

图7-25　算出第一个产品销售额占总销售额的百分比

保持 I2 单元格的选择状态，双击或拖动右下角的控制柄，填充公式到该列其他单元格，算出其他产品的销售额占总销售额的百分比，如图 7-26 所示。

	C	D	F	G	H	I	J	K
1	货号	进货数量	累计销售数量	售价	累计销售总金额	销售额占比		
2	B-01	1575	897	¥15.00	¥13 455.00	3.18%		
3	133	968	597	¥25.00	¥14 925.00	3.53%		
4	HY258	1287	7	¥59.00	¥413.00	0.10%		
5	9958	896	485	¥145.00	¥70 325.00	16.64%		
6	1701#登山包	254	154	¥598.00	¥92 092.00	21.80%		
7	567342636	452	305	¥98.00	¥29 890.00	7.07%		
8	LZFJBB1-9-13	1021	895	¥18.60	¥16 647.00	3.94%		
9	205	965	487	¥29.90	¥14 561.30	3.45%		

算出

图7-26　算出其他产品销售额占总销售额的百分比

从图 7-26 可看出，销售额占比较大的是第五种产品，占比达到 21.8%，其次是第四种产品。其他产品的销售额占比均保持在 0 ～ 10%。由此说明，该公司第四种和第五种产品创造的收入是公司主要的收入来源。

针对该分析结果，公司销售部门需要提前制定后期的销售策略以及销售计划，采购部及相关人员就需要根据销售计划制订采购计划，严格控制采购数量，降低采购成本和储藏成本。

本例使用了两个公式，一个是 =SUM(H2：H16)，它是求和公式，用于计算出该公司所有产品的在某一时期的总销售额。另一个是 =H2/$H$17×100%，用于求出各产品销售额占总销售额的百分比。

可以看出，第二个公式运用了绝对引用，为什么呢？因为本案例中，在计算各产品销售额占总销售额的百分比时，填充公式时都会用到 H17 单元格的总销售额数据。如果在计算第一个产品时输入的公式中 H17 单元格不采用绝对引用，则填充公式计算其他产品时，公式会相应变成 =H3/H18×100%、=H4/H19×100%……这样算出的结果会不正确。所以这里要对 H17 单元格进行绝对引用。

如果销售人员想更直观地查看各产品销售占比的对比情况，还可以通过插入饼图实现。

选择 B1：B16 单元格区域，按住【Ctrl】键，选择 I1：I16 单元格区域，在“插入”选项卡“图表”组中单击“插入饼图或圆环图”按钮，选择“三维饼图”选项，如图 7-27 所示。

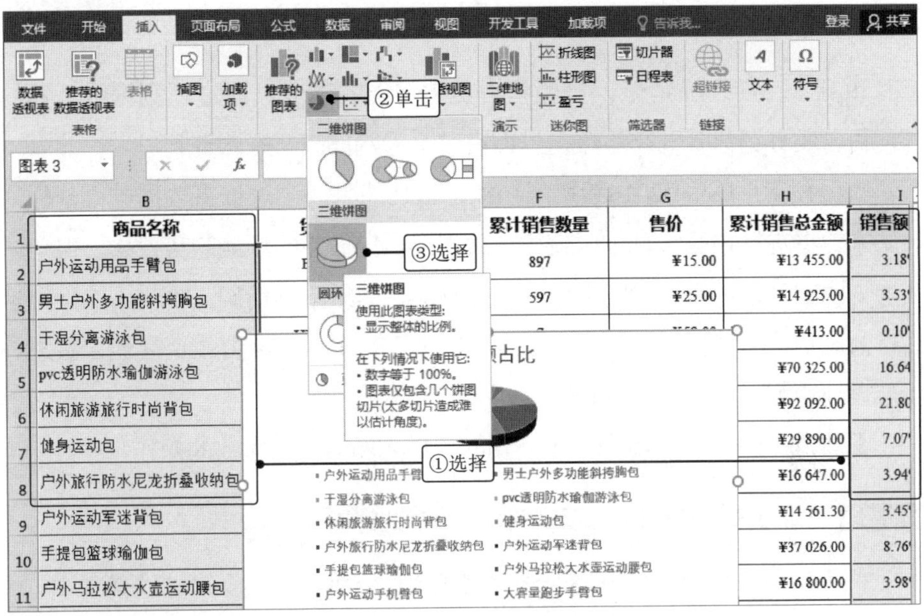

图7-27　选择“三维饼图”选项

移动饼图的位置到工作表的空白区域，按照本书第 6 章相关内容中介绍的操作为饼图中的数据系列添加数据标签，最终效果如图 7-28 所示。

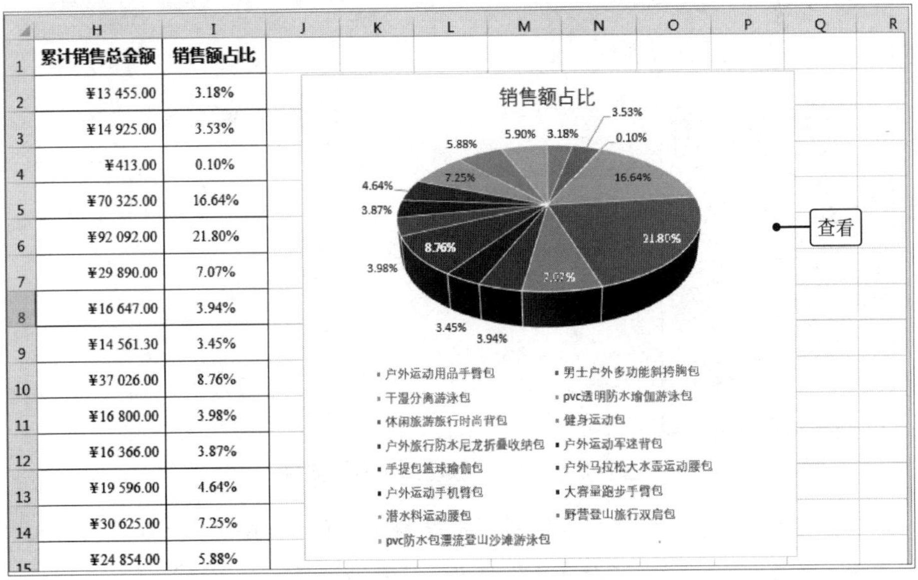

图7-28　添加饼图的效果

7.2.7 预测下一期的产品销量走势

预测下一期产品销量，是销售人员需要做的事情。通过预测销量，销售部门可以制订销售计划与策略，进而有助于采购部制订采购计划。

数据预测是Excel 2016新增的功能，该功能是通过对过去数据进行分析，对未来数据进行预测，且可以使用折线图展示出最终的预测趋势效果。但是，需要说明的是，运用该功能作出的销量预测，结果并不精确，销售人员不可将其作为确定下月销售目标的唯一依据。实际工作中，还需要结合其他方法进一步准确地预测下一期的销量走势。

下面以在Excel中预测企业下一期的销量为例，介绍大致的操作步骤。

实务案例 Excel 数据预测功能预测企业下一期的销量

在记录了过去销售数据的文件中选择所有数据单元格，在“数据”选项卡“预测”组中单击“预测工作表”按钮，如图 7-29 所示。

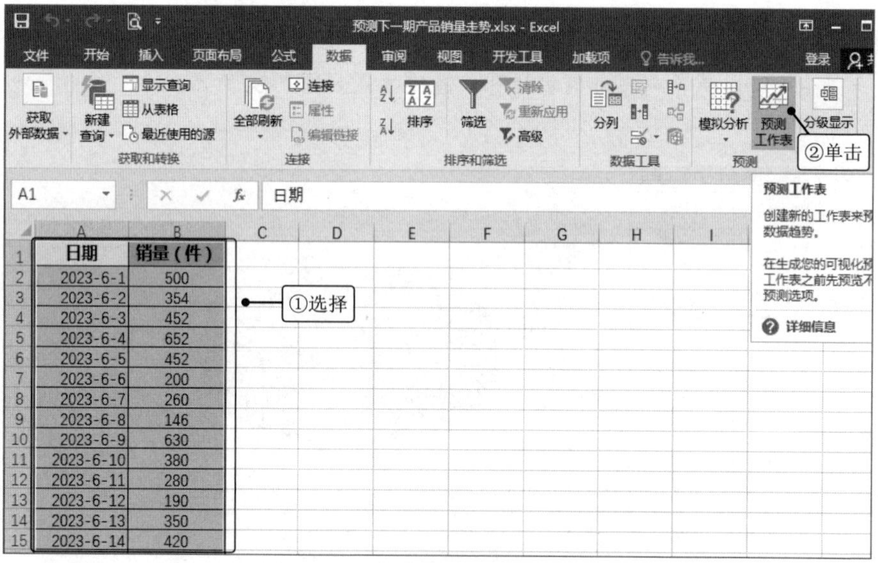

图7-29 单击“预测工作表”按钮

在打开的“创建预测工作表”对话框中单击“选项”按钮，在展开的列表中设置预测结束时间，选中“季节性”栏中的“手动设置”单选按钮，在后面的数值框中输入“10”，单击“创建”按钮，如图 7-30 所示。

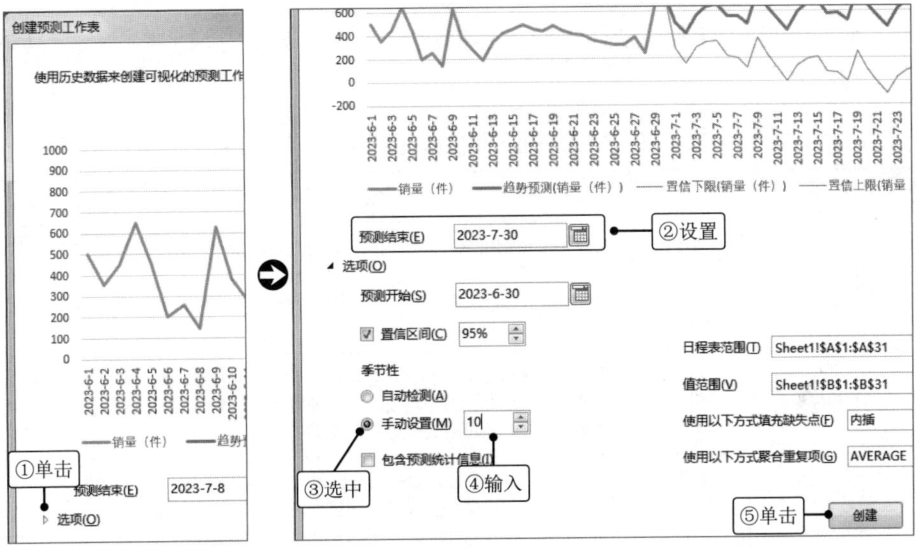

图7-30　为创建预测工作表设置参数

返回工作表即可看到下月的销量预测，如图 7-31 所示。

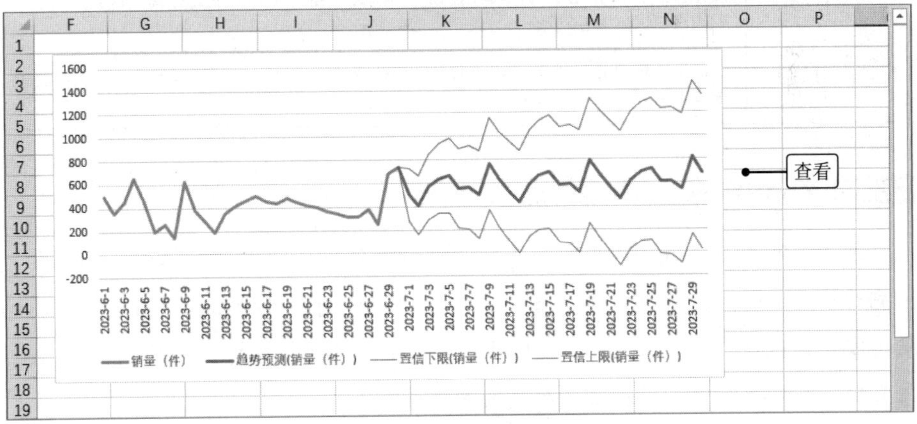

图7-31　下月销量预测

这样，销售部门就可以根据预测结果制订销售计划，生产部门据此分析制订生产计划，采购部门据此分析制订采购计划，层层递进，为企业控制采购支出提供有力的数据支撑。

7.2.8 用AI工具进行供应链需求预测的基本原理

采购人员用AI工具进行供应链需求预测之前，需要明确基本原理，具体见表7-2。

表 7-2 AI 工具进行供应链需求预测的基本原理

方面	原理
数据收集与准备	①收集与供应链需求预测相关的大量数据，如历史采购数据、市场趋势、季节因素、供应商信息、库存水平等。 ②对收集到的数据进行清洗和预处理，如去除异常值、填补缺失值等，确保数据准确、完整
选择并提取特征	从收集到的数据中选择对需求预测有显著影响的特征，进行特征提取和转换。比如，计算历史采购数据的统计指标，如平均值、标准差等，提取时间序列数据的季节性和趋势性特征等。有条件的，还可以提取数据的隐藏特征
选择预测模型并进行训练	根据数据特点和业务需求，选择合适的预测模型，并使用历史数据对模型进行训练。常见模型有时间序列模型、机器学习模型、深度学习模型和混合模型
评估并优化模型	用部分历史数据对训练好地模型进行评估，评估指标主要有均方误差、平均绝对误差和均方根误差等。根据评估结果，优化模型，如调整模型参数、改进特征选择等
预测需求并解释结果	使用优化后的模型预测供应链的未来需求，解释和分析预测结果。比如，预测结果显示某产品在未来一段时间内的需求将减少，企业可以根据这一结果调整采购和生产计划、优化库存管理
持续监控并更新模型	持续监控模型的性能，并根据实际经营情况对模型进行更新和调整，使得模型能适应市场变化和业务需求

实务案例 YonBIP 采购云智能生成采购需求

采购人员利用 YonBIP 采购云，自动收集和分析企业内部的采购需求信号，系统对接企业的生产计划、库存管理系统、销售预测等数据源，实时识别潜在的采购需求。然后，根据 YonBIP 采用的“AI+ 业务基因”双螺旋架构，将 AI 技术与采购业务深度融合，更精准地生成采购需求。

在获取采购需求信息的过程中，YonBIP 的智能采购助理“智友（YonMate）”会启用其对话式 AI 功能，采购人员可以通过输入自然语言，帮助企业快速获取采购需求信息。比如，采购人员可以通过简单的语言或文字指令，查询供应商的开发进度、获取推荐的供应商等。

YonBIP 采购云通过数据中台和智能中台，提供全面的数据分析和决策支持，对采购需求进行多维度分析，优化采购策略。

YonBIP 采购云结合自然语言处理和 AI 技术，自动生成采购相关的文档，如采购需求文档、询价单、合同草案等，减少人工编写的时间和工作量。

生成的采购需求会自动提交给相关负责人进行审批。审批过程中，系统会提供实时的风险评估和合规性检查，帮助审批人员快速作出决策。

审批通过后，系统会自动生成采购订单，并将其发送给系统智能推荐和匹配的供应商。

在采购执行过程中，系统会实时监控订单状态、交货期和质量情况，确保采购流程的顺利进行。

由此可见，采购人员在 YonBIP 采购云智能生成采购需求的整个操作中，主要负责执行“获取数据”“自动生成”“提交”等操作。

YonBIP采购云系统中，AI驱动的SRM系统简化并加速了采购工作流程，具体体现在以下方面：

①智友（YonMate）的对话式AI，只需几个步骤就可以提交、验证和批准请求，缩短了周转时间。

②通过自动执行重复性任务和标记异常情况，智友（YonMate）将采购周期时间缩短了。

③AI驱动工具——智友（YonMate）为所有申请提供单一入口点，减少了浏览不同系统所花费的时间。

④提供可参考的建议和自适应工具，使采购活动与业务优先事项保持一致。比如，预测性AI使采购团队能预测挑战、计划突发事件并支持长期业务战略；实时分析重点品类支出、供应商绩效和政策遵守情况的趋势，使采购领导者能使采购策略与公司目标保持一致。

下面再来看一个AI+BI进行需求预测的成功案例。

实务案例 需求预测 AI+BI 成功案例

某快消品经营企业，有着完善的供应链流程和成熟的内部协作体系，但随着商业环境的变化，人工进行采购需求预测不够准确，库存水平也不合理。于是，决定通过 AI+BI 的方式寻找提高需求预测准确度的出路。

①多渠道数据整合与建模

通过 AI+BI 的方式，快速对接并处理数据，搭配简易的拖拉操作，规范的数仓建模方法以及工作流调度，最大程度加速数据整合与清洗，解决了系统数据整合难的问题。

具体通过“数据对接→数据清洗→特征构建→模型回测→模型上线”的五步走标准动作，选取最匹配的混合模型。搭配 Galaxy Viz，这样可以快速、多样地呈现预测结果，解决企业内部各级需求预测困难的问题。

②预测结合业务

有了更准确的预测后，企业团队通过实验设计、仿真模拟等方式量化评估预测准确度带来的业务价值，然后扩展到供应链上下游，推动项目落地。

③利用人机交互工作模式

Galaxy Viz 能将复杂的模型转化为业务可理解的内容，帮助采购人员更好地理解模型的输出与考量。在项目落地过程中，采购人员对模型结果的挑战与修改是不可避免的，基于业务使用场景，优化交互工具，在不影响整体操作的前提下，收集业务信息，定期复盘反馈业务修改原因，对业务集中问题修正模型，保证模型的有效性，解决需求预测结果交互难的问题。

通过上述操作，该公司大大降低了人工预测烦琐的数据处理时间，使得需求预测工作效率提高了几倍，预测准确度也有很明显的提升。不仅如此，公司还在不降低服务水平的前提下下调了安全库存，减少了仓储成本，提高了库存周转率。另外，因为需求预测准确度提高，进一步减少了临时性需求带来的物流成本。

TIPS *AI 和 BI 的区别*

AI是人工智能，核心技术有机器学习和深度学习、自然语言处理、计算机视觉等，能够模拟人类的思维和行为，解决复杂的问题，其数据处理方式采用机器学习和深度学习算法，自动从数据中提取特征和模式。它广泛应用于各个领域，如智能制造、自动驾驶、智能家居、医疗诊断等。

BI是商业智能，核心功能有数据采集、数据存储/数据仓库、数据分析、数据可视化等，旨在为企业决策者提供快速、准确的业务信息和分析结果，其数据处理方式是基于预设的报表和查询工具，对数据进行汇总、分析和展示。它主要应用于企业内部的决策支持系统，如销售预测、市场趋势分析、客户关系管理等。